AF368655

SUPPLÉMENT

AU

NOUVEAU ET PARFAIT

NOTAIRE

De JEAN CASSAN:

CONTENANT

DE NOUVEAUX MODELES

de Contrats & Actes dreſſez ſur le Stile
des plus habiles Notaires, & dans les
Termes les plus uſitez.

RECUEILLIS

Par F. B. DEV... ancien Maître Clerc de Notaires
à Paris.

A PARIS, AU PALAIS,

Chez THEODORE LE GRAS, au troiſiéme Pilier
de la Grand'Salle, à l'L couronnée.

___

M. DCC. XXVIII.
AVEC PRIVILEGE DU ROI.

AVERTISSEMENT.

Es Contrats & Actes qui se passent dans la Societé civile par les Notaires, sont en si grand nombre, & si susceptibles de differentes clauses, tant par rapport aux differens interêts, qu'à la diversité des conventions des Parties qui contractent, que l'on peut dire que cette matiere est inépuisable.

Ayant remarqué que dans le Nouveau & Parfait Notaire de JEAN CASSAN, il y manquoit bien des sortes d'Actes essentiels, qui y étant ajoûtez, le rendroient plus general & plus complet, j'ai fait choix de toutes les Formules de Contrats

& Actes, qui ne se trouvent point dans le Recuëil de Cassan, & en ai composé ce Supplément comme une suite necessaire.

Ces Formules ont été copiées sur les Actes des Praticiens les plus experimentez dans le Notariat ; & les termes qui les composent, sont dans le stile le plus usité, & le plus moderne. On ose se flatter à cet égard de l'Approbation des Connoisseurs.

SUPPLEMENT

AU
NOUVEAU ET PARFAIT
NOTAIRE.

Acte d'Apport d'une Obligation sur l'original d'icelle.

CE *tel jour* mil   ledit *tel* a apporté audit *tel* Notaire, le Brevet original de l'Obligation cy en droit pour être groſſoyée, dont acte, &c. Fait & paſſé à Paris, en l'Etude dudit *tel* Notaire, leſdits jour & an que deſſus, & a ſigné.

Acte d'Apport d'une Procuration.

AUjourd'huy eſt comparu devant les Notaires à Paris, souſſignez, André C   Bourgeois de Paris, y demeurant ruë   Paroiſſe   lequel

A

a apporté à J   l'un defdits Notaires fouffignez ;
l'original d'une Procuration à lui paffée par Benoît D
Bourgeois de la ville de Dijon , paffée devant
&   Notaires audit Dijon , le   Septembre
dernier prefente année , dûment fcellée & légalifée lo
même jour , pour par ledit J   la garder & mettro
au rang de fes Minutes , & lui en délivrer des expeditions , & à qui il appartiendra , après qu'icelle Procuration a été certifiée veritable dudit fieur C
& par M. Denis E   Marchand Bonnetier à Paris,
y demeurant rue   Paroiffe faint   & à leur
requifition paraphée defdits Notaires fouffignez , dont
Acte &c. à lui octroyé. Fait & paffé à Paris , en l'Etude
dudit J   Notaire le   Septembre mil fept
cens   & ont figné.

---

*Acte d'Apport d'une Ratification , pour être an-
nexée a la minute d'un Contrat au defir duquel a été faite ladite Ratification.*

LEdit Meffire Michel D   Confeiller au Parlement de   Infpecteur Géncral de la Mari-
ne , & des Galeres , demeurant ruë   Paroiffe
           a apporté à P   l'un des Notaires ,
fouffignez la Ratification cy-deffus faite par ledit Meffire François B   du Contrat , dont copie eft do
l'autre part écrite , pour être ladite Ratification annexéo
à la minute dudit Contrat , étant en la garde & poffeffion dudit P   Notaire , dont Acte. Fait & paffé à Paris en l'Etude dudit P   le   jour
d   mil   & a figné.

Acte d'Apport d'une Quittance sous signature privée.

AVERTISSEMENT.

Lorsqu'une personne pour faire plaisir à une autre (Debiteur d'une somme dûë par obligation) a payé en son acquit, ladite somme, & s'est contenté lors dudit payement, de la Quittance que le Créancier lui en a donné sous sa signature privée, au dos de la grosse de l'Obligation ; comme cette Quittance ne porte point privilege ni subrogation à celui qui a payé en l'acquit de l'autre, aux droits du Créancier payé, s'il veut avoir recours pour être payé & remboursé par la personne pour laquelle il a payé, il faut qu'il dépose ladite grosse chez un Notaire, & alors le Notaire fera l'Acte suivant sur une feüille separée, & y annexera ladite grosse.

AUjourd'hui est comparu devant les Notaires à Paris soussignez, Louis B   Officier de l'Hôtel de cette Ville de Paris, y demeurant ruë   Paroisse   lequel ayant payé de ses deniers la somme de   livres mentionnée en la grosse de l'Obligation cy jointe du   jour d   mil   au sieur Etienne G   Créancier d'icelle, en l'acquit & decharge de Luc M   debiteur, il s'est contenté de la Quittance que ledit G   a mise & signée au dos de ladite grosse, qu'il a certifiée veritable, pour l'avoir vû signer le   jour de   dernier, laquelle Quittance étant au dos d'icelle rapportée, pour lui en être delivré une expedition ; dont & dequoi il a requis Acte à lui octroyé ès Etudes, &c. le   jour de   mil   & a signé.

Ce fait, il faut faire une expedition du tout pour ledit Comparant, c'est-à-dire, faire copie de la grosse, & quittance étant au dos d'icelle, & ensuite de l'Acte cy-dessus.

A ij

Alloüé simple.

FUt prefent François D   Secretaire de S. A. S.
Monfeigneur le Prince de Condé , demeurant ruë
Paroiffe   lequel pour faire le profit & avancement d'Hipolite J   fon   qu'il certifie
fidéle, l'a cejourd'hui obligé comme alloué pour
années confécutives avec Louis M   l'un des
trois cens cinquante Barbiers, Perruquiers, Baigneurs,
Etuviftes , & Sindic de fa Communauté , demeurant
ruë & Paroiffe   à ce prefent & acceptant ledit
J   en ladite qualité ; auquel il promet montrer
& enfeigner fondit métier , & tout ce qui en dépend ,
le nourrir , loger , & coucher. Au furplus ledit fieur D
          lui fera blanchir fon gros & menu linge , &
lui fournira tout ce qu'il aura befoin ; lequel J
          demeurant avec ledit fieur D   à
ce prefent , a eu ce que deffus pour agreable , promis
apprendre ledit métier au mieux qu'il pourra , fans s'abfenter , ni aller fervir ailleurs pendant ledit tems , auquel cas d'abfence ledit fieur D   s'oblige de le
ramener chez ledit M   pour achever ce qui reftera lors à expirer defdites   années , finon faute
de le ramener quinze jours après ladite abfence ledit
D   payera audit M   la fomme de
pour tout dédommagement qu'il pourroit prétendre.
Au furplus le préfent Acte eft fait fans débourfer aucuns
deniers de part ni d'autre. Promettant,&c. obligeant, &c.
renonçant. &c. Fait & paffé à Paris en l'Etude de
Notaire le   Novembre mil   & ont figné.

Alloüé plus libellé que le précedent.

FUt prefent Charles J   Maître Serrurier à Paris
y demeurant ruë   Paroiffe S.   lequel
pour faire le profit & avantage de Jean J   fon fils

& de défunte Catherine P   sa premiere femme,
âgé de   ans ou environ, qu'il certifie fidéle, a reconnu l'avoir mis & obligé en qualité d'Alloüé de cejourd'hui pour   années entieres & confecutives
avec Jean J   son frere auſſi Maître Serrurier à
Paris, y demeurant ruë   quartier de
ſuſdite Paroiſſe Saint   à ce preſent, qui a pris &
retenu ledit J   fils, ſon neveu pour ſon Alloüé, auquel il promet & s'oblige durant ledit tems
montrer & enseigner ſondit métier de Serrurier & tout
ce dont il ſe méle & entremet en icelui ſans lui en rien
cacher ni reſerver, le nourrir, loger, coucher, blanchir
& entretenir de tous vêtemens, linges & autres hardes
à ſon uſage, ſuivant ſon état. A ce faire étoit preſent
ledit Alloüé, lequel a eu ce que deſſus pour agreable,
promis apprendre ledit métier de Serrurier pendant leſdites   années au mieux qu'il lui ſera poſſible,
ſervir ledit J   son oncle en tout ce qu'il lui commandera de licite & honnéte, faire ſon profit, éviter
ſon dommage, l'en avertir s'il vient à ſa connoiſſance,
ſans pouvoir s'abſenter ni aller travailler ailleurs que
chez ſondit oncle, pendant ledit tems ; auquel cas d'abſence promet & s'oblige ledit Charles J   son pere de le chercher ou faire chercher par cette Ville &
Banlieuë de Paris pour s'il le peut trouver, le ramener
chez ſondit oncle pour parachever le tems qui pourroit
lors reſter à expirer des Preſentes, pour leſquelles n'a été
débourſé aucuns deniers de part ni d'autre. A été expreſ-
ſément convenu entre les Parties que ledit Charles J
        ne pourra retirer ledit Alloüé ſon fils de chez le-
dit Jean J   son frere avant l'expiration deſdites
        années, pour le faire travailler chez lui ou
ailleurs ou ſous quelqu'autre pretexte que ce ſoit ou
puiſſe être ; lequel cas arrivant ledit Charles J
promet & s'oblige de bailler & payer auſſi-tôt icelui audit Jean J   son frere la ſomme de   livres pour l'indemniſer des nourritures, logement, blan-
chiſſage & entretien qu'il auroit pû donner & fournir

audit Alloüé jusqu'alors , encore que le cas arrivât peu de tems après ces Presentes ; à peine de tous dépens , dommages & interêts ; sans laquelle clause expresse cesdites Presentes n'auroient été faites. Et pour l'execution d'icelles , ledit Charles J   a élû son domicile en sa demeure ci-devant déclarée , auquel lieu nonobstant , &c. promettant ,&c. obligeant chacun en droit soi renonçant. Fait & passé à Paris ès Etudes , le   mil sept cent vingt   & ont déclaré ne sçavoir écrire ni signer : de ce interpellez suivant l'Ordonnance.

Abandonnement de biens par des Debiteurs à leurs Créanciers , pour le payement de leur dû.

FUrent présens *tels & tels , de telles qualitez ,* demeurans *à tels endroits.*

Tous Créanciers du sieur D   & sa femme , cy-après nommez , d'une part.

Et Marie-Madelaine L   femme & Procuratrice autorisée du sieur Denis D   fondée de sa Procuration passée pardevant   &   Notaires Royaux à B   le   dernier , speciale à l'effet des presentes , ainsi qu'il est apparu aux Notaires soussignez par l'original de ladite Procuration , demeuré annexé à ces présentes , après que ladite L l'a certifié veritable , & paraphé *ne varietur* , en présence desdits Notaires soussignez : par lequel Denis D son mari , elle promet faire ratifier cesdites présentes , & faire obliger à l'execution d'icelles , & desdites ratification & obligation , fournir Acte incessamment , même ladite L   promet s'y obliger d'abondant avec sondit mari solidairement sous les renonciations requises , demeurante ordinairement en la Paroisse de proche ledit B   étant de présent en cette Ville logée ruë   Paroisse   d'autre part.

Lefquels fieurs Créanciers , fur ce que ladite L
femme Procuratrice dudit D   leur a reprefenté que pour les caufes & raifons qu'elle leur a fait
entendre , elle & fondit mari font hors d'état préfente-
tement de les fatisfaire de ce qu'ils leur doivent en principaux , interêts , arrerages & frais ; qu'ils n'ont d'autre
moyen de le faire qu'en vendant leurs biens , qui confifte en l'Office de Maître du Pont dudit B
duquel ledit D   eft pourvû depuis plufieurs
années , & en   Maifons & Héritages fituez
audit B   & terroir de   lefquels
biens étant vendus à l'amiable , produiront plus qu'il
ne faut pour acquitter ce qui eft dû aufdits Créanciers ;
ce qui fe voit facilement par l'état defdits biens cy-atta-
ché , par lequel état lefdits biens font prifez à raifon de
ce qu'ils rapportent , & font loüez préfentement , &
peuvent monter à près de   livres , & par l'é-
tat defdites dettes paffives auffi attaché à ces préfentes ,
après que ladite L   les a affirmez veritables ,
il paroît qu'il eft dû aufdits fieurs Créanciers environ
en principal   livres , & en arrerages ou interêts & fommes mobiliaires , environ   livres ,
ce qui peut revenir enfemble à la fomme de
livres de dettes paffives ; mais au contraire , fi lefdits
biens étoient vendus & adjugez par decret & autorité de
Juftice , ils ne pourroient être adjugez qu'à un prix mo-
dique , bien au deffous de leur jufte valeur ; & le prix
de cette adjudication ne feroit pas fuffifant à beaucoup
près pour acquitter ce qui eft dû aufdits fieurs Créanciers ,
outre les frais confiderables, qui fe prennent fur la chofe ,
les droits de confignation & autres , qui diminuent d'autant le fond & confomment une bonne partie dudit
prix , dont la perte ne peut retomber que fur lefdits
Créanciers , ce qu'ils doivent & peuvent empêcher facilement , puifque ledit D   & fa femme offrent de faire & confentir à tout ce qu'il conviendra , pour
faire le bien & avantage defdits Créanciers & leur faciliter
le payement de ce qui leur eft dû ; pour à quoi parvenir ,

ils sont prêts de faire dès à présent un abandonnement
entier aufdits Créanciers desdites Offices , Maisons &
Héritages pour les vendre par eux en la presence desdits
D   & sa femme , ou dûment appellez quand
l'occasion de le faire s'en presentera , & sera jugée favorable pour le bien & avantage desdits sieurs Créanciers ,
& desdits D   & sa femme , & en distribuer
les deniers entre lesdits sieurs Créanciers , suivant l'ordre de leurs hypoteques , qui en sera pareillement fait
entre eux à l'amiable , avec le moins de frais que faire
se pourra : & jusqu'à ce qu'il y ait lieu de faire ladite
vente , lesdits sieurs Créanciers recevront aussi dès à présent les loyers desdites maisons , desquelles ils pourront
faire des Baux pour tels tems , charges , clauses & conditions , & à si haut prix que faire se pourra ; & à l'égard
dudit Office de Maître dudit Pont de B
y commettront une personne experimentée & agreable
aufdits sieurs Créanciers , pour en faire l'exercice &
fonction au lieu & place dudit D   moyennant un prix raisonnable , laquelle personne sera garante en son propre & privé nom , des accidens qui pourroient arriver en la fonction dudit Office ; en sorte que
ledit Officier soit & demeure conservé aufdits Créanciers : lequel prix & fermage de l'exercice dudit Office
sera pareillement reçû par lesdits sieurs Créanciers. Et
à l'effet de recevoir lesdits loyers & fermages , & de faire la vente desdits biens , lesdits sieurs Créanciers con-
viendront de personnes d'entre eux , ainsi qu'ils aviseront , lesdits D   & sa femme les en faisant à
cette fin libres dispensateurs , sans en reserver aucune
chose : même à l'effet dudit abandonnement ladite L
            se desiste de sa part de tous droits & pré-
tentions qu'elle a & peut avoir sur lesdits biens à cause
de son doüaire , dot & conventions matrimoniales ,
sans qu'elle les en puisse rechercher. Et d'autant que lesdits biens sont saisis réellement à la Requête de Messire
Jacques de saint G   Conseiller du Roi , President
en l'Election de   qui en poursuit la vente & adju-

dication au Siege du Bailliage dudit B   à laquelle
saisie réelle , vente & adjudication , il a été formé des
oppositions à la Requête d'aucuns desdits sieurs Créanciers , ce qui empêcheroit l'effet des présentes , si elles
subsistoient ; il est de nécessité que lesdits sieurs Créanciers donnent main-levée desdites oppositions ; que pareillement main-levée soit faite de ladite saisie réelle ,
avec d'autant plus de raison qu'elles deviennent inutiles;
puisque ledit D   & sa femme abandonnent
leurs biens , & s'en désaisissent au profit de leursdits
Créanciers : & outre que pour faire ladite vente avec
utilité & avantage , il faut que lesdits Créanciers accordent un tems convenable pendant lequel ils surseoiront
à toutes poursuites & contraintes contre ledit D
& sa femme ; lesquelles propositions sont les plus avan-
tageuses qu'ils puissent faire à leursdits Créanciers , ausquels ils ne demandent aucune remise. Et lesquelles
propositions lesdits sieurs Créanciers ayant examinées &
consideré que ce sont les moyens les plus prompts &
les plus faciles qu'ils puissent prendre pour être payez de
leurs droits & éviter leurs pertes , & que lesdits D
& sa femme font tous leurs efforts , & ce qui dépend
d'eux pour les satisfaire , & leur faciliter le payement
de ce qu'ils leur doivent , sans en demander aucune remise ; sont lesdits sieurs Créanciers convenus avec la-
dire L   esdits noms , & fait entr'eux ce qui
ensuit ; c'est à sçavoir , que ladite L   femme
dudit D   audit nom de sa Procuratrice , & même
en son propre & privé nom , a abandonné , cedé, quitté,
& délaissé par ces présentes ausdits sieurs Créanciers ce
acceptans, tant pour eux que pour les absens , sçavoir,
ledit état & Office de Maître du Pont dudit B
consistant en une Maison située au bout dudit Pont appartenances & dépendances , une autre Maison située
audit B   vis-à-vis ledit Pont. Item une autre
Maison audit lieu sur le bord de l'eau , & une autre Maison située même lieu , leurs circonstances , appartenances & dépendances & de fond en comble , sans aucune

chofe en referver, pour par lefdits fieurs Créanciers faire
la vente du tout à une ou plufieurs perfonnes , à fi haut
prix que faire fe pourra , en forte qu'ils puiffent être
payez entierement , fi faire fe peut, de leur dû en principaux , arrerages , ou interêts & frais , & ce pendant le
tems de   années à compter du jour de l'homologation des préfentes avec les Parties refufantes , & pour
faire laquelle vente lefdits fieurs Créanciers ont nommé
les perfonnes defdits fieurs Mathieu C   Pierre
L   & Charles G   aufquels ils
donnent pouvoir de faire la vente defdits biens au nom
de tous lefdits Créanciers en leurs préfences & defdits
D   & fa femme ou dûment appellez par une
fimple fommation à eux faite au domicile cy-après élû,
à l'effet de laquelle vente lefdits fieurs C
L   & G   feront faire les publications neceffaires, & en tel cas requifes & accoutumées ; & feront
l'adjudication defdits biens au plus offrant & dernier Encherilfeur dans ledit tems de   années , en
pafferont aux Adjudicataires Contrat de vente en la maniere accoutumée. Pour l'effet des préfentes ladite femme D   promet efdits noms folidairement, &
en chacun d'iceux fournir aufdits fieürs Créanciers inceffamment la démiffion dudit D   dudit
Office le nom du Démiffionnaire en blanc , enfemble les
Lettres de provifion que ledit D   a obtenuës
dudit Office , faute duquel fourniffement ces préfentes
demeureront nulles & de nul effet ; comme auffi fournir lors de la vente defdites Maifons les titres & pieces
juftificatives qu'ils peuvent avoir de la propriété d'icelles ; les deniers provenans de laquelle vente & adjudication , feront diftribuez entre lefdits fieurs Créanciers
fuivant l'ordre de leurs privileges & hypoteques , que
lefdits fieurs Directeurs cy-deflus nommez, feront dref-
fer à l'amiable avec le moins de frais que faire fe pourra : & en attendant la vente defdits biens ledit fieur L
      l'un defdits fieurs Directeurs , recevra pour
tous lefdits Créanciers les loyers defdites Maifons, & les

fermages dudit Office de Maître dudit Pont de B
fera des Baux à loyer defdites Maifons pour ledit tems ,
moyennant tels prix & fous telles claufes & conditions,
qu'il trouvera les plus avantageufes pour lefdits fieurs
Créanciers , fera faire les réparations qu'il conviendra
faire efdites Maifons , après en avoir communiqué , pris
l'avis defdits fieurs Directeurs , fera à cet effet tous marchez & conventions neceffaires avec les Ouvriers pour
faire lefdites réparations , & leur cedera en payement
les loyers defdites Maifons ; & afin que ledit Office
puiffe produire aufdits Créanciers dès à préfent l'effet dudit abandonnêment , & un revenu qu'ils puiffent recevoir , ainfi que lefdits loyers , ladite L   efdits
noms confent que lefdits fieurs Directeurs en faffent Bail
à ferme à telle perfonne qui fe prefentera , pour exercer
& faire la fonction dudit Office au lieu & place dudit
D   qui en fera demis à cet effet , & ce pour tel
tems & prix , & fous les fûretez neceffaires ; les fermages duquel Office ledit fieur L   l'un defdits
Directeurs, recevra fous fes quittances de même que lefdits loyers , defquels loyers & fermages ladite L
efdits noms leur fait pareillement par ces préfentes tout
abandonnement neceffaire , pour en faire la répartition
entre lefdits Créanciers , en déduction de leurs arrerages ou interêts , ainfi qu'il appartiendra ; & à l'effet dudit abandonnement ladite L   efdits noms
s'eft defiftée & démife de tous droits & prétentions qu'elle pouvoit avoir fur lefdits biens pour fes dot , doüaire,
reprifes & conventions matrimoniales , dont elle les a
déchargez , fans les en pouvoir jamais rechercher directement ni indirectement ; bien entendu néanmoins que
lefdits défiftement & renonciation ne pourront faire aucun préjudice à aucun defdits Créanciers , lefquels au
contraire pourront exercer fur les biens & droits de ladite L   les droits qui leur font acquis , aufquels ils n'entendent déroger, ny innover non-plus qu'à
leurs autres droits, privileges & hypoteques; & en conféquence des préfentes lefdits Créanciers ont fait & donné

pleine & entiere main-levée des oppofitions qui ont été
formées à leur requête à ladite faifie réelle & criées defdits biens, faite & pourfuivie à la Requête dudit fieur de
faint G au Bailliage dudit B
& de toutes autres oppofitions, faifies & empêchemens
qu'ils peuvent avoir fait faire fur lefdits D
& fa femme; confentant que le tout foit & demeure
nul comme non fait ni avenu, qu'elles foient rayées de
tous Regiftres où elles pourroient être regiftrées; que
les Commiffaires, Gardiens & Dépofitaires en foient &
demeurent bien & valablement déchargez, à la charge
par lefdits Commiffaires établis au regime & gouvernement defdits biens faifis, de rendre compte aufdits
fieurs Directeurs de ce qu'ils auront reçù, fait & geré
en vertu de leurs commiffions, & de payer ès mains dudit fieur L ce qu'ils devront de reliquat dudit compte, de leur geftion; quoi faifant ils en foient valablement déchargez: laquelle main-levée cy-deffus faite, n'aura pas lieu toutefois pour les oppofitions, qui
peuvent avoir été formées au fceau dudit Office, lefquelles demeurent toujours en leur force & vertu, ladite main-levée n'étant que pour ladite faifie réelle &
oppofitions à icelle : Et attendu qu'à plufieurs defdits
Créanciers, il eft dù fort peu d'arrerages, aux autres
une année ou environ, & audit fieur Mathieu C
fix ou fept années d'arrerages des parties de
rentes à lui dûës, montant lefdits arrerages à la fomme
de livres ou environ, a été convenu que des
loyers & revenus defdits biens, il lui fera payé & delivré par préference la fomme de livres par
chacun an en déduction de fes anciens arrerages, & le
furplus defdits loyers & revenus fera diftribué entre tous
lefdits fieurs Créanciers, ainfi qu'il eft cy-devant dit. Et
au moyen des préfentes lefdits fieurs Créanciers ont furfis pendant ledit tems de années à toutes pourfuites & contraintes contre lefdits D & fa
femme; promettant ne les en point rechercher ni inquieter directement ni indirectement, le tout fans préjudi-

ce par lefdits fieurs Créanciers à leurs droits , actions , privileges & hypoteques , & folidité, en vertu de leurs titres & pieces juftificatives de leurs Créances , aufquels chacun d'eux demeure confervé fans y déroger ni innover. Et pour faire homologuer ces préfentes où il appartiendra , lefdites Parties ont fait & conftitué leur Procureur le Porteur des préfentes , auquel ils en donnent pouvoir , & de faire pour cet effet tout ce qui fera neceffaire ; & pour l'éxecution des préfentes , lefdites Parties ont élû leurs domiciles irrevocables en cette Ville de Paris , ès maifons où ils font demeurans , cy-devant declarées, aufquels lieux , &c. nonobftant , &c. promettans , &c. obligeans , chacun en droit efdits noms , &c. renoncans , &c. Fait & paffé à Paris en l'Etude de l'un des Notaires fouffignez, l'an mil fept cens vingt   le   jour de avant & après midi , & ont figné.

Abandonnement d'Effets mobiliers par des pere & mere à leur fils , à la charge de les nourrir , loger & entretenir le refte de leur vie.

PArdevant les Confeillers du Roy, Notaires au Châtelet de Paris , fouffignez , furent préfens Jean J   Maître Serrurier à Paris, & Catherine F fa femme , qu'il autorife à l'effet des préfentes , demeurant ruë   Paroiffe faint   lefquels fur ce qui leur a été repréfenté par Charles J leur fils auffi Maître Serrurier à Paris : Que leur grand âge les mettant hors d'état de pouvoir continuer leur métier, & de travailler affez fuffifamment pour fubvenir à leurs nourritures , logemens & entretiens , s'ils vouloient ceder & abandonner audit Charles J leur fils , la Marchandife de fer , outils & uftenciles avec le peu de meubles qu'ils ont en la boutique qu'ils

occupent , & où ils font demeurans , dépendans d'une
maifon appartenante à Madame   dont ils
font principaux Locataires , ledit J   le fils
les nourriroit , logeroit & entretiendroit avec lui doucement & honnêtement , tant en fanté que maladie ,
pendant la vie de l'un & de l'autre : Sur quoi lefdits
Jean J   & fa femme ayant mûrement refle-
chi à loifir , & après avoir fur ce confulté , & pris l'avis
de leurs amis communs , en acceptant & agréant la fufdite propofition. Ont par ces préfentes volontairement
cedé , & abandonné & promis garantir de toutes revendications géneralement quelconques audit Charles J
leur fils , demeurant fufdite ruë   Paroiffe
faint   à ce préfent & acceptant, les meubles
meublans & uftenciles de ménage , avec les Marchandifes de fer ,   outils & uftenciles fervans audit métier
de Serrurier étant dans la boutique qu'occupent lefdits
Jean J   & fa femme, & à eux appartenant ;
pour par ledit J   le fils , joüir du tout , & continuer à travailler pour les Pratiques de fefdits pere & mere
& autres qui fe préfenteront dans ladite Boutique, à commencer de ce jourd'hui : à condition par ledit J
le fils , ainfi qu'il promet & s'oblige envers fefdits pere
& mere , ce acceptans, de les nourrir , loger, coucher,
blanchir leur linge , chauffer & éclairer , & entretenir de
tous vêtemens à leur ufage & fuivant leur état , & les
traiter doucement & humainement avec lui , tant en
fanté que maladie, pendant la vie de l'un & de l'autre ;
& outre , de les acquiter envers ladite Dame
tant de la fomme de   livres ,
fols qu'ils lui doivent pour loyers échûs du paffé jufques au jour de Pâques dernier , à caufe de ladite
maifon qu'ils tiennent de ladite Dame , que du terme
qui échéera à la Saint Remy prochain , auquel jour
expirera le Bail de ladite maifon , enfemble ceux qui
écheront à l'avenir, en cas que ladite Dame
continuë ledit Bail audit J   le fils , qui au
moyen de ce que deffus , touchera des Soûlocataires de

ladite maison, les loyers qu'ils doivent & devront cy-
après. Promettans, &c. obligeans, &c. chacun en droit
foi renonçans. Fait & paffé à Paris, en l'Etude de
          l'un des Notaires fouffignez, l'an mil fept
cens   le   jour de   Et ont figné,
excepté ledit J   le fils, qui a déclaré ne fçavoir
écrire ni figner: de ce interpellé fuivant l'Ordonnance.

Atermoyement.

FUrent prefens M. Jacques H   Sieur de S
    Avocat au Parlement, demeurant à Paris
Paroiffe Saint   Sieur Etienne Auguftin A
Bourgeois de Paris, y demeurant ruë   Paroiffe
Saint   &c.

Tous Créanciers du fieur Pierre G   Marchand
Bourgeois de Paris, fçavoir ledit fieur   de la fomme de   ledit fieur   de la fomme de
ledit fieur, &c.

Lefdits Créanciers d'une part.

Et ledit fieur G   demeurant ruë   Par-
roiffe Saint   à ce prefent d'autre part.

Difant ledit fieur G   que depuis qu'il eft en
négoce, il a fait des pertes très-confiderables tant en
France qu'en Païs étrangers, tant par le moyen de la
faillite de ceux avec lefquels il a trafiqué, que les grandes pertes qu'il a faites fur les Marchandifes, ce qui le
rend dans l'impuiffance de fatisfaire quant à prefent lefdits fieurs fes Créanciers, des fommes qu'il leur doit en
principal, interêts & frais. Cependant ledit fieur G
a la confolation d'être perfuadé que lefdits fieurs fes
Créanciers lui rendent affez de juftice de reconnoître
qu'il a toujours agi envers eux avec bonne foi; mais que
fi lefdits Créanciers lui vouloient faire une remife confiderable & lui donner du tems pour les payer de ce qu'ils
conviendroient & furféoir pendant ce temsaux Contraintes par corps & diligences qu'ils ont deja faites contre

lui , il vendroit le peu d'effets qui lui reste pour les satisfaire. Au contraire s'ils vouloient agir contre lui ils le
mettroient hors d'état de pouvoir jamais les payer d'aucune partie de leur dû. Ce que considerant lesdits sieurs
Créanciers, après avoir plusieurs fois conferé entr'eux
sur les propositions dudit sieur G   ils lui ont volontairement par ces Presentes fait remise de tous les interêts des sommes principales qu'il leur doit , ensemble
de tous les frais qu'ils ont faits generalement contre lui
à cause de leur dû , même lui font remise des
sixiémes des principaux qu'il leur doit; ce qui a été accepté par ledit sieur G   qui par ces mêmes Presentes promet & s'oblige bailler & payer ausdits sieurs ses
Creanciers en leurs demeures à Paris , ou au porteur ,
la   partie restant desdites sommes principales
qu'il leur doit, sçavoir le tiers dudit   dans
ans du jour de l'homologation du presentContrat, l'autre
tiers   ans après , & le tiers restant encore
ans après, qui font   ans du jour de l'homologation
dudit present Contrat, lequel tems lesdits sieurs Créanciers lui accordent pareillement , & jusqu'à ce, iceux
sieurs Créanciers surseoient à l'execution des Sentences
qu'ils ont obtenuës, même ne lui en demandent aucuns
interêts pendant ledit tems ; bien entendu que si ledit
sieur G   ne faisoit lesdits payemens dans les termes cy-dessus , ils exerceront contre lui , ainsi qu'il s'y
soûmet, toutes contraintes obtenuës ou à obtenir en vertu de leurs Titres justificatifs de leur dû , qui leur sont
restez ès mains en leur force & vertu , mais seulement
sursis aux conditions ci-dessus prescrites;& dès à present
lesdits sieurs Créanciers lui font main-levée des Saisies,
Arrêts & Executions qu'ils peuvent avoir faites sur lui,
& en consentent la nullité. A ce faire est intervenu & fut
present sieur Jacques V   Bourgeois de Paris , y
demeurant ruë   Paroisse Saint   lequel s'est
volontairement rendu & constitué Caution dudit sieur
G   envers lesdits sieurs Créanciers au payement
dudit   du principal de leur dû dans les tems y
                                        portez ;

portez ; ce faifant s'eft avec ledit fieur G   folidairement lui feul pour le tout fous les renonciations requifes,
obligé & oblige à icelui payement efdits termes dont il
repond & fait fa dette en fon propre & privé nom, comme principal debiteur dudit   de principal , dont
il ne pourra être déchargé , tel évenement qui pourra
arriver : & pour faire homologuer le prefent Contrat en
Juftice & par tout où il appartiendra, les Parties ont fait
& conftitué leur Procureur le porteur defdites prefentes,
auquel elles en ont donné pouvoir & d'en requerir tous
actes, pour l'execution defquelles lefdits fieurs G
& V   ont élû leur domicile irrevocable en la maifon de M. Charles D   Procureur au Parlement ,
fcife ruë   Paroiffe S.   auquel lieu nonobftant &c. promettant, &c. obligeant chacun en droit foi
lefdits fieurs Debiteur & Caution folidairement comme
deffus, renonçant, &c. Fait & paffé à Paris, en l'Etude de
       Notaire , le   mil fept cent vingt
à   midi , & ont figné.

Autre Atermoyement.

FUrent prefens le fieur Claude D   Marchand
Epicier, Bourgeois de Paris y demeurant ruë
paroiffe Saint   d'une part. Et
       Tous Créanciers dudit fieur D   fçavoir
ledit   pour la fomme de   ledit &c, d'autre
part.

Lefquels Créanciers fur ce qui leur a été reprefenté
par ledit fieur D   que les pertes confiderables
qu'il a faites dans fon négoce & celles qu'il a fouffertes
à l'occafion du feu qui a été en la maifon du fieur P
       fon voifin, qui a pénetré en celle où il eft actuelle-
ment demeurant, tant par les Marchandifes & meubles
qui lui ont été emportez lorfqu'il les a fallu tranfporter
chez des voifins crainte d'être brûlez ; ce qui l'a obligé
de faire des dépenfes pour rétablir les lieux au même &

semblable état qu'ils étoient ; que d'ailleurs il ne peut par rapport au malheur du tems prefent recevoir aucune chofe de fes débiteurs, il fe trouve engagé d'avoir recours à fes Créanciers pour lui faire remife de moitié de leur dû, & du total des intérêts de leurs créances à aucuns d'eux dûs, & des frais qu'ils peuvent avoir faits jufqu'à prefent, & de lui accorder un délai fuffifant pour leur payer le furplus de leurs créances & principaux, fans quoi ledit fieur D   ne pourra pas fe trouver en état de les payer avec autant d'honneur & d'exactitude qu'il fouhaite. Sur quoi lefdits Créanciers ayant conferé entr'eux & après avoir pris communication de l'état par lui dreffé de fes effets actifs & paffifs par lui reprefenté & demeuré joint à la prefente minute pour y avoir recours, après avoir été certifié veritable dudit fieur D   en la prefence des Notaires fouffignez ; & voulant autant qu'il leur eft poffible contribuer au rétabliffement dudit fieur D   ils lui ont volontairement fait remife gratuite de la moitié de leurs créances & du total des interêts échûs & qui en écheront jufqu'à l'actuel payement & de tous les frais qu'ils peuvent avoir faits jufques à prefent, au moyen de quoi ledit fieur D   a promis & s'eft obligé de bailler & payer aufdits fieurs fes Créanciers en leurs demeures à Paris, ou au porteur, &c. l'autre moitié du principal de leur créance en   payemens égaux, fçavoir le premier dans   années à compter du jour de l'homologation du prefent contrat, & les   autres payemens d'année en année fucceffivement, enforte que tous lefdits payemens foient acquittez dans   années, à compter du jour de ladite homologation, à peine, &c. & faute y auroit du premier, fecond ou autres fubféquens payemens, ledit fieur D   confent être contraint pour le tout, ou pour ce qui en refteroit lors à payer, nonobftant les termes à lui cy-deffus accordez, de la faveur defquels il demeurera audit cas déchû, fans que cette peine puiffe être réputée comminatoire, mais de rigueur ; le tout fans déroger par lefdits fieurs Créanciers

à la nature de leurs Créances & aux condamnations par
aucuns d'eux obtenuës contre ledit fieur D   lefquelles ils fe refervent à mettre à exécution, faute de l'un
defdits payemens à fon écheance : car ainfi , &c. & pour
faire faire l'homologation des préfentes où il appartiendra , lefdits fieurs Comparans ont fait & conftitué leur
Procureur le Porteur des préfentes , lui en donnant pouvoir : & pour l'execution des préfentes , ledit fieur D
        a élû fon domicile en fa demeure cy-devant dé-
clarée; auquel lieu , &c. nonobftant , &c. promettant ,
&c. obligeant , &c. renoncant , &c. Fait & paffé à Paris en l'Etude de   l'un des Notaires , fouffignez , l'an mil fept cens vingt   le
jour d   avant & après midi. Et ont figné.

Avis de Parens , à l'effet de lever une fubftitu-
tion , de créer un Tuteur à des enfans nez
& à naître , & de vendre une Terre pour
payer une ancienne dette.

FUrent préfens Meffieurs les Parens de
              lefquels fur ce qui
leur a été reprefenté de la part de la Dame Marquife de
F   que Dame Marie M   fa mere au jour de fon decès , veuve de Haut & Puiffant Seigneur Meffire Georges de M   Chevalier
des ordres du Roi , Marquis d   en l'infti-
tuant fa Legataire univerfelle , a fubftitué tous fes biens
aux enfans de ladite Dame Marquife de F
& aux autres perfonnes nommées dans fes teftamens &
codiciles dans le cas y exprimé , qu'entre les biens qui
lui appartiennent audit titre de Legataire univerfelle , il
y a une fomme de   livres à reprendre fur
les terres & biens de la maifon d   pour les
reprifes & conventions de ladite Dame Marquife D
pour parvenir au payement de laquelle fomme ladite

Dame Marquife de F   demande que
les terres & les biens de la Maifon d
foient vendus pour payer une dette plus ancienne ,
qui eft de   livres de rente dûë à Mefde-
moifelles de G   la fubftitution fur les
biens fur lefquels feuls on peut être payé , ne pouvant
avoir lieu qu'après cette dette payée , & qu'ainfi il doit
être indifferent pour la payer , ou des biens de la Maifon d   adjugez à ladite Dame Marquife
de F   comme Légataire univerfelle de
ladite Dame fa mere , ou d'autres biens de la fucceffion
d'icelle Dame fa mere ; car fi on vend des biens venans
du chef de ladite Dame Marquife D   il
en reftera davantage de ceux de M. le Marquis D
& ce fera toujours le même effet pour la fubftitution.

Qu'il fe préfente une perfonne pour acquerir la terre
de V   quieft un acquêt de défunte Madame
la Marquife D   que l'on en offre
livres , qui eft un prix très-avantageux , & qu'il s'agit
pour en faire la vente de lever la fubftitution dont ladite terre eft chargée , & de la transferer fur les biens de
la Maifon d   à condition d'employer le
prix de ladite vente au payement de partie de ladite dette plus ancienne.

Et enfin que dans toutes ces circonftances , il eft neceffaire d'élire un Tuteur aufdits enfans nez & à naître de
ladite Dame Marquife de F   à l'effet de ladite fubftitution , & d'agir en demandant & défendant
aux fins cy-deffus expliquées. Pour quoi lefdits fieurs
Parens fus-nommez ont conftitué pour leur Procureur
general & fpecial M   Procureur audit Châtelet , auquel ils donnent pouvoir de comparoître pour
eux devant M. le Lieutenant Civil , & là dire & déclarer pour lefdits fieursConftituans, qu'ils font d'avis que
ladite Terre de V   foit venduë pour ladite
fomme de   livres , à condition que le prix
fera delegué & payé à mefdites Demoifelles de G
en déduction du principal defdits   livres

de rente à elles dûës ; que ladite Terre soit dechargée de
la substitution , & qu'elle soit transferée sur les biens de
la Maison D   ainsi qu'il est proposé par ladite Dame Marquise de F   & qu'à l'effet de ladite substitution, & pour obtenir les Arrêts, Sentences &
Jugemens necessaires , & faire tout ce qu'il conviendra
pour l'interêt des enfans nez & à naître de ladite Dame
Marquise de F   la personne de
            leur soit élû Tuteur , & pour raison de ce
que dessus, faire par ledit sieur Procureur tout ce qu'au
cas appartiendra , requerir l'homologation du present
avis ; & generalement , &c. promettant , &c. obligeant,
&c. Fait & passé à Paris ès demeures desdits Seigneurs
comparans , l'an mil sept cens vingt   le
jour de   & ont signé.

Avis de Parens à l'effet d'emprunter ou de vendre.

FUrent présens les parens & amis de François M
sieur D   mineur émancipé d'âge , pro-
cedant sous l'autorité de Damoiselle Marguerite C
veuve de M. Nicolas M   vivant Procureur en Parlement ses pere & mere , comparans, sçavoir
par
    Lesquels sur ce qui leur a été representé par ledit sieur
Deb   •   que Jacques M   sieur
D   son frere , étant attaché au service du
Roy , auroit été obligé de faire des dépenses extraordinaires , ayant emprunté à gros interêt de défunt le sieur
            Marchand , Bourgeois de Paris, la somme de
livres , par l'obligation que ledit sieur Jacques M
auroit passée au profit dudit sieur L   par laquelle
il se seroit déclaré franc & quitte , au moyen de quoi
sa veuve auroit obtenu une Sentence portant condam-
nation & par corps , & l'auroit en conséquence fait em-

prisonner ès prisons du petit Châtelet, où il est actuellement detenu ; & comme il est important qu'il sorte
desdites prisons, pour se rendre au service du Roi, &
n'ayant quant à present aucuns deniers pour satisfaire ladite veuve P   de son dû, icelui sieur
D   ayant inclination de rendre service audit
sieur M   son frere pour lui faciliter la liberté de sa personne, & empêcher le déperissement de
ses biens, que ladite veuve P   menace de
faire ; ce qui lui causeroit un préjudice d'autant plus
considerable, qu'il ne pourroit pas même se rendre au
service du Roi ; a par ces présentes requis sesdits parens
& amis de lui donner bon & fidel avis sur ce que dessus ; & pour cet effet n'ayant aucuns deniers à prêter
audit sieur son frere, de vouloir bien consentir que ledit sieur D   emprunte de quelques particuliers à constitution ou autrement, pareille somme de
                livres payables dans les tems dont il con-
viendra, ou bien vendre & disposer de ses rentes sur la
Ville, jusqu'à la valeur & concurrence desdites
livres en principal au profit de qui bon lui semblera, à
la charge par le Contrat de vente qu'il en fera, de faire
mention de ce que dessus, & d'être subrogé par le payement qu'il feraà ladite veuve P   au lieu
& place d'icelle. Ce que que lesdits parens & amis comparans ayant trouvé très-juste, legitime & naturel :
Ont par ces présentes fait & constitué pour leur Procureur general & special M. Georges C   Procureur au Châtelet de Paris, auquel ils donnent pouvoir
& puissance de pour eux, & en leurs noms comparoir
pardevant M. le Lieutenant Civil audit Châtelet, en
l'assemblée qui s'y doit faire desdits parens & amis dudit sieur D   à l'effet que dessus, & là dire
& déclarer pour & en leurs ames & consciences, qu'ils
sont d'avis, attendu la minorité dudit sieur Deb
sçavoir à l'égard dudit sieur C   qu'il se rap-
porte à Justice, & des autres Comparans, que ledit
sieur C   son oncle maternel, soit élû son

Tuteur, à l'effet seulement d'emprunter ladite somme
de   livres par constitution ou autrement,
ou bien de vendre & disposer des rentes appartenantes
audit sieur Mineur, sur les Aydes & Gabelles, jusqu'à
ladite somme de   livres en principal & notamment de   livres de rente en principal de
pareils   livres, qui est sur le pied du denier vingt, ladite rente faisant partie des
livres aussi de rente constituée sur les Aydes & Gabelles
au profit dudit sieur Mineur par Contrat passé pardevant   & son Confrere Notaires à Paris le
& dudit transport de rente, en passer Contrat au profit
de quelque particulier, à la charge d'obtenir Lettres
de ratification en Chancellerie sur icelui, & aux autres
charges qu'il conviendra, & à la garantie ordinaire ; &
par ledit Contrat sera fait mention, que les deniers qui
proviendront de ladite vente seront employez au susdit
payement, afin que ledit sieur D   soit
subrogé au lieu & place de ladite veuve P
par le payement qu'il lui en fera, pour avoir son recours & repetition de ladite somme, à l'encontre dudit
sieur M   son frere, & dudit Avis requerir
l'homologation, & generalement, &c. promettant, &c.
obligeant, &c. Fait & passé à Paris ès demeures desdites Parties devant déclarées, l'an mil sept cens vingt
le   & ont signé.

Avis de Parens, à l'effet de proceder à un par-
tage de biens meubles.

PArdevant les Conseillers du Roi, Notaires au Châtelet de Paris soussignez, furent présens les amis à
défaut de parens de Pierre-Joseph, âgé de
ans, Marchand Bourgeois de Paris, & de Jacques-François B   âgé de   ans, le tout ou
environ, enfans mineurs de défunt sieur Jacques B
Marchand de dentelles en la ville de Tournay en Flan-

d res , & de Damoiselle Antoinette L   sa
fem me, émancipez d'âge suivant les Lettres par eux ob-
te n uës en Chancellerie le   enterinées par
Se ntence dudit Châtelet du   du même mois,
procedans sous l'autorité de M. Charles R
Procureur audit Châtelet , leur Curateur aux causes.
sçavoir *tels & tels*

Lesquels ont fait & constitué pour leur Procureur géneral & special M   Procureur audit Châtelet , auquel ils ont donné pouvoir de comparoir pour
eux , pardevant M. le Lieutenant Civil audit Châtelet ,
& là dire & déclarer pour eux , qu'ils sont d'avis , qu'il
soit procedé à la liquidation , partage & division des
biens de la succession de ladite Damoiselle B
de la maniere & ainsi qu'il sera convenu entre les Parties. Que la personne du sieur Jacques D
Maître Tailleur d'habits à Paris , soit éluë Tuteur ausdits
Pierre-Joseph & Jacques-François B   émancipez , à l'effet de la liquidation & partage des biens
portez en l'Inventaire fait après le decès de ladite veuve B   le   & autres jours
suivans de l'année mil sept cens   à la Requête dudit sieur R   comme Executeur
Te stamentaire , & autres y dénommez ; lesquels biens
ne consistent qu'en un fond de Marchandise de toiles
& de dentelles montant à   livres , suivant
la prisée qui en a été faite par ledit Inventaire ; & en
dettes actives , qui sont à recouvrer contenuës au Livre
de ladite défunte , montant environ à la somme de
livres , dont la plus grande partie sera difficile à recouvrer , parce qu'il y a des débiteurs insolvables , sur lesquelles sommes il est dû par la succession environ celle
de   livres. Qu'il soit permis audit Pierre-
Joseph B   de s'associer avec le sieur Joa-
chim A   aussi Marchand , son beaufrere,
dans le commerce & marchandise de dentelles aux conditions qu'ils aviseront entr'eux , dans laquelle société
edit Pierre-Joseph B   apportera ce qui lui

reviendra dans les effets de la fucceffion de ladite Damoifelle fa mere , & que la part dudit Jacques François
B   dans ladite fucceffion reftera entre les
mains defdits fieurs A   & B
lefquels en demeureront folidairement garants & ref-
ponfables , jufqu'à la majorité dudit Jacques-François
B   ou fon établiffement, en lui payant l'interêt de la fomme à laquelle fe trouvera monter fa portion, à raifon de l'Ordonnance, affirmer ledit avis ès
ames & confciences defdits Conftituans, & generalement, &c. promettant, &c. obligeant, &c. Fait & paffé à Paris ès demeures defdits fieurs Conftituans cy-devant déclarées, l'an mil fept cens vingt
le   & ont figné.

Autorifation d'un mari à fa femme , pour
accepter ou renoncer à une fucceffion.

AUjourd'hui eft comparu pardevant les Confeillers
du Roi , Notaires au Châtelet de Paris fouffignez,
François D   Marchand Orphévre , Bourgeois de Paris , y demeurant ruë   Paroiffe faint
             lequel a par ces préfentes autorifé Ma-
rie V   fa femme de lui feparée quant aux
biens , à l'effet d'accepter , & prendre la qualité d'heritiere de défunt le fieur Joffe V   fon pere ,
ou de reconcer à fa fucceffion ; en paffer & faire les
actes néceffaires & requis , dont Acte, &c. Fait & paffé à Paris ès Etudes , &c, le   mil
& a figné,

Autorisation à l'effet d'accepter un rembour- sement de rente.

AUjourd'hui est comparu pardevant les Notaires à Paris soussignez , sieur François M
Bourgeois de Paris , y demeurant ruë
Paroisse saint   lequel en tant que besoin seroit , a par ces présentes autorisé Marie H
sa femme , de lui séparée quant aux biens , à l'effet de recevoir le rachat de   livres de rente au principal de   livres restant de celle de
livres aussi de rente à elle constituée par le sieur Pierre L   Commissaire Controlleur , Juré-Mouleur de bois à Paris , par Contrat passé devant
& son Confrere, Notaires à Paris le   & pour en donner toutes quittances & décharges valables & necessaires , même pour employer ladite somme & autres qui lui pourroient appartenir en constitution ou acquisition d'autres rentes & fonds d'héritages tels qu'elle avisera , & en recevoir les arrerages , même les rachats & remboursemens sous ses quittances & décharges particulieres, & passer à cet effet tous Contrats & Actes necessaires , sans qu'à l'avenir il lui soit besoin d'autre autorisation dudit sieur son mari que la présente , approuvant aussi en tant que de besoin le remboursement cydevant reçû par sadite femme des   livres faisant le surplus de ladite rente , & à condition que le tout ne pourra nuire ni préjudicier audit sieur Comparant : Promettant , &c. obligeant , &c. renoncant , &c. Fait & passé à Paris ès Etudes, &c. le
mil   & a signé.

Bail d'un Privilege.

FUt préfent Antoine E   Chirurgien privilegié de S. A. R. Madame , demeurant à Paris , ruë   Paroiſſe   lequel a donné à loyer du jour de   de l'année mil   pour   années entieres finies & accomplies , & promet faire joüir à ſieur Jean O auſſi Chirurgien Juré à Paris , y demeurant ruë Paroiſſe   à ce préſent & acceptant le droit & privilege de Chirurgien de S. A. R. Madame , au moyen de quoi ledit O   pourra en vertu dudit privilege tenir boutique ouverte de Chirurgien en cette ville & autres lieux du Royaume : à l'effet de quoi ledit ſieur E   a mis & ſubrogé ledit ſieur O   en ſon lieu & place. Ce Bail fait moyennant le prix & ſomme de   livres de loyer pour & par chacune deſdites   années que ledit ſieur O   s'oblige de payer audit ſieur E   en ſa demeure à Paris , ou au Porteur & par avance de quartier en quartier , dont le premier qui n'échera qu'au jour de   de ladite année mil   a été préſentement payé & par avance par ledit ſieur O   dont quittance ; & ainſi continuer de quartier en quartier , & par avance juſ-ques en fin du préſent Bail , duquel il ne pourra ceder ſon droit à qui que ce ſoit , ſans le conſentement exprès & par écrit dudit ſieur Bailleur , auquel il fournira au-tant des préſentes : Car ainſi a été accordé entre les Parties : qui , pour l'execution des préſentes , ont élû leur domicile en leurs maiſons ſus déclarées , au-quel lieu , &c. nonobſtant , &c. promettant , &c. obligeant , &c. renonçant , &c. Fait & paſſé à Paris ès Etudes des Notaires à Paris ſouſſignez , l'an mil ſept cens   le   a   midi , & ont ſigné.

Bail de la voiture d'une Terre & Seigneurie, tant par eau que par terre.

FUt préfent M. Claude-Alexandre V
Avocat au Parlement, Intendant des maifon & affaires de demeurant au nom
& comme Procureur fondé de procuration génerale
pour la régie des biens & affaires d & fpeciale à l'effet des préfentes, paffée par ledit Seigneur
  devant l'un des Notaires fouffignez
& fon Confrere le Lequel fieur V
audit nom, & pour la confervation des biens & revenus
dudit a par ces préfentes baillé & délaiffé à
titre de ferme, loyer & prix d'argent du
de l'année prochaine mil jufques & pour
  années entieres & confecutives, & promet
audit nom faire joüir durant ledit tems à François R
Fermier du battelage de & Anne
M fa femme qu'il autorife à l'effet des préfentes, demeurans audit étant de préfent
à Paris, à ce préfens & acceptans, preneurs & retenans
pour eux audit titre durant ledit tems, le droit de battelage & coche ordinaire tant par eau que par terre, de
la Terre & Seigneurie de en cettedite ville
de Paris, & de cettedite Ville à la Terre & Seigneurie
de aux charges, claufes & conditions qui
enfuivent.

Premiérement lefdits Preneurs feront tenus, comme
ils s'y obligent, d'avoir des batteaux, frettes & nacel-
les & autres vaiffeaux qu'ils pourront faire conftruire
d'une maniere convenable pour la navigation, en montant ou defcendant pour fervir de coches ordinaires,
charettes & chevaux pour la conduite, fujets à la vifite
des Officiers de la Juftice dudit qu'ils tiendront en fi bon état que le public en foit bien fervi.

Plus, qu'en cas que les eaux foient gelées ou débordées, en sorte qu'on ne puisse sans peril naviger sur la riviere, lesdits Preneurs auront par terre des coches ou charettes attelez de bons chevaux, pour porter & conduire les personnes qui se présenteront, ensemble leurs meubles, paquets, linges, ustenciles, & autres choses pour aller par lesdites voitures; & audit cas de gelée ou de débordement des eaux, & pendant que la navigation sera trop périlleuse, lesditsPreneurs seront tenus d'en user comme devant est dit, & de partir tant par eau que par terre, sçavoir, de   pour Paris le matin à huit heures, & de Paris pour à cinq heures du soir chaque jour consecutif suivant qu'il est accoutumé.

Plus, que lesdits Preneurs ne pourront prendre plus grands ni moindres droits que ceux ordinaires, ainsi qu'il se pratique à présent.

Plus, que lesdits Preneurs seront tenus & obligez de porter & passer gratuitement sans rien payer les Gens & domestiques dudit Seigneur   le sieur le Receveur dudit   sa femme, enfans, domestiques avec leurs hardes, meubles & paquets quand bon leur semblera d'y aller, même les amis dudit sieur V   & du Fermier de   jusqu'au nombre de   pourvû qu'ils soient de leur compagnie.

Comme aussi seront tenus de mener & passer gratuitement les Officiers de la Justice pour leurs personnes seulement.

Plus, que lesdits Preneurs, leurs Commis, Fermiers & Préposez par eux garderont & observeront les reglemens de la Justice & Police dudit   concernant ledit battelage & voitures, tant par eau que par terre & droits en dépendans, & qu'ils se gouverneront de maniere que le public en soit satisfait pour lesdits droits de battelage, coches, voitures tant par eau que par terre & droits en dépendans, en joüir par eux durant ledit tems; & en cas que lesdits Preneurs fussent troublez dans la joüissance du présent Bail, sera tenu ledit

ſieur Bailleur audit nom , de prendre leur fait & cauſe ;
à l'effet de les maintenir dans leur joüiſſance , à la premiere dénonciation qui lui en ſera faite en ſon domicile cy-devant déclaré : Ce Bail fait moyennant le prix &
ſomme de   livres pour & par chacune deſdites   années que leſdits Preneurs promettent & s'obligent ſolidairement l'un pour l'autre , ſous
les renonciations de droit requiſes ; bailler & payer audit ſieur Bailleur , audit nom en ſa demeure à Paris ou
au Porteur &c. par chacun an aux quatre termes accoutumez également , dont le premier échera au premier
        de l'année prochaine , & ainſi continuer , &c.
& faute de payer leſdits fermages un mois après l'écheance
ce de chacun terme , le préſent Bail demeurera nul &
réſolu , ſi bon ſemble audit ſieur Bailleur audit nom ,
ſans obſerver aucune formalité de Juſtice. Leſquels Preneurs ne pourront ceder ni tranſporter leur droit du préſent Bail à perſonne quelconque ſans l'exprès conſentement & par écrit d'icelui ſieur Bailleur audit nom , auquel ils fourniront à leurs frais & dépens une groſſe en
forme du préſent Bail inceſſamment ; à peine , &c. Car
ainſi , &c. Eliſant leſdits Preneurs leur domicile ſolidaire & irrevocable en leur demeure ſus déclarée , auquel
lieu , &c. nonobſtant , &c. promettant , &c. obligeant ,
&c. chacun en droit ſoi &c. ledit Preneur ſolidairement comme deſſus , renonçant , &c. Fait & paſſé à Paris audit Palais   l'an mil
le   jour d   a   midi.
Et ont ſigné.

Cautionnement envers un Receveur des Tailles, d'une somme à lui dûë par un Collecteur.

FUrent préfens Jeanne L   femme de Pierre
B   Maffon en plâtre à V
l'un des Collecteurs de la Paroiffe dudit lieu, en l'année mil   ladite L   demeurante audit V   étant ce jour à Paris, dûment autorifée de fondit mari, pour l'effet des préfentes par Acte
paffé ce jourd'hui devant S   & T
Notaires à Paris ; & Germain B   auffi Maffon en plâtre audit V   y demeurant, étant
ce jourd'huy à Paris, fils defdits Pierre B
& Jeanne L   fes pere & mere.

Lefquels en confequence & execution de l'Arrêt de
Noffeigneurs de la Cour des Aydes du   jour
d   dernier, portant que ledit Pierre B
fera élargi & mis hors des prifons de   où il
eft détenu, en payant par lui la fomme de
livres, en donnant caution pour le furplus des caufes de
fon emprifonnement ; fe font volontairement conftituez
& rendus caution folidairement dudit Pierre B
leur mari & pere, & s'obligeant auffi folidairement avec
lui fans divifion, difcution ni fidejuffion, à quoi ils renoncent, comme pour les propres deniers & affaires de
Sa Majefté envers Meffire Philippe S   Confeiller du Roi, Receveur des Tailles en l'Election de Paris en exercice ladite année mil   au payement
de la fomme de   livres reftante à payer de celle
de   livres pour les caufes dudit emprifonnement ; fauf néanmoins répetition & recours par ledit
B   pour ladite fomme de   livres ou
de partie d'icelle, contre qui, & ainfi qu'il avifera bon
être, autres toutefois que contre ledit fieur P
auquel ladite fomme eft entierement dûë : Et pour

l'execution des présentes , les Parties ont élû leurs domiciles audit V   en leurs maisons , où ils font
chacun demeurant : auquel lieu , &c. nonobftant , &c.
promettant , &c. obligeant , &c. corps & biens comme
pour deniers royaux , &c. renonçant , &c. Fait & paffé
à Paris en l'Etude de P   l'un des Notaires
fouffignez l'an mil   le   jour
d   a   midi. Et ont figné.

Certificat d'une Piece rapportée pour minute.

CErtifié veritable , fuivant l'Acte d'Apport paffé devant les Notaires fouffignez , tant par ledit Y
que par ledit M   Praticien , & à leurs
requifitions paraphé , defdits Notaires fouffignez , ce
jourd'hui   d   mil

Certificat qui fe met fur la groffe d'une Confti-
tution par le Notaire , qui a fuccedé à celui
qui a paffé ladite Conftitution , lorfque la
quittance de rembourfement d'icelle eft paffée
devant d'autres Notaires , qui ont fait men-
tion dudit rembourfement fur ladite groffe.

JE fouffigné Notaire au Châtelet de Paris , fubrogé à
l'Office & Pratique de M   cy-devant
auffi Notaire , qui a reçû le Contrat cy-deffus , certifie
avoir fait mention fur la minute dudit Contrat, du rembourfement contenu en la mention cy en marge. Ce
jourdhui , &c.

Certificat par lequel une personne déclare avoir emmené un jeune homme avec elle du pays de Savoye en cette Ville, & lequel n'a voulu s'en retourner avec cette personne audit Pays, & ce en présence de Témoins.

AUjourd'hui est comparu pardevant Nous, Conseillers du Roi, Notaires au Châtelet de Paris, soussignez Augustin S   Gagne-deniers, Savoyard de nation, natif de la Paroisse de saint
Diocese de   demeurant en cette ville de Paris, Fauxbourg   Paroisse   lequel a dit & déclaré qu'il partira demain   du courant, de cettedite Ville, pour s'en retourner en Savoye, en ladite Paroisse saint   & qu'il laisse en cettedite Ville le nommé Martin C   jeune enfant, âgé de quinze ans, natif de ladite Paroisse saint
fils de Jean C   Laboureur en ladite Paroisse, lequel enfant il avoit amené en cette Ville, dès la saint Martin derniere, n'ayant pas voulu ledit Martin C   s'en retourner avec ledit Comparant en Savoye, lequel Martin C   est en bonne santé, ce que ledit Comparant a certifié veritable : A ce faire étoit présent Jean L   & Jacques H
natifs de ladite Paroisse saint   demeurans en cette ville de Paris ruë   au Marais, qui ont certifié que ledit Martin C   est en bonne santé, & qu'il n'a pas voulu s'en retourner avec ledit Augustin S   Fait & passé à Paris ès Etudes, &c. l'an mil sept cens vingt   le
a   midi, & ont déclaré ne sçavoir écrire ni signer : de ce interpellez suivant l'Ordonnance.

C

Collation que l'on met au pied d'une Copie de mi-
nute , dont le Notaire qui l'a reçûë n'est plus
Notaire , & que celui qui délivre ladite
Copie est son Successeur.

L'An mil   le   jour d
Collation des présentes a été faite par les Notaires
du Roi à Paris soussignez sur la minute dudit
étant en la possession de P   l'un desdits Notaires
soussignez , comme subrogé à l'Office & Pratique dudit D   cy-devant Notaire.

Collation à l'ordinaire.

Collationné à l'original , (*ou*) grosse , (*ou*) expedition (*ou*) copie en papier (*ou*) en parchemin ,
par Nous Conseillers du Roi , Notaires Gardenotes , &
Gardes Scel en son Châtelet de Paris soussignez. Ce fait,
à l'instant renduë le   jour de
mil

Comparution en execution d'une Sommation.

Aujourd'hui est comparu pardevant les Conseillers
du Roi , Notaires au Châtelet de Paris soussignez , Louis D   Bourgeois de Paris , y demeurant ruë   Paroisse saint   tant en
son nom , que comme ayant épousé Demoiselle Denise
R   sa femme , auparavant veuve de Robert
G   Marchand Miroitier à Paris , ès noms qu'elle

procede , lequel a dit & déclaré que par exploit d
Huissier Sergent à Verge audit Châtelet du jour d'hier,
contrôlé le même jour , il auroit fait sommer Me. P
Procureur audit Châtelet , & de Me. V.
Greffier de la geolle du grand Châtelet , du sieur
& de   Créanciers & Directeurs des Créanciers de la succession de défunt le sieur Gilles B
interessé dans les affaires du Roi , de comparoir ce jour-
d'hui heure présente de   en l'Etude de
l'un desdits Notaires soussignez , & d'y faire trouver lesdits sieurs Directeurs pour être présens à la collation des pieces , promesses & billets justifians la dette
desdits sieurs & Demoiselle D   sur la succession dudit B   & après avoir attendu jusqu'à   heures sonnées , sans que lesdits sieurs
P   & Directeurs soient venus ni comparus ,
ledit sieur D   a requis ausdits Notaires soussignez Acte de sa présente Comparution ; ce qu'ils lui
ont octroyé , après avoir representé   pieces , la
premiere , &c.
    Pour être lesdites   pieces collationnées
& prises en extrait ; ce qui a été fait , & à lui icelles
renduës , promettant de rapporter incessamment les autres pieces , établissant sa créance ; dont & de ce que
dessus , il a requis & demandé Acte ausdits Notaires
soussignez, qui lui ont octroyé. A Paris en ladite Etude
dudit   ce jourd'hui   mil
Et a signé.

Comparution à l'effet de recevoir une somme, au desir d'une sommation.

AUjourd'hui est comparu pardevant les Notaires à
Paris soussignez , Perine L   femme d'E-
tienne C   Maître Tissutier-Rubannier à
Paris , de lui séparée quant aux biens , demeurant

ruë   Paroiffe   laquelle a dit que
par tranfaction paffée entr'elle d'une part, Nicolas N
                Maître Teinturier à Paris , Agnés L
fa femme d'autre , pardevant   &
Notaires à Paris le   pour les caufes y contenuës , lefdits N   & fa femme fe feroient
obligez de lui payer la fomme de   livres
de principal & interêts échus , & qui échéront jufqu'à
l'actuel payement, & ce en plufieurs payemens égaux
de   livres chacun de   mois
en   mois jufques au parfait payement de
ladite fomme de   livres de principal & interêts , faute de payement de deux termes échus , ladite
femme C   a fait proceder par voye de faifie
arrêt fur eux entre les mains du nommé D
Locataire d'une maifon appartenante aufdits N
& fa femme , comme l'ayant acquife dudit C
faute de payement defdites   livres de principal & interêts ; attendu que par ladite tranfaction , il
eft porté , que faute du premier ou fubfequens payemens , que lefdits N   & fa femme feront contraints pour le tout; laquelle faifie leur ayant été dénon-
cée , ledit N   a fait fommer ladite femme
C   ce jourd'hui   heures du matin de comparoir en l'Etude de   l'un defdits
Notaires fouffignez   heures de relevée , à l'effet de recevoir la fomme de   livres pour lefdits deux termes de payemens échus , & les frais bien &
légitimement faits , au defir de laquelle fommation ladite femme C   fait la préfente Comparution , & déclare qu'elle eft prête & offre de recevoir lefdits   livres en déduction de fon dû , conformément à la tranfaction fuf-datée , & en payant ladite fomme de donner main-levée de ladite faifie & arrêt fans préjudice aux frais faits pour en avoir payement ;
& attendu qu'il eft   heures fonnées , &
que ledit N   n'eft comparu , ni autre pour
lui, a requis Acte de fa Comparution , & protefté de

continuer ſes pourſuites , faute par ledit N   d'être
comparu ſuivant la ſommation cy-devant dattée , dont
Acte , &c. promettant, &c. obligeant , &c. renonçant,
&c. Fait & paſſé à Paris en l'Etude dudit
Notaire, le   mil   après midi ſur
les   heures du ſoir. Et a ſigné

Comparution en répondant à la precedente ;
portant offre & dépôt d'eſpeces , attendu le
refus de les recevoir.

ET à l'inſtant eſt ſurvenu & comparu ledit Nicolas
EN   Maître Teinturier à Paris, y demeurant ruë   Paroiſſe ſaint   lequel
en répondant à la Comparution cy-deſſus , a offert de
payer les   livres , dont il a fait offre par l'exploit , en conſéquence duquel ladite femme C   a
cy-devant fait ſa Comparution ; laquelle ſomme il a au
refus par elle de les vouloir recevoir préſentement , dépoſée & miſe ès mains dudit   Notaire , en
eſpeces de louis d'or , louis d'argent & monnoye ayant
cours , qu'il a conſenti être délivrée à ladite femme
C   en lui donnant par elle bonne & valable
quittance , & main-levée des ſaiſies-arrêts faites ſur ledit N   à ſa Requête , autrement proteſte de
tout ce qui eſt à proteſter en cette partie ; dont & de ce
que deſſus ledit N   a requis le préſent Acte
auſdits Notaires ſouſſignez , qui lui ont octroyé le préſent en l'Etude dudit   Notaire pour lui ſervir & valoir en tems & lieu, & ce que de raiſon, ledit
jour   ſur les   heures de relevée.
Et a ſigné.

Compte & Quittance par un fils & bru à leur mere & belle-mere.

FUrent préfens Catherine L   veuve en premieres nôces de Jacques C   Maître Brodeur à Paris , & en fecondes de François M
auffi Maître Brodeur à Paris , y demeurante ruë
Paroiffe faint   d'une part. Et Nicolas
C   auffi Maître Brodeur à Paris , & Magdelaine P   fa femme , qu'il autorife à l'effet des
préfentes , demeurans   d'autre part.
   Lefquels ont dit avoir ce jourd'hui compté enfemble , tant de ce qui peut revenir audit Nicolas C
pour fa part héreditaire en la fucceffion dudit défunt
Jacques C   fon pere , dont le contenu en
l'Inventaire des effets de la fucceffion fait après fon decès , à la Requête de ladite Catherine L   par
B   & fon Confrere , Notaires à Paris le
                dont il a dit avoir pris communication , que
des dettes de ladite fucceffion dudit défunt fon pere ,
payées & acquittées par fadite mere depuis ledit Inventaire , enfemble d'une fomme de   livres contenuë en la reconnoiffance dudit défunt Jacques C
                qui avoit reçû ladite fomme pour ledit Nicolas
C   fon fils de Meffieurs les Marguilliers de
l'Oeuvre & Fabrique de   pour fa récompen-
fe d'avoir été Enfant de chœur en ladite Eglife , l'efpace de   ans , ainfi que ladite veuve fa mere
l'a reconnu & déclaré par ledit Inventaire. Plus de la
fomme de   livres , que ladite L
a reconnu devoir audit Nicolas C   pour argent prêté , fuivant l'Obligation de ladite fomme qu'elle a faite à fon profit paffée devant   & fon
Confrere , Notaires à Paris le   que des fommes qu'elle lui a payées , à compte fur tout ce que def-

fus , ladite L   s'eſt trouvée reliquataire envers ledit Nicolas C   ſon fils , de la ſomme
de   livres , qu'icelle Catherine L
promet & s'oblige bailler & payer audit Nicolas C
ſon fils en   payemens égaux de
livres chacun , dont le premier payement ſe fera & éché-
ra d'hui en   mois , ainſi continuer de
mois en   mois , juſqu'au parfait payement deſdits   livres ; & faute du premier , ſecond ,
ou autre ſubſequent payement , conſent être contrainte
pour le tout , ſans que cette peine puiſſe être réputée
comminatoire , mais de rigueur ; au moyen de quoi leſdits Nicolas C   & ſa femme quittent & déchargent ladite Catherine L   leur mere &
belle-mere, de toutes choſes géneralement quelconques
du paſſé juſqu'à ce jour , ſoit pour raiſon de ladite ſucceſſion de leurdit pere & beau-pere qu'autrement ; même promettent leſdits C   & ſa femme ſolidairement ſous les renonciations de droit requiſes , de
lui remettre ès mains inceſſamment le brevet de ladite
Obligation par elle faite comme dit eſt , comme nulle
& acquittée au moyen des préſentes , & de l'en faire tenir quitte envers & contre tous , quittant & déchargeant
pareillement par ladite L   ſeſdits fils & bru
de toutes choſes quelconques juſqu'à ce jour , & demeureront tous billets , promeſſes obligations , quittances ,
ou autres qui pourront avoir été faits entre eux , nuls ,
comme compris en ceſdites préſentes , demeurant
toutefois ledit C   en tous ſes droits , actions ,
privileges & hypoteques juſqu'au parfait payement de
la ſuſdite ſomme de   livres: & pour l'éxecution des préſentes , les Parties ont élû leurs domiciles en
leurs demeures cy-devant déclarées : auſquels lieux ,
&c. nonobſtant , &c. promettant , &c. obligeant , &c.
chacun en droit ſoi leſdits C   & ſa femme
ſolidairement comme deſſus , &c. renonçant , &c. Fait
& paſſé à Paris ès Etudes , &c. l'an mil   le
jour d   Et ont ſigné , excepté ladite P   qui a déclaré
ne ſçavoir écrire ni ſigner.   C iiij

Compte & Obligation.

FUrent préfens Très-haut & Très-puiſſant Seigneur,
Monſeigneur Antoine Charles, Duc de G
Pair de France, Chevalier des Ordres du Roi, Souve-
rain de   &c. demeurant à Paris en ſon Hôtel
ruë   Paroiſſe ſaint   d'une part,
Et Meſſire Antoine S   Avocat en Parlement,
demeurant à Paris ruë   Paroiſſe
Intendant & Procureur de Très-haut & Très-puiſſant
Seigneur, Monſeigneur Honoré-Charles D
Duc de M   ſuivant ſa procuration paſſée devant
     &   Notaires à Paris le   demeurée annexée
à ces préſentes, d'autre part.

Leſquelles Parties ont reconnu avoir ce jourd'hui
compté entr'elles, tant de ce qui eſt dû par Mondit Seigneur Duc de G   des arrerages de   livres
ſols de rente & de ceux de   livres   ſols   deniers
auſſi de rente, faiſant partie de celle de   livres
ſols   deniers conſtituez par Contrat paſſé pardevant
     &   Notaires à Paris le   mil
échus depuis le   juſques à pareil jour de l'année derniere mil   que des interêts de
livres   ſols, de   livres
ſols, faiſant partie de   livres d'interêts de la
ſomme de   livres portez en l'Obligation
paſſée pardevant   &   Notaires à
Paris le   mil   échus depuis le
juſqu'à pareil jour de la préſente année, iceux arrerages
& interêts dûs par ledit Seigneur Duc de G
audit Seigneur Duc de M   à cauſe de Très-
haute & Très-puiſſante Dame, Dame Marie-Anne-Jean-
ne de C   ſon épouſe, tant comme héritiere
de défunte Haute & Puiſſante Dame, Dame Françoiſe
M   ſa mere, au jour de ſon decès, épouſe
de Haut & Puiſſant Seigneur, Meſſire Philippe de C

Chevalier Marquis de D   &c. qui étoit héritier de défunt Meffire Jacques M   fon pere,
que comme héritier pour moitié dans les biens libres,
& pour un tiers dans les biens fubftituez de défunt Meffire Guillaume M   Marquis de Ch
fon oncle, par lequel Compte les arrerages fe font trouvez monter à   livres   fols   deniers,
& lefdits interêts à   livres   fols
deniers, faifant lefdites deux fommes enfemble, celle
de   livres   fols   deniers, fur
laquelle déduifant celle de   livres
fols, qui a été payée, fçavoir   livres
fols, à ladite Dame Ducheffe de M   fuivant
fes quittances, &   livres au fieur B
Marchand, Bourgeois de Paris, Ceffionnaire defdits
Seigneur & Dame de M   en déduction de
celle de   livres   fols   deniers,
qu'ils lui ont tranfportez à prendre fur ledit Seigneur,
Duc de G   fur lefdits arrerages & interêts,
fuivant les quittances dudit fieur B   il fe
trouve qu'il eft dû de refte defdits arrerages & interêts
par ledit Seigneur Duc de G   aufdits Seigneur
& Dame Duc & Ducheffe de M   la fomme de   livres   deniers, fur laquelle fommme ledit Seigneur Duc de G
promet payer audit fieur B   audit nom de
Ceffionnaire defdits Seigneur & Dame Duc & Ducheffe de M   celle de   livres
fols   deniers, reftant defdites   livres   fols   deniers ; & à l'égard du
furplus defdites   livres   deniers, montant à   livres   fols   deniers,
ledit Seigneur Duc de G   promet & s'oblige les payer aufdits Seigneur & Dame, Duc & Ducheffe de M   en leur Hôtel à Paris, ou au Porteur, &c. à leur volonté, à peine de tous dépens,
dommages & interêts, fans préjudice aufdits Seigneur
& Dame, Duc & Ducheffe de M   des arre-

rages & interêts échus & à écheoir defdites rentes &
fommes, & aufdits droits, actions, privileges & hypoteques que ledit fieur S   audit nom s'eft refervé & fans y deroger, élifant ledit Seigneur Duc de
G   domicile pour l'execution des prefentes,
en fondit Hôtel ; auquel lieu, &c. nonobftant, &c.
promettant, &c. obligeant, &c. renonçant, &c. Fait
& paflé à Paris en l'Hôtel dudit Seigneur, Duc de
G   l'an mil fept cens vingt   le
jour d   a   midi. Et ont figné.

Compte reciproque entre deux Héritiers d'une
fucceffion, au fujet des débourfez faits par
l'un d'eux, tant pour lui que pour l'autre,
portant Obligation.

FUrent préfens Pierre-François B   de D
demeurant ruë   Paroiffe faint
d'une part. Et Damoifelle Marie B   de D   fa
fœur ; émancipée d'àge procedante fous l'autorité d'E-
tienne L   demeurante au Couvent des Hofpitalieres   dudit fieur L   pour ce
préfent affiftée, demeurant   d'autre part.
Lefquelles Parties font amiablement venus à compte,
fur les Mémoires réciproquement tenus par chacune
d'elles des debourfez faits par ledit fieur de D
particuliers pour ladite Damoifelle fa fœur, & communs entr'eux pour les frais funeraires de Madame leur
mere, & prieres dites pour le repos de fon ame, frais
de ménage, loyers de l'appartement qu'ils occupoient,
& gages de domeftiques, jufqu'au premier Avril dernier, que ladite Damoifelle s'eft retirée audit Couvent
des Hofpitalieres   & depuis pour fes penfions &
entretiens audit lieu ; Par lequel Compte il s'eft trouvé
que ladite Damoifelle de D   eft débitrice vers
ledit fieur de D   fon frere, toutes chofes

déduites, précomptées & rabattuës du paſſé juſqu'à ce
jour, y compris dans la dépenſe le quartier d'Octobre,
Novembre & Décembre, de la préſente année, que ledit
ſieur de D   a payé auſdites Religieuſes pour
la penſion de ladite Damoiſelle ſa ſœur, de la ſomme
de   livres   ſols, ſur laquelle ſomme
ledit ſieur ſon frere a reçû de ladite Damoiſelle ſa ſœur
en pluſieurs & diverſes fois celle de   dont quittance, & les   livres   ſols   deniers, reſtans, la
Damoiſelle de D   promet & s'oblige lui payer à
ſa volonté, à peine, &c. Laquelle reconnoit que ledit
ſieur ſon frere lui a remis les arrerages de ſes rentes,
qu'il avoit reçûs ſur ſes quittances, des Payeurs de la
Ville, & en vertu de ſa procuration des rentiers particuliers, dont elle le décharge; & au ſurplus ſe ſont leſdites Parties reciproquement quittées & déchargées de
toutes choſes, juſqu'à cedit jour, comme compris au
préſent compte, à l'exception des meubles qui ſont reſ-
tez en commun entr'eux par l'Inventaire qu'ils ont fait
faire après le decès de ladite Dame leur mere, leſquels
meubles ladite Damoiſelle reconnoît en avoir emporté
audit Couvent pour ſon uſage, ceux mentionnez au Mémoire cy attaché, paraphé d'elle & des Notaires ſouſſignez à ſa réquiſition, & au moyen des préſentes, leſdits Mémoires ſont & demeurent nuls, & comme tels
ont été biffez, & adhirez par chacune des Parties. Et pour
l'execution deſdites préſentes ladite Damoiſelle de D
élit domicile chez ledit ſieur L   en ſa demeure devant
deſignée, auquel lieu, &c. nonobſtant, &c. promettant,
&c. obligeant, &c. renonçant, &c. Fait & paſſé à Paris
audit Couvent l'an mil ſept   le
Et ont ſigné.

Titre qu'il faut mettre à l'Etat mentionné en l'Acte cy-deſſus.

Etat des meubles que Damoiſelle Marie B   a emportez avec elle au Couvent des Hoſpitaliers d   le
          mil   leſdits meubles compris en l'Inventaire fait

après le decès de la Dame mere de ladite Damoiselle
Premiérement un lit   &c.

A la fin de cet Etat , on met ce qui suit.

Paraphé au desir du Compte passé pardevant les Notaires soussignez, ce jourd'hui, &c.

Compte portant réduction d'une rente.

FUrent présens Damoiselle Simone-Françoise **A**
épouse séparée quant aux biens , d'avec Antoine
P   Sieur de **V**   de lui néanmoins pour
ce présent autorisee à l'effet des présentes , demeurans
à Paris ruë   Paroisse saint   d'une
part. Et Dame Françoise P   Epouse aussi séparée
quant aux biens de Messire Richard C   Chevalier Seigneur de B   demeurant à Paris , ruë
& Paroisse saint   d'autre part.

Lesquelles sont convenuës , & ont compté ensemble de ce qui ensuit ; c'est à sçavoir , que sur les arrerages de la rente de   au principal de   constituée
par ladite Dame de V   à ladite Damoiselle de la
B   par Contrat passé pardevant P   &
Notaires , le   dont il est échû   années   mois
          jours , montans à   ladite Damoiselle de la
B   convient déduire   livres qu'elle a
touché du prix des meubles vendus sur ladite Dame
de V   suivant le Procés verbal de
Huissier à verge du   & de tenir compte
de   livres , qui lui ont été adjugez par pro-
vision sur les biens saisis réellement appartenans à ladite
Dame de V   qu'elle a cedez , doivent être ou seront touchez par le sieur G   partant
reste dû desdits arrerages jusqu'à cedit jour
livres   sols. Et voulant bien ladite Damoiselle D   tenir compte à ladite Damoiselle
de V   & imputer sur lesdites   livres

de principal   livres qu'elle a payées en
l'acquit dudit fieur P   de la B
fon mari ; fçavoir   livres au fieur D
de J   &   livres audit fieur de la B
fuivant plufieurs de fes quittances & billets, qui fe trouvent perdus & adhirez ; pour la reftitution defquels ladite Damoifelle de la B   ne prétend aucune action
contre ladite Dame de V   étant contente, ledit
principal de ladite rente fe trouve réduit à   & icelle
rente de   livres n'aura plus cours de ce jourd'hui
en avant que pour   livres   fols de rente, laquelle ladite Dame de V   promet payer à ladite
Damoifelle de la B   conformément audit Contrat de création d'icelle, enfemble de lui payer en execution d'icelui lefdites   livres d'arrerages, reftans dûs & échus jufqu'à ce jour & fans innovation de
droits & hypoteques refultans dudit Contrat & des Sentence & Arrêts obtenus contre ladite Dame de V
& fans déroger à la continuation & pourfuites de la faifie
réelle faite à la Requête de ladite Damoifelle de la B
des biens de ladite Dame de V   pour avoir
payement defdits arrerages, & faute de payement avoir
été fait d'iceux, garantie du principal, frais, mifes &
loyaux-coûts & fans préjudice d'iceux & des frais ordinaires & extraordinaires de ladite pourfuite, confentant néanmoins que de ces préfentes, il foit fait mention fur la minute & groffe dudit Contrat & autres
pieces que befoin fera, par tous Notaires requis, fans
que fa préfence y foit néceffaire, ce qui ne fervira que
pour un même acquit : & pour l'execution des préfentes, ladite Dame de V   a fait pareille élection de domicile que celui porté au Contrat de création de ladite rente, auquel lieu, &c. nonobftant,
&c. promettant, &c. obligeant, &c. renonçant, &c.
Fait & paffé à Paris, &c.

Consentement d'une mere à son fils pour qu'il se pourvoye par mariage.

AUjourd'hui est comparuë devant les Conseillers du Roi, Notaires au Châtelet de Paris soussignez ; Jeanne V   veuve de Noël P Marchand Bourgeois de Paris, & à présent femme de Claude L   Marchand de vin à Paris, de lui pour ce présent autorisée à l'effet qui suit, y demeurant ruë   Paroisse saint   Laquelle consent par ces présentes que Jean P   fils dudit défunt Noël P   son premier mari & d'elle, se pourvoye par mariage avec telle personne bien famée que bon lui semblera, les solemnités de l'Eglise observées, & qu'il en passe Contrat devant Notaires, aux charges, clauses & conditions qu'il jugera à propos, sans que pour raison de ce, ladite V   sa mere y soit engagée, ni sa présence nécessaire en façon quelconque, & généralement faire pour raison dudit mariage, tout ce qu'il jugera à propos & necessaire à ce sujet ; Promettant, &c. obligeant, &c. renonçant, &c. Fait & passé à Paris ès Etudes, &c. le   mil sept cens   Et ont signé.

Consentement de parens & amis d'un Mineur à son beaupere & mere & subrogé tuteur, à l'effet de faire passer Maître d'un métier ledit Mineur.

FUrent présens Marie R   veuve de défunt Pierre L   vivant Maître Vitrier à Paris, & à présent femme de Jean Baptiste G   aussi Maître Vitrier à Paris, & de présent Juré en charge de

fa Communauté, de lui pour ce préfent autorifée à l'ef_
fet des préfentes, demeurans ruë   Paroiffe
faint   icelle au nom, & comme Tutrice
de Pierre-François L   âgé de
ans ou environ, fils dudit défunt & d'elle, & feul & unique héritier en la fucceffion dudit défunt fon pere, au
moyen de la renonciation qu'elle a faite à la Communauté de biens, qui étoit entre elle & ledit défunt fon
mari par Acte paffé pardevant B   qui en a la minute,
& fon Collegue, Notaires à Paris, le   d'une part.
Sieur Jean L   Maître Vitrier à Paris y demeurant rue   Paroiffe faint
oncle paternel & fubrogé Tuteur dudit Mineur : *Et*
ainfi des autres tant paternels que maternels, leurs noms,
furnoms, demeures & degrez de parentés.

Lefquels, fur ce qui leur a été reprefenté par lefdits
beau-pere & mere dudit Mineur, que pour fon avancement & établiffement, il feroit à propos de le faire recevoir Maître au Corps & Communauté dudit métier
de Vitrier des deniers provenans de la fucceffion dudit
défunt fon pere à lui appartenans, comme feul & unique héritier en ladite fucceffion : ce qui ne fe peut faire
fans avoir le confentement des fuf-nommez, qui ont à
cet effet par ces préfentes confenti & accordé qu'icelle
Tutrice fous l'autorifation de fondit mari, conjointement avec ledit fubrogé, Tuteur dudit Mineur, faffent
recevoir icelui Maître au Corps & Communauté des
Maîtres Vitriers de cette Ville, en obfervant les forma-
lités requifes par les Statuts de ladite Communauté : Et
pour ce faire qu'ils débourfent ce qui fera neceffaire des
deniers de ladite fucceffion, dont ils font chargez efdites qualités, lefquels deniers leur feront alloüez au
compte qu'ils rendront audit Mineur de la regie & adminiftration de fa perfonne & biens lorfqu'il aura
atteint l'âge de majorité, & generalement faire tout ce
qu'ils trouvéront à propos à ce fujet : Car ainfi a été
convenu & accordé entre les Parties, qui ont requis
Acte de ce que deffus aux Notaires fouffignez, qui leur

ont octroyé le préfent , pour leur fervir & valoir en tems
& lieu ce que de raifon. A Paris ès Etudes defdits Notaires , fouffignez , l'an mil　　　　　　　　le
jour d　　　　　a　　　　midi. Et ont figné.

Confentement portant Transport d'une fomme.

FUt préfente Renée F　　　　　　　veuve d'Etienne
C　　　　　Marchand de vin à Paris , y demeurante rue　　　　Paroiffe　　　　laquelle a confenti
par ces préfentes , que Dominique M　　　　Maître
Tailleur d'habits à Paris , y demeurant rue
Paroiffe faint　　　　à ce préfent & acceptant , touche & reçoive de Meffire Philippe L
Confeiller du Roi en fa Cour de Parlement , la fomme
de　　　　livres , fur les arrerages qui font & feront dûs à ladite veuve C　　　　du doüaire de
livres par chacun an , à elle conftitué par ledit défunt
fon mari , dont le principal eft ès mains dudit fieur
L　　　defquels arrerages , elle fait toute ceffion
& tranfport avec garantie audit M　　　　jufqu'à
concurrence defdites　　　　livres , le préfent
Confentement fait , pour demeurer quitte , par ladite
veuve C　　　de pareille fomme de
livres , qu'elle doit audit M　　　　fçavoir
livres , pour argent qu'il lui a prêté , & audit défunt.
Et　　　　livres , que ladite veuve C
lui a promis par gratification , pour avoir fait vendre
une maifon fife à Paris rue　　　　qui appartenoit
audit défunt , acquife par ledit fieur L
Promettant , &c. obligeant , &c. renonçant , &c. Fait &
paffé à Paris ès Etudes , &c. l'an mil　　　le
jour d　　　　a　　　　midi ; ladite veuve C
a déclaré ne fçavoir écrire ni figner , de ce enquife , &
ledit M　　　　a figné.

Consentement simple en forme de Main-levée.

PArdevant les Notaires à Paris souffignez, fut préfent Meffire Gabriel D   Chevalier Marquis dudit lieu demeurant à   de préfent à Paris, logé ruë   Paroiffe faint   lequel a confenti & confent par ces préfentes, que Dame Anne B   veuve du fieur Charles R Officier de la Reine, touche & reçoive du fieur Jean J   Maître Boulanger fon débiteur d'une rente de   livres foncieres de Bail d'héritages, la fomme de   livres   fols, de laquelle par le compte qu'ils ont fait enfemble, il fe reconnoît débiteur & redevable vers ladite Dame veuve R reftant des principaux interêts, frais & dépens qu'il lui devoit, & pourquoi elle a fait faifir entre les mains dudit fieur J   ce qui a été accepté par ladite Dame R   pour ce préfente, demeurante qui a, au moyen des préfentes, rendu audit Seigneur Marquis D   les obligations & billets qu'elle avoit de lui & les pieces & procedures, qui s'en étoient enfuivies, approuvant les payemens que ledit fieur J   lui a cy-devant faits en déduction de fon dû, & après qu'il aura fait à ladite Dame R   le payement de ladite fomme de   livres   fols fur les arrerages de ladite rente, qui échéront à la faint Martin prochain ; il lui en fera tenu compte par ledit Seigneur D   la faifie-arrêt de ladite Dame R   faite entre les mains dudit fieur J demeurant nulle, & de laquelle au furplus & dès à préfent, elle fait par ces préfentes toutes main-levées ; promettant, &c. obligeant, &c. renonçant, &c. Fait & paffé à Paris ès Etudes, &c. l'an mil   le jour d   Et ont figné.

D

Confentement donné par un pere, qu'une rente viagere foit fur la tête & vie de fa fille, à la charge que lui pere joüira des arrerages de ladite rente pendant la vie de fadite fille.

AUjourd'hui eft comparu devant les Notaires fouf-fignez , fieur François le G   Marchand
Bourgeois de Paris , y demeurant ruë de
au nom & comme Procureur de Jacques P
fondé de fa procuration paffée devant   Notaire Royal , réfident en la Ville de   le
dûment légalifée , fpeciale à l'effet qui fuit , dépofée
pour minute à   l'un defdits Notaires fouffignez le   lequel audit nom & en conféquence de ladite procuration , a confenti par ces préfentes ,
que le Contrat qui doit être expedié de   livres
de rente viagere & même de   livres de rente
perpetuelle , dont le principal a été fourni au Trefor
Royal de Sa Majefté par ledit fieur le G
Comparant pour ledit fieur P   fuivant la
quittance de M. Gruyn , Garde du Tréfor Royal , dattée
du   enregiftrée au Contrôle general des Finances le   foit paffé & expedié au nom &
fur la vie naturelle de Damoifelle Marguerite J. P
fille dudit fieur P   fur la tête de laquelle ledit fieur
le G   audit nom referve les arrerages de ladite rente viagere , pour & au profit dudit fieur P
pere ; promettant , &c. obligeant , &c. renonçant , &c.
Fait & paffé à Paris ès Etudes , &c. l'an mil
le   Et a figné.

Confentement pur & fimple à l'élargiffement d'un prifonnier.

AUjourd'hui eft comparu pardevant les Notaires à
Paris fouffignez , Pierre-Matthieu Bernard D
Bourgeois de Paris , y demeurant ruë
Paroiffe   lequel a par ces préfentes fait &
confenti l'élargiffement du fieur François le B
prifonnier , à fa recommandation , ès prifons du Petit
Châtelet de Paris , & qu'il foit mis hors d'icelles , &
qu'en ce faifant les Geoliers-Concierges , & Gardes
defdites prifons en foient & demeurent bien & valablement déchargez , comme il les en décharge par ces préfentes ; promettant , &c. obligeant , &c. renonçant ,
&c. Fait & paffé à Paris ès Etudes , &c. l'an mil fept
le   Et a figné.

Confentement par des Héritiers, que l'un d'eux touche les émolumens d'un Office depuis le tems qu'ils font dûs, encore que par le délaif- fement qu'ils lui avoient fait dudit Office à titre de partage , ils fe foient refervez lef- dits émolumens en commun du paffé jufques au jour & date dudit délaiffement , ne lui ayant accordé ladite joüiffance , que du jour dudit délaiffement.

AUjourd'hui font comparus pardevant les Confeillers du Roi , Notaires à Paris fouffignez Me.
Jerôme le T   Dame Marie- Madelaine-
Claude C   fon époufe , qu'il autorife à l'effet
des préfentes ; M. Nicolas A   Dame Char-
lotte-Henriette C   fon époufe , qu'il autori-
D ij

fe pareillement pour la validité defdites préfentes , &
Jacques le M　　　　demeurant à　　　　　en Auxerrois
en Bourgogne , tant en fon nom , qu'à caufe de Dame
Marie-Magdelaine Car　　　　fon époufe , d'elle fondé
de procuration générale , fpeciale néanmoins à l'effet
defdites préfentes , paffe de l'autorité dudit fieur le
M　　　　　fon mari , pardevant P　　　　　　&
J　　　　　Notaires audit　　　　　　le
contrôlée , fcellée & légalifée le même jour , dont l'o-
riginal eft annexé à la minute de l'Inventaire fait après
le decès de M. Charles C　　　　fon pere, vivant
Commis à l'Audience & Receveur　　　　　commencé par les Notaires fouffignez le　　　　　étant
tous de préfent à Paris , logez même maifon ruë
Paroiffe de faint　　　　　lefdites Dames le T
A　　　　　　& le M　　　　　fœurs , Héritieres
avec Charles Florimond C　　　　　des C
Directeur des Dom　　　　　leur frere, chacun pour
un quart dudit défunt fieur Charles C　　　　leur
pere, & pour pareille portion de défunte Dame Marie-
Magdelaine de H　　　　　leur mere, au jour de fon
decès , époufe dudit défunt fieur C　　　　lefquels
ont dit qu'en attendant le partage , qui étoit à faire entr'eux des biens de la Communauté d'entre lefdits défunts fieur & Dame C　　　ils ont par Contrat paffé pardevant les Notaires fouffignez le　　　des préfens mois &
an , dont C　　　　　l'un d'eux a la minute , delaiffé à
titre de partage audit fieur Charles Florimond C
des C　　　　　ledit Office de Commis à l'Audience
& Receveur　　　　　dont ledit défunt fieur C
étoit pourvû & joüiffant au jour de fon decès , moyennant le prix & aux conditions y portées ; & depuis par
la lecture qu'ils ont prife à loifir dudit Contrat , ils ont
reconnu & remarqué que l'on n'a donné audit fieur C
　　　　　des C　　　　　la joüiffance des gages , diftributions , revenus & émolumens dudit Office , que
du jour d'icelui , & que l'on a refervé ceux précedem-
ment échus , ce qui eft contraire à ce qui avoit été ver-

balement convenu avec ledit fieur C.   des
C   auquel conformément à ce qui a été
refervé doit appartenir , laquelle erreur lefdits fieurs &
Dames Comparans efdits noms & qualités, voulant rec-
tifier & marquer audit fieur C   des C
leur bonne foi, ils ont par ces préfentes , confenti &
confentent qu'icelui fieur C   des C
touche & recoive lefdits gages , diftributions, revenus,
& émolumens dudit Office , échus avant ledit jour d
          des préfens mois & an, refervez par ledit Con-
trat , en fafe & difpofe comme bon lui femblera , & de
chofe lui appartenante, de même que s'ils lui avoient été
abandonnez par icelui , conformément à ce qui avoit
été convenu entr'eux , attendu que le tout eft compris
dans le prix porté audit Contrat ; & qu'en lui en faifant le payement , toutes perfonnes en demeureront
valablement dechargées, ainfi que lefdits fieurs & Dames
Comparans efdits noms les en quittent , fans deroger
au furplus aux claufes & conditions dudit Contrat de
delaiffement dudit Office ; Promettant , &c. obligeant ,
&c. renonçant , &c. Fait & paffé à Paris en la maifon ,
où lefdits fieurs & Dames Comparans font logez , l'an
mil fept   &c.

Confentement par un Acquereur , que nonob-
ftant fon acquifition , fon Vendeur joüiffe fa
vie durant , des loyers que rapportera la cho-
fe venduë.

AUjourd'hui eft comparu pardevant les Notaires
à Paris fouffignez M. François V
Avocat au Parlement , demeurant ruë   Paroiffe faint   lequel , nonobftant la vente qui lui
a été ce jourd'hui faite par Contrat paffé pardevant lefdits Notaires fouffignez, dont C   l'un d'eux a la
minute , par Damoifelle Catherine de G   veuve

de Meſſire Jean C   de deux maiſons qui lui
appartenoient , tenantes l'une à l'autre , ſciſes ruë des
             moyennant la ſomme de   livres ,
pour demeurer quitte par ladite Dame de pareille ſomme , qu'elle devoit audit ſieur V   comme étant aux
droits de M. de B   cy-aprés nommé , ſuivant
& pour les cauſes expliquées audit Contrat , a ſous l'aſ-
ſûrance de l'indemnité , qui lui ſera cy-après donnée
par ledit ſieur de B   conſenti & accordé par
ces préſentes , que ladite Dame C   joüiſſe
pendant ſa vie , & juſqu'à ſon decès , deſdites deux maiſons , ſans en payer aucuns loyers , ni qu'il puiſſe lui en
demander ni prétendre aucuns la vie durant de ladite
Dame , conſentant même ledit ſieur V   que
ladite Dame loüe , ſoit le total , partie ou portion deſdites deux maiſons , ainſi que bon lui ſemblera , &
qu'elle faſſe & diſpoſe deſdits loyers à ſon profit , ainſi
qu'elle aviſera bon être , ſans qu'elle ſoit tenuë d'en rendre compte à qui que ce ſoit ; à la charge toutefois par
ladite Dame C   de payer annuellement les
Cens & Droits Seigneuriaux , dont ſont & peuvent être
chargées leſdites deux maiſons envers le Prieuré de
ſaint   à Paris , dont elles relevent , en ſorte
que ledit ſieur V   n'en ſoit en façon quelconque inquieté ni recherché , à peine , &c. Ce fait en
préſence de Meſſire Jean-Baptiſte-Joſeph B
Seigneur de B   demeurant à Paris
lequel à la priere de ladite Dame C   a conſenti à ſon égard entant que beſoin eſt ou ſeroit , l'execution du préſent Acte , & en conſéquence a promis de
tenir compte & faire raiſon audit ſieur V   des
interêts du principal de ſa créance , tant & ſi longtems
que ladite Dame C   aura la joüiſſance deſdites deux maiſons , en ſorte que ledit ſieur V
n'en ſouffre aucune perte , ſans néanmoins que ledit
ſieur de B   puiſſe exercer aucun recours contre ladite Dame C   ni ſur ſes biens , pour
raiſon deſdits interêts , & ſans préjudice de l'uſufruit &

joüiſſance appartenant à ladite Dame de la Terre & Seigneurie de Boiſg   ſuivant & aux termes de
ſa donation de ladite Terre faite par Contrat du
car ainſi , &c. Et pour l'execution des préſentes, les Parties ont élû leurs domiciles en leurs demeures cy-devant
déclarées , auſquels lieux , &c. nonobſtant , &c. promettant , &c. obligeant , &c. chacun en droit ſoi, renonçant , &c. Fait & paſſé à Paris en l'Etude dudit C
          Notaire , l'an mil ſept   &c.

Conſentement par un Créancier à ſon débiteur ,
qu'il le paye du contenu en ſon billet , dans
d'autres termes que ceux qui y ſont portez.

PArdevant les &c.   fut preſent Eleazard de
K   demeurant   comme étant
aux droits de Louis D   ſuivant la déclaration
paſſée devant D   & L   Notaires à Paris le   dont l'original eſt annexé à
la minute de l'Acte d'apport de l'obligation , dont ſera
cy-aprés parlé , paſſé devant ledit L   & ſon
Confrere , Notaires le   lequel encore que par
l'écrit ſous ſignatures privées en datte du   ſuivant , audit an   fait entre lui & François D
          ſieur de V   & Marguerite P
ſon épouſe , portant quittance de la ſomme de
livres par eux payée audit ſieur de K   à compte de celle de   livres portée en l'obligation de pareille ſomme faite au profit dudit S   par leſdits
ſieur & Dame de V   pardevant leſdits D   &
L   ledit jour   il ait entr'autres choſes par ledit écrit accordé & conſenti que leſdits ſieur & Dame de
V   lui payaſſent   livres de trois mois en trois
mois , conſécutivement , à compter du jour dudit écrit
juſqu'à parfait payement des   livres reſtans de ladite ſomme de   livres , a ledit ſieur de K

à la requifition defdits fieur & Dame de V　　　pour
ce préfens , ladite Dame de V　　　autorifée dudit
fieur fon époux , à l'effet des préfentes , demeurans
volontairement confenti & accordé par cefdites préfentes , que lefdits fieur & Dame de V　　　lui payent
pareille fomme de　　. livres, en efpeces fonantes auffi de trois mois en trois mois confécutivement , dont le
premier à compter du　　　Decembre dernier échera le　　　Avril prochain , le fecond le　　　Août
fuivant auffi prochain , & ainfi continuer.de trois mois
en trois mois à pareils jours jufqu'à parfait payement
des　　　livres reftans préfentement à payer de ladite
fomme de　　　livres , attendu la quittance de
livres , que ledit fieur de K　　　a donnée aufdits fieur
& Dame de V　　　ledit jour　　　Decembre der-
nier , à quoi lefdits fieur & Dame de V　　　promettent & s'obligent folidairement fous les renonciations requifes de fatisfaire , & faute y auroit du premier, fecond ou autres fubfequens payemens aufdits termes,confentent fous ladite folidité d'être contraints pour
le tout　, ou pour ce qui en refteroit alors dû , fans que
cette peine puiffe être　réputée comminatoire ; & par ces
mêmes préfentes lefdits fieur & Dame de V　　　& ledit fieur de K　　　ont donné pouvoir à M
Procureur en la Cour de regler & arrêter à l'amiable les
frais , mifes d'execution , loyaux coûts & dépens contenus en l'état & déclaration fignifiée à M　　　Procureur defdits fieur & Dame de V　　　le　　　le
montant defquels frais , mifes d'execution , loyaux-
coûts & dépens , lefdits fieur & Dame de V
promettent & s'obligent fous la folidité , de bailler &
payer audit fieur de K　　　ou en fon acquit, à M
　　　fon Procureur ,en leurs demeures à Paris , ou au
porteur, &c. auffi-tôt que ledit fieur M　en aura fait fon
arrêté , à peine , &c. fans au furplus déroger par ledit
fieur de K　　à l'hypoteque qui lui eft acquife par lefdites obligation & déclaration , auquel n'eft innové,
dérogé , ni préjudicié , & fans auffi par lui préjudicier

à ce qui eſt porté par ledit écrit dudit jour   Août mil   & par celui du ſieur de G   fait en conſéquence le même jour , enſemble aux pourſuites & procedures faites en conſequence de ladite obligation alencontre deſdits ſieur & Dame de V   & autres , le tout reſtant en ſa force & vertu juſqu'à parfait payement du contenu en ladite obligation. Et pour l'execution deſdites préſentes , &c.

Conſtitution de rente au denier 80. *pour cent ſur les Indes Orientales à la groſſe avanture.*

PArdevant les Conſeillers du Roi , Notaires , Garde-notes , & Gardes-ſcel au Châtelet de Paris ſouſſignez , furent préſens les ſieurs Nicolas S   Thomas T   Antoine P   & Jean Baptiſte H   Directeurs Generaux de la Compagnie des Indes Orientales de France , établie en cette ville de Paris , ſtipulant tant en ladite qualité, que comme ayant pouvoir des autres Directeurs de ladite Compagnie , par leur déliberation du   d   mil   dépoſée pour minute à R   l'un deſdits Notaires ſouſſignez , le   dudit mois ; leſquels ſieurs S   T   P   & H   eſdits noms , & en chacun d'iceux ſolidairement , un d'eux ſeul pour le tout, ſans diviſion , diſcuſſion , ni fidejuſſion ; renonçant aux benefices & exception deſdits droits , ont reconnu & confeſſé devoir à &c. la ſomme de   livres , pour cauſe de pur & loyal prêt d'argent fait par ledit ſieur Créancier auſdits ſieurs Directeurs cy-devant nommez eſdits noms , dont ils ſe contentent , & ont déclaré que ladite ſomme eſt pour employer à l'équipement, armement, avituaillement & cargaiſon du vaiſſeau cy-après nommé, achat d'effets & marchandiſes , qui y ſeront embarqués; de laquelle ſomme ledit ſieur Créancier conſent de courir les riſques , perils & avantures de la mer , de la guerre &

& de tous autres cas aufquels font fujets ceux qui prê-
tent de l'argent à la groffe avanture , conformément à
l'Ordonnance du mois d'Août mil fix cens quatre-vingt-
un fur la totalité du corps & quille d   à commencer
lefdits rifques du   pour ledit voyage , & ainfi tant
en allant féjournant   que retournant
dans ledit Port de l'Orient , &   féjourné vingt-quatre heures   après quoi ils cefferont. Laquelle fomme de   lefdits fieurs Directeurs fuf-nommez efdits noms ont promis & fe font obligez de rendre & reftituer audit fieur Créancier en fa maifon à Paris cy-devant declarée , ou au porteur des préfentes , fans qu'il
foit befoin d'aucun ordre , ceffion , tranfport , déclaration , fignification , ni aucuns autres Actes , trois mois
après les vingt-quatre heures du retour   audit Port
de l'Orient , avec les profits maritimes d'icelle fomme ,
à raifon de quatre-vingt pour cent ; à quoi ils confentent d'être contraints , tant en leurs perfonnes que biens ,
comme de Marchand à Marchand , & pour fait de nego-
ce , ont fpecialement obligé , affecté & hypotequé agrès ,
aparaux , effets & marchandifes appartenans à ladite
Compagnie des Indes Orientales , tant celles qui peuvent y être chargées préfentement , que celles qu'il
& generalement tous leurs autres biens , & ceux des autres Directeurs de ladite Compagnie , meubles & immeubles , prefens & avenir , une obligation ne dérogeant
à l'autre ; a été convenu que s'il furvient conteftation entre lefdites Parties pour l'execution des préfentes , elles feront jugées par des Arbitres dont elles con-
viendront reciproquement , & lefdits fieurs S   T   P
& H   tant pour eux que pour les autres Directeurs de
laditeCompagnie des Indes, ont élû domicile irrevocable
en cette ville de Paris , au Bureau de ladite Compagnie
ruë   Paroiffe faint   auquel lieu ils confentent que tous Actes & exploits , qui y feront faits pour
raifon des préfentes , foient de pareille valeur , que s'ils
étoient faits en parlant à leurs perfonnes & vrai domicile , nonobftant changement de demeure. Promettant ,

&c. obligeant , &c. renonçant , &c. Fait & paffé audit Bureau, l'an mil   le   jour d   a   midi ; Et ont les Parties figné ces prefentes , dont il n'eft refté minute.

Conftitution portant déclaration d'emploi , rembourfement & main-levée.

FUt préfent le fieur Pierre L   Commiffaire , Contrôleur , Juré - Mouleur de bois , y demeurant ruë   Paroiffe faint   lequel a par ces préfentes créé , conftitué , affis & affigné , dès maintenant & à toujours , & promis garantir de tous troubles & empêchemens generalement quelconques à Marguerite J   veuve du fieur Antoine D   vivant auffi Commiffaire , Contrôleur , Juré-Mouleur de bois à Paris , y demeurante   à ce préfente & acceptante , acquereur pour elle , fes hoirs , & ayans-caufe   livres de rente annuelle que ledit fieur L   s'oblige de lui bailler & payer en fa demeure à Paris, ou au porteur &c. aux quatre quartiers de l'an accoutumez également , dont le premier de payement échera pour portion de tems , au dernier jour d   prochain , & ainfi continuer à prendre , recevoir & percevoir ladite rente fpecialement fur ledit Office de Juré-Mouleur de bois à Paris , dont ledit fieur L   eft pourvû , & joüiffant comme à lui appartenant, duquel il déclaré & affirme avoir payé le droit annuel pour la préfente année , & promet de continuer à le payer annuellement à l'avenir , & de juftifier à ladite veuve D   des quittances qu'il en retirera d'année en année   jour , après l'ouverture du Bureau , à peine d'être contraint au rachat de ladite rente ; & generalement fur tous & uns chacuns fes autres biens , meubles & immeubles , préfens & avenir , qu'il en a fpecialement chargez, affectez , obligez & hypotequez à fournir & faire valoir ladite rente bonne , folvable & bien payable , nonobftant toutes chofes à ce contraires , & fans qu'une obligation déroge à l'autre. Pour defdites

livres de rente , joüir , faire & difpoſer par ladite veuvé
D   feſdits hoirs , & ayans-cauſe , comme de choſe
leur appartenante : Cette conſtitution faite moyennant
la ſomme de   livres , qui eſt à raiſon du denier
Laquelle ſomme ledit ſieur L   confeſſe avoir reçû de
ladite veuve D   qui lui a icelle payée , comptée ,
nombrée & réellement délivrée à la vûë des Notaires
ſouſſignez , en eſpeces de Louis d'argent & autres monnoyes , le tout bon & ayant cours , dont , &c. quittance , &c. déſaiſiſſant , &c. voulant , &c. procureur , &c.
le porteur , &c. donnant pouvoir &c. Rachetables à toujours leſdites   livres de rente , en rendant & payant
en un ſeul , & actuel payement à ladite veuve D
ou ſeſdits hoirs , ou ayans-cauſe en cette ville de Paris ,
ou au porteur, pareille ſomme de   livres , avec les
arrerages qui en ſeront lors dûs & échus , frais , miſes ,
& loyaux-coûts en avertiſſant   jours auparavant. Déclarant ledit ſieur Conſtituant qu'icelle ſomme de
livres , eſt pour employer au rembourſement qu'il veut
faire à Marie H   femme ſéparée quant aux biens
d'avec le ſieur François M   de   livres de rente ,
reſtant à racheter de   livres de rente , cy-devant
conſtituée par ledit ſieur L   à ladite H   par
Contrat paſſé pardevant   & ſon Confrere , Notaires à Paris le   Promettant ledit ſieur L   par
la quittance qu'il retirera dudit rembourſement , déclarer que ladite ſomme de   livres ſera procedée des
deniers de ladite veuve D   cy-deſſus empruntez ,
afin que pour plus de ſûreté , elle demeure ſubrogée au
lieu & place , privilege & hypoteque de ladite H
par elle acquis par ſondit Contrat de conſtitution ſuſ-
datté , & de l'employ fait de ſes deniers au payement de
Partie dudit Office de Commiſſaire , Contrôleur , Juré-
Mouleur de bois , ſuivant le Contrat paſſé devant
& ſon Confrere , Notaires à Paris le   & à cet effet
de fournir à ladite veuve D   une expedition de
ladite quittance en forme avec la groſſe dudit Contrat
de conſtitution , & un extrait du Contrat de la vente

dudit Office dans   joursd'hui prochains , à peine,
&c. ſans préjudice à ladite veuve D   de   livres
de rente au principal de la ſomme de   livres à elle
dûë par ledit ſieur L   pour partie dudit Office de
Mouleur de bois , & pour effectuer ledit rembourſement , à ce faire eſt intervenuë , & fut préſente ladite
Marie H   femme ſéparée quant aux biens dudit ſieur
M   & de lui d'abondant autoriſée par Acte paſſé
pardevant leſdits Notaires ſouſſignez ce jourd'hui demeuré annexé à ces préſentes pour y avoir recours, demeurante à Paris ruë   laquelle confeſſe avoir reçû
dudit ſieur L   qui lui a préſentement payé , compté , nombré , & réellement délivré, préſens leſdits Notaires ſouſſignez, en louis d'argent , & monnoye ayant
cours la ſuſdite ſomme de   livres , ſçavoir   livres , pour le rembourſement deſdites   livres de
rente   livres   ſols pour les arrerages de ladite
rente échus depuis le   reſtant dû de tout le paſſé jufques à ce jour , de laquelle ſuſdite premiere ſomme de
       livres ladite H   eſt contente , en quitte & dé-
charge ledit ſieur L   & tous autres : auquel ſieur
L   elle a préſentement rendu la groſſe dudit Contrat de conſtitution , ſur laquelle ſa minute & autres
pieces , que beſoin ſera , elle conſent que mention ſom-
maire ſoit faite du préſent rembourſement par tous Notaires requis , ſans que ſa préſence y ſoit neceſſaire , au
moyen de quoi ladite H   a par ces mêmes préſentes
fait & donné main-levée pure & ſimple audit ſieur L
des oppoſitions formées à ſa Requête ſur ſondit Office ,
conſentant qu'elles demeurent nulles comme non faites , ni avenuës , qu'elles ſoient rayées ſur le Regiſtre du
Greffe de l'Hôtel de cette Ville , quoi faiſant tous Officiers valablement déchargez ; & attendu que ladite ſomme principale de   livres provient des deniers de ladite veuve D   ladite H   à la requiſition dudit
ſieur L   l'a ſubrogée en ſes hypoteques & privileges,
ſans néanmoins aucunes garanties , reſtitutions de deniers , ni recours quelconques ; & pour l'execution des

préfentes , ledit fieur L   a élû fon domicile en fa demeure cy-devant déclarée : auquel lieu , &c. nonobftant , &c. promettant , &c. obligeant , &c. renonçant ,
&c. Fait & paſſé à Paris en l'Etude de   Notaire l'an
mil   le   jour d   a   midi. Et ont figné , excepté ladite veuve D   qui a déclaré ne fçavoir écrire
ni figner , de ce interpellée fuivant l'Ordonnance.

---

*Conftitution de renteportant Déclaration d'em-
ploi,& tranfport pour le payement des arrerages.*

FUrent préfens Mᵉˢ Nicolas M   Jean Baptifte B
      & Gilles C   Confeillers du Roi en fa Cour de
Parlement & Grand'Chambre d'icelle , tant en cette
qualité , qu'au nom & comme Procureurs fondez du
pouvoir & deliberation de *tels & tels*, tous pareillement
Confeillers du Roi en fa Cour de Parlement & Grand'-
Chambred'icelle;Mᵉˢ.ChrétienF   CharlesN   Seigneur
de   & Etienne E   Avocats Géneraux de ladite Cour,
ledit pouvoir & déliberation conjointement fait & arrêté avec & en la préfence defdits Seigneurs M   B
& C   paſſé pardevant   & fon Confrere , Notaires
à Paris le   jour d   mil   fpecial pour l'effet
qui fuit , dont la minute eſt vers ledit   comme il
eſt apparu par une expedition en papier délivrée au fieur
Créancier cy-après nommé , fur la minute duquel comme fur la groſſe du préfent Contrat , il fera fait mention
par ledit   Notaire , de l'emprunt cy-après déclaré : lefquels Seigneurs M   B   & C   en conformité dudit pouvoir & déliberation , & pour plus
promptement fournir au Roi la fomme de   livres ,
pour la finance & principal des   livres effectifs d'augmentation de gages , que la Cour a réfolu de lever , &
jufques à concurrence & à proportion du droit annuel
des Offices , dont font pourvûs lefdits Seigneurs Préfidens à Mortier , Confeillers & Avocats Géneraux , à
prendre dans le million effectif d'augmentations de ga-

ges créées par Edit verifié le   ont volontairement reconnu & confeffé avoir vendu, créé, conftitué, affis
& affigné par ces préfentes, & promettent efdits noms
fuivant ledit pouvoir & déliberation folidairement l'un
pour l'autre, fans divifion, difcution ni fidejuffion à
quoi ils renoncent, garantir de tous troubles & empêchemens generalement quelconques, fournir & faire
valoir en principal & arrerages, frais & loyaux-coûts, à
Dame Françoife G   veuve de Meffire Philippe F
Confeiller ordinaire du Roi en tous fes Confeils d'Etat
& Privé, & Intendant de Juftice, à ce préfente, acquereure pour elle, fes hoirs, & ayans-caufe   livres de
rente fous la liberté de rachat que lefdits Seigneurs vendeurs, conftituans efdits noms s'obligent fous lefdites
foliditez bailler & payer à ladite Dame Acquereure, fefdits hoirs & ayans caufe en fa maifon à Paris, ou au porteur aux quatre quartiers de l'an ordinaires & accoutumez, dont le premier de payement échera au dernier
jour d   prochain, outre la portion du courant,
& ainfi continuer &c. à l'avoir & prendre en principal &
arrerages, à l'égard dudit Seigneur Prémier Préfident fur
les gages de fa Charge, & tous & uns chacuns fes autres biens, meubles & immeubles, préfens & à venir,
tant qu'il fera revêtu de ladite Charge; & à l'égard de
tous les autres Seigneurs Préfidens à Mortier, Confeillers & Avocats Géneraux cy-devant nommez, fpecialement & par privilege fur lefdites   livres effecti-
ves d'augmentations de gages, qui feront levez en vertu dudit pouvoir & déliberation de la Cour, & à partie defquels les deniers de ladite Dame Acquereure feront employez, & jufqu'à concurrence du même revenu, qu'ils doivent payer pour le droit annuel de leurs
Offices, même fur lefdits Offices defdits Seigneurs conftituans efdits noms, à l'Edit de création dudit million
de livres d'augmentations de gages, & generalement fur
tous & chacuns les autres biens, meubles & immeubles,
préfens & avenir defdits Seigneurs comparans, & de
leurs conftituans cy-devant nommez, le tout qu'iceux

Comparans en ont eſdits noms ſolidairement chargé ,
obligé & hypotequé à fournir & faire valoir ladite rente de   livres bonne & bien payable , nonobſtant ,
&c. ſans que l'une deſdites obligations déroge à l'autre ,
pour en jüir , &c. Cette conſtitution faite moyennant
la ſomme de   livres , que leſdits Seigneurs Conſtituans eſdits noms confeſſent avoir reçû de ladite Dame
Acquereure qui leur a icelle payée & délivrée comptant
préſens les Notaires ſouſſignez, en louis d'argent bons &
ayant cours , dont , &c. quittance , &c. déſaiſiſſant ,
&c. voulant , &c. Procureur , &c. le porteur , &c. donnant , pouvoir &c. Demeurera ladite rente de
livres rachetable à toujours , en rendant & payant par
les rachetans en un ſeul payement & rachat , en averti-
ſant   mois auparavant à ladite Dame Acquereure,
ſeſdits hoirs , & ayans-cauſe pareille ſomme de
livres avec les arrerages lors dus & échus , frais &
loyaux-coûts. Déclarant leſdits Seigneurs Conſtituans
eſdits noms, que ladite ſomme de   livres eſt pour
employer à payer partie de ladite finance de   livres pour
le principal deſdits   livres effectifs d'augmentation de gages , dont ſera retiré quittance ſignée & contrôlée & annexée à ces préſentes pour y avoir recours ,
dans laquelle il ſera inſeré que le payement ſera procedé des deniers de ladite Dame Acquereure , afin qu'elle ait un privilege ſpecial & préferable ſur leſdites augmentations de gages en principal & arrerages qui ſeront
ainſi levées ſur leſdits Offices deſdits Seigneurs Conſtituans
eſdits noms, conformément & ſuivant la limitation portée audit Edit , & par concurrence avec les autres parties de deniers , qui ont été & pourroient être prêtées à
ladite Grand'Chambre , quoique les Contrats ſoient
de differentes dattes, à peine , &c. & du rachat de ladite rente préſentement conſtituée. Promettant leſdits
Seigneurs Conſtituans eſdits noms ſous ladite ſolidité ,
en vertu dudit pouvoir & déliberation de faire obliger
au payement cours & continuation de ladite rente en
principal & arrerages , tant qu'elle ſera dûë , Meſſieurs
les

les Officiers qui monteront & entreront dans ladite Cour à la place des decedez à préfent pourvûs , & fournir leurs foumiffions , & obligations en bonne forme à ladite Dame Acquereure, fefdits hoirs & ayans caufe, à chacune mutation d'Office   jours après leur reception, & entrée en ladite Grand'Chambre , auffi à peine , &c. Moyennant laquelle obligation & foumiffion , lefdits Seigneurs Conftituans efdits noms , refignans ou decedez, les Dames leurs veuves, enfans & héritiers, enfemble le prix de leurs Offices , & autres biens , meubles & immeubles cy-deffus affectez , demeureront quittes , libres & déchargez de l'obligation contractée par ces préfentes , & leurs Succeffeurs audit cas de decès ou refignation, faifant pareille foumiffion & obligation, en forte qu'il n'y aura que Mrs les Officiers qui refteront dans ladite Cour d'obligez avec leurfdits Offices & biens, au payement, cours & continuation de ladite rente en principal & arrerages, fans auffi que ladite Dame Acquereure puiffe s'oppofer au fceau des provifions defdits Offices des refignans ou decedez , ni aux ventes & decrets des biens immeubles defdits Seigneurs Conftituans efdits noms , étant régulierement payée defdits arrerages de ladite rente préfentement conftituée ; & pour plus facilement s'en acquitter par lefdits Seigneurs Conftituans efdits noms, ils ont par ces mêmes préfentes cedé & tranfporté avec toute garantie à ladite Dame veuve F lefdits arrerages de ladite rente fuf-conftituée par elle , les toucher & recevoir des mains dudit   Notaire que la Cour a commis pour la recette defdits arrerages defdites augmentations de gages , & en acquitter des mêmes deniers defdits arrerages de fix en fix mois , ou du fieur Receveur & Payeur des gages de ladite Cour , ainfi que ladite Dame Acquereure le fouhaittera , fans par elle être obligée à faire aucune difcution , pourfuites ni diligences , ni que cela l'empêche de s'addreffer contre & fur les gages ordinaires defdits Offices & autres biens defdits Seigneurs Conftituans , à défaut de payement defdits arrerages. Et pour l'effet & execution des

préſentes & dépendances , leſdits Seigneurs Conſtituans
eſdits noms ont élu & éliſent leurs domiciles irrevocables en la maiſon de Me. G   premier Huiſſier en ladite Cour, ſciſe ruë   Paroiſſe ſaint   Auquel
lieu , &c. nonobſtant , &c. promettant , &c. obligeant ,
&c. leſdits Seigneurs Conſtituans eſdits noms , &c. renonçant , &c. Fait & paſſé à Paris en la maiſon de ladite Dame veuve F   ſuſ-deſignée, l'an mil   le
jour d   a   midi. Et ont ſigné.

Conſtitution par un Convent à un Particulier ,
portant hypoteque ſpeciale & decla-
ration d'emploi.

FUrent preſens Reverends Peres
Tous Prêtres Religieux   du Couvent établi à
aſſemblez en leur Chapitre au ſon de la cloche , en la
maniere accoutumée ; leſquels tant pour eux que pour
leurs ſucceſſeurs audit Convent , ont par ces preſentes ,
vendu , créé , conſtitué , aſſis & aſſigné dès maintenant
& à toujours , & promettent garantir, de tous troubles
& empêchemens generalement quelconques à   à ce
preſent & acceptant acquereur pour lui , ſes hoirs &
ayans cauſe   livres de rente annuelle que leſdits
RR. PP. Religieux , auſſi tant pour eux que pour leurs
ſucceſſeurs, promettent & s'obligent bailler & payer audit ſieur acquereur, ſeſdits hoirs & ayans cauſes, en leur
demeure à Paris ou au porteur, &c. aux quatre quartiers
de l'an accoutumez également, dont le premier écherra
pour la portion du courant au dernier Decembre prochain & ainſi continuer , &c. à l'avoir & prendre par
privilege, attendu l'emploi ci-après déclaré ſur le fonds,
proprieté & ſuperficie d'une maiſon ſciſe à Paris , ruë
étant de la ſucceſſion de défunte Jeanne F   &
de Pierre M   & generalement ſur tous les biens
meubles & immeubles preſens & à venir dudit Convent

des RR. PP.   de   qu'ils en ont auſſi tant pour eux
que pour leurs ſucceſſeurs chargez, affectez, obligez &
hypotequez, à garantir, fournir & faire valoir comme
dit eſt, leſdites   livres de rente en principal & arrerages frais & loyaux coûts, bons & bien payables au
deſir que deſſus, ſans aucun dechet ni diminution, nonobſtant toutes choſes à ce contraires, une obligation ne
dérogeant à l'autre, pour en joüir, &c. Cette conſtitution
faite moyennant la ſomme de   livres qui eſt à raiſon du
denier vingt, laquelle ſomme leſdits RR. PP.   reconnoiſſent avoir reçuë dudit ſieur acquereur qui leur a icelle baillée & payée réellement comptant à la vûë des Notaires ſouſſignez, en loüis d'argent & monnoïe, bons
& ayant cours, dont quittant &c. deſſaiſiſſant &c. voulant Procureur le porteur &c. donnant pouvoir. Rachetables à toujours leſdites   livres de rente en rendant
& payant par leſdits RR. PP. ou leurs ſucceſſeurs en une
fois & un ſeul payement, & en avertiſſant quinze jours
auparavant, en eſpeces ſonantes & non en billets de la
Monnoye ni autre nature de billets, pareille ſomme
de   livres, avec les arrerages qui en ſeront
lors dûs & échûs, frais, miſes & loyaux-coûts, droits de
conſignations, contrôles & autres, le cas y écheant,
nonobſtant tous Arrêts & Reglemens ſur ce intervenus
& qui pourroient intervenir, au benefice deſquels
leſdits RR. PP. ont renoncé : declarant leſdits RR. PP.
   que ladite ſomme de   livres principal de
la préſente conſtitution, eſt pour payer le prix & l'amortiſſement de ladite maiſon dite ruë   étant de la ſucceſſion de ladite veuve M   qu'ils vont acquerir de
René C   curateur créé à ſa ſucceſſion vacante par
Sentence des Requêtes du Palais du   mil   Par le
contrat de laquelle acquiſition, ſera fait délegation au
profit des legataires qui reſtent à payer faits par ladite
veuve M   par ſon teſtament reçû par Richard & ſon
Confrere, Notaires le   Novembre mil   & par
ſon codicile reçû par L   & ſon Confrere Notaires, le
   audit an, par leſquels leſdits RR. PP. ſont legataires

particuliers & univerfels , defquels legs délivrance leur
a été faite par autres Sentences des Requêtes du Palais,
du & par les quittances que lefdits RR.PP. retireront
defdits legataires & des amortiffemens, promettent de
declarer & faire mention que les deniers qu'ils payeront
feront provenus de la prefente conftitution, afin que led.
fieur acquereur demeure fubrogé en leurs droits & ait
privilege fur lad. maifon ; ce que lefdits RR.PP. ont dès
à prefent confenti , autant defquelles quittances d'emploi ce concernant, dudit contrat d'acquifition , defdits
teftament & codicile & defdites Sentences , ils promettent lui fournir dans à peine de tous dépens , dommages & interêts , & de rachat de ladite rente prefentement conftituée : & pour l'execution des prefentes, lefdits RR.PP. elifent leur domicile en leurdit Convent;
auquel lieu promettant&c. obligeant &c. renonçant &c.
Fait & paffé à Paris **au Chapitre** dudit Convent , l'an
le jour de à midi , & ont figné.

---

*Conftitution par une Communauté Laïque , en
conféquence de la Procuration imprimée ci-
après à la lettre* P , *fous le titre de* Procuration d'une Communauté , *à l'effet d'emprunter à conftitution , &c.*

FUrent prefens Nobles hommes Michel R demeurant ruë Claude G demeurant ruë
Etienne L demeurant ruë Loüis Jacques B
demeurant ruë & Pierre D demeurant ruë
Tous Confeillers du Roi , Receveurs Generaux &
Payeurs des Rentes de l'Hôtel de cette ville de Paris ,
tant en leurs noms, que comme fondez de procuration
de *tels* & *tels* ; tous auffi Confeillers du Roi, Receveurs
Generaux & Payeurs des Rentes de l'Hôtel de Ville de
Paris : ladite procuration par eux paffée , tant pour eux
que comme s'étant fait forts d'Antoine P de T

leur confrere, pardevant R   & B   Notaires au
Châtelet de Paris, le   mil   dont ledit B
a la Minute : Leſquels eſdits noms ont par ces préſentes volontairement vendu, créé, conſtitué & aſſigné,
& promis ſous les obligations ſolidaires & privileges ci-
après expliquez, garantir de tous troubles & empêchemens generalement quelconques : A &c. de rente annuelle que leſdits ſieurs conſtituans eſdits noms s'obligent lui bailler & payer en cette ville de Paris, en deux
termes & payemens égaux de ſix mois chacun, dont les
ſix premiers mois écherront pour portion de tems au
dernier jour de   prochain, & de-là en avant continuer de ſix mois en ſix mois tant que ladite rente ſera
dûë, à peine de tous dépens, dommages & interêts : à
l'avoir & prendre ſpécialement & par privilege ſur les
huit cens trente-trois livres ſix ſols huit deniers de taxations fixes & hereditaires que leſdits ſieurs Payeurs des
Rentes ſont obligez de lever aux Parties caſuelles en
execution de l'Edit de Sa Majeſté du mois de Novembre
mil ſept cens trois, & Arrêt du Conſeil rendu en conſéquence le   jour dudit mois de Decembre
audit an, pour chacun des quatre-vingt dix - huit Offices de Payeurs des Rentes, dont ils ſont joüiſſans, comme auſſi ſur leſdits Offices hereditaires deſdits ſieurs
Payeurs des Rentes, gages & taxations y attribuez, leſquels Offices, gages & taxations y attribuez, leſdits
ſieurs Conſtituans ont obligez & hypotequez ſolidairement ſans diviſion ni diſcuſſion, renonçans aux benefices deſdits droits & de fidejuſſion, pour fournir & faire valoir ladite rente bonne & bien payable, nonobſtant
toutes choſes à ce contraires, ſans qu'une obligation déroge à l'autre : & pour plus de ſûreté de ladite affectation ſpeciale & privilegiée, leſdits ſieurs Payeurs des
Rentes ne pourront diſpoſer de leurs Offices, qu'à la
charge d'entrer par les nouveaux pourvûs dans les mêmes obligations du précedent titulaire, & d'en paſſer les
Actes qu'il conviendra, moyennant laquelle obligation
& le payement des arrerages deſdites rentes auſdits ter-

mes , les creanciers de qui leſdits ſieurs Conſtituans emprunteront en vertu de ladite procuration , ne pourront
former aucune oppoſition au Sceau des proviſions deſdits Offices ; & les vendeurs deſdits Offices , leurs veuves , enfans & bien-tenans, demeureront déchargez des
obligations dans leſquelles leſdits Payeurs des Rentes ſeront entrez pour raiſon dudit emprunt fait en conſéquence de ladite procuration; pour par l &c. joüir, faire &
diſpoſer deſd   de rente comme de choſe l   appartenant au moyen des préſentes. Cette conſtitution faite
moyennant la ſomme de   que leſd. ſieurs Conſtituans
eſdits noms confeſſent avoir reçû dudit ſieur Acquereur
qui la leur a payée, comptée & délivrée préſens les Notaires ſouſſignez, en louis d'or, d'argent & monnoye
ayans cours, dont leſdits ſieurs Conſtituans eſdits noms
ſont contens; laquelle ſomme eſt demeurée ès mains dudit ſieur   ce faiſant ſe ſont deſſaiſis au profit dudit ſieur
Acquereur , ſeſdits hoirs & ayans-cauſes , de leurſdits
Offices & taxations , juſqu'à concurrence de ladite rente. Rachetable à toujours leſdits   de rente , en rendant & payant en   fois en cette ville de Paris , pareille ſomme de   avec les arrerages qui en ſeront lors
dûs & échûs , tous frais & loyaux-coûts   jours après en
avoir averti par écrit ledit ſieur acquereur en la maiſon
où il demeure ſus déſignée où il fait à cet effet élection
de domicile; promettant leſdits ſieurs Conſtituans eſdits
noms ſolidairement d'employer ladite ſomme de
au payement de partie de la finance qui ſera fournie auſdites Parties caſuelles pour leſdites nouvelles taxations
en conſéquence dudit Edit, dans laquelle finance leſdits
ſieurs Payeurs des Rentes fourniront de leurs deniers la
ſomme de trois cens vingt-ſix mil ſix cent ſoixante & ſix
livres treize ſols quatre deniers , & de déclarer par les
quittances qui ſeront expediées par le ſieur Receveur des
revenus caſuels du Roi que leſd. procedent desdeniers
de la preſente conſtitution, afin que led. ſieur acquereur
ait (ainſi que leſd. ſieurs conſtituans eſd. noms le conſentent & accordent) privilege ſur leſd. nouvelles taxations;
le tout outre l'obligation ſolidaire & generale de tous

leſd. Offices de Payeurs des Rentes, & ſans qu'une obligation déroge à l'autre. A cet effet mettre ès mains dud. ſieur Acquereur dans un an prochain, Copie collationnée de la quittance de finance deſdites nouvelles taxations, qui contiendra ladite Declaration à l'effet dudit privilege, avec un imprimé dudit Edit, & copie collationnée de ladite procuration. Et ſera fait mention du preſent Contrat ſur la minute de ladite procuration étant en la poſſeſſion dudit B   Notaire, qui mettra ſon certificat ſur la groſſe du preſent contrat. Quant aux autres biens mobiliers & immobiliers deſdits ſieurs Payeurs de Rentes, préſens & à venir, ils ne ſeront point obligez ni hypotequez au fourniſſement du principal & payement des arrerages de ladite rente : Et ſuivant la ſtipulation portée par ladite procuration les créanciers qui auront prêté en vertu d'icelle, pour l'acquiſition deſdites nouvelles taxations auront un privilege égal ſur leſdites nouvelles taxations, & même hypoteque & obligation ſur tous les Offices de Payeurs des Rentes; de la même maniere que ſi tous leſdits emprunts étoient faits en même inſtant, ſans que leſdits créanciers puiſſent prétendre aucune préference ni anteriorité les uns aux autres ; & pour l'execution des préſentes & dépendances, leſdits ſieurs conſtituans eſdits noms ont élu leur domicile irrevocable en la maiſon dudit ſieur   pour y être fait tous exploits. Promettant &c. obligeant &c. leſdits ſieurs conſtituans eſdits noms ſolidairement, renonçant &c. Fait & paſſé à Paris en   l'an mil   le   jour de   a   midi, & ont ſigné.

Conſtitution de rente par une Communauté laïque.

FUrent preſens Jean A   demeurant ruë   Michel R   ruë   Etienne L   ruë   Loüis B   ruë   & Loüis D   ruë   Tous Conſeillers du Roi, Receveurs Generaux, & Payeurs des rentes de l'Hôtel de Ville de Paris, tant en leurs noms, que comme Procureurs de *tels* & *tels* ſondez de procuration paſ-

ſée pardevant C   & ſon Confrere Notaires , le
mil   dont ledit C   a la Minute : Leſquels eſdits
noms , ont par ces preſentes volontairement vendu , conſtitué & aſſigné , & promis ſous les obligations ſolidaires & privileges ci - après expliquez , garantir de tous
troubles & empêchemens generalement quelconques , à
tel &c.   de rente annuelle , que leſdits Conſtituans
s'obligent eſdits noms , lui bailler & payer en cette Ville de Paris en deux termes & payemens égaux , de ſix
mois chacun , dont les premiers ſix mois écherront pour
portion de tems au dernier   & de-là en avant continuer de ſix mois en ſix mois entiers , tant que ladite rente ſera dûë , à peine de tous dépens , dommages & interêts : A l'avoir & prendre ſpecialement , & par privilege , ſur les quatre-vingt dix-mille livres effectifs de taxations hereditaires annuelles , que les ſoixante & douze
Offices de Payeurs des Rentes ſont obligez de prendre ,
ſuivant le Rôle arrêté au Conſeil le   Février mil ſix
cens quatre-vingt ſeize , en execution de l'Edit de création de deux cens cinquante mille livres de taxations hereditaires du mois de Janvier mil ſix cens quatre-vingt
ſeize , regiſtré en la Chambre des Comptes le vingt-ſi-
xiéme dudit mois. Plus , ſur tous les Offices de Payeurs
des Rentes dont leſdits ſieurs Conſtituans & ceux dont
ils ſont Porteurs de procuration , ſont pourvûs. Leſquelles taxations hereditaires & Offices de Payeurs des Rentes , leſdits ſieurs Conſtituans eſdits noms , ont affecté ,
obligé & hypotequé ſolidairement , ſans diviſion ni
diſcuſſion , renonçans aux benefices deſdits droits & de
fidejuſſion , pour fournir & faire valoir ladite rente bonne & bien payable , nonobſtant toutes choſes au contraire , ſans qu'une obligation déroge à l'autre : & pour plus
de ſûreté de ladite affectation ſpeciale & privilegiée , leſdits ſieurs Payeurs des Rentes ne pourront diſpoſer de
leurs Offices , ni deſdites taxations hereditaires , qu'à la
charge d'entrer par les nouveaux pourvûs dans les mêmes obligations du précedent Titulaire , & d'en paſſer
les Actes qu'il conviendra ; moyennant laquelle obligation , & le payement des arrerages deſdites Rentes auſ-

dits termes , les créanciers (deſquels leſdits Conſtituans emprunteront en vertu de ladite procuration) ne pourront former aucune oppoſition au Sceau des proviſions deſdits Offices : Et les vendeurs deſdits Offices & taxations , leurs veuves , enfans & bien-tenans , demeureront déchargez des obligations dans leſquelles leſdits Payeurs des Rentes ſeront entrez pour raiſon de l'emprunt fait en conſéquence de ladite procuration ; pour par   joüir, faire & diſpoſer deſdits   de rente , comme   appartenant. Cette conſtitution faite moyennant la ſomme de   que leſdits Conſtituans eſdits noms , confeſſent avoir reçû de   qui la leur a baillée , comptée & délivrée , preſens les Notaires souſ-ſignez , en loüis d'or & d'argent ayant cours , dont leſdits Conſtituans eſdits noms ſont contens; laquelle ſomme eſt demeurée ès mains dudit D   Ce faiſant , ſe ſont deſſaiſis au profit   . de leurſdits Offices & taxations hereditaires , juſqu'à concurrence de ladite rente de   rachetable à toujours en baillant & payant en   fois en cette Ville de Paris pareille ſomme de   avec les arrerages qui en ſeront lors dûs, & tous frais & loyaux-coûts,   jours après en avoir averti par écrit le   en la maiſon où   demeure , ci-devant declarée , où   à cet effet fait élection de domicile. Promettent leſdits ſieurs Conſtituans eſdits noms ſolidairement de fournir ladite ſomme de   au payement de partie de celle de ſept cens mille livres, qui doit être empruntée au deſir de ladite procuration ; pour être employée avec autres deniers que leſdits ſieurs Payeurs des Rentes fourniront chacun à proportion de leurs Offices , au payement de la ſomme de neuf cens quatre-vingt-dix mille livres, à quoi reviennent ſur le pied du denier onze la ſomme de quatre-vingt-dix mille livres de taxations hereditaires : Et de déclarer par les quittances qui ſeront expediées par ledit ſieur Receveur des Revenus Caſuels du Roi , que leſdits   procedent des deniers de   de la préſente Conſtitution , afin qu'   aye (ainſi que leſdits ſieurs Conſtituans le conſentent & accordent) privileges ſur leſdites taxations hereditaires , à l'excluſion de tous autres, même du Roi , pour les ſommes dont leſdits ſieurs Payeurs des rentes pourroient être redevables par l'arrêté de leurs Comptes & autrement des années de leurs exercices & manîment , & de celles de leurs Auteurs , ainſi qu'il eſt expliqué par ledit Edit : Le tout outre l'obligation ſolidaire & génerale de tous les Offices de Payeurs des rentes , & ſans qu'une obligation déroge à l'autre : A cet effet mettre ès mains de dans un an , copie collationnée de celle des quittances de finance deſdites taxations hereditaires , qui contiendra ladite declaration à l'effet dudit privilege , avec un Imprimé dudit Edit , & copie collationnée de ladite Procuration ; à peine en cas de défaut d'être contraints eſdits noms ſolidairement au rachat de ladite rente. Et ſera fait mention du préſent Contrat ſur la minute de ladite Procuration , dont le Notaire qui a la minute , mettra ſon Certificat ſur la groſſe. Quant aux autres biens mobiliaires & immobiliaires deſdits ſieurs Payeurs des rentes préſens & à venir , ils ne ſeront point obligez ni hypotequez au fourniſſement du principal & payement des arrerages de ladite rente. Et pour l'execution des préſentes & dépendances , leſdits Conſtituans ont élû leur domicile irrevocable en cette ville de Paris en la maiſon dudit ſieur D   ſuſdite ruë   pour y être faits tous exploits. Promettans, &c. obligeans, &c. leſdits Conſtituans eſdits noms ſolidairement leſdites Taxations & Offices. Renonçans , &c. Fait & paſſé à Paris l'an mil   le   jour d   a   midi. Et ont ſigné.

Constitution de rente affectée & hypotequée spécialement à certain bien déclaré franc & quitte, avec promesse d'emploi & délegation de loyers, pour faciliter le payement des arrerages de la rente.

FUt préfent fieur Pierre D   Chirurgien
à Paris, y demeurant ruë faint   Paroiffe
de   tant en fon nom, que comme Procureur de
Damoifelle Claude G   fon époufe, fondé de fa procuration paffée pardevant   Notaires à Paris le
dont l'original a été annexé à ces préfentes, après qu'il
a été d'icelle fait mention fur ladite Procuration, ladite mention fignée dudit fieur D   & des Notaires
fouffignez, & par laquelle Damoifelle fon époufe, il
promet & s'oblige faire ratifier cefdites préfentes. Ce
faifant la faire obliger avec lui folidairement à l'execution de toutes les claufes, certifications & affirmations
y contennës, & à la garantie du principal & payement
des arrerages de la rente cy-après, & en fournir Acte
paffé fous le Scel Royal dans quinzaine, à peine de tous
dépens, dommages & interêts, & de rachat de la rente cy-après conftituée, fans que le défaut de ratification
y puiffe préjudicier, & pour par ladite Damoifelle faire
ladite ratification même en l'abfence dudit fieur D
il l'autorife irrevocablement, fans qu'il foit befoin d'autre ni plus particuliere autorifation, lequel fieur D
a volontairement vendu, créé & conftitué dès maintenant à toujours, & s'oblige audit nom, & en fon propre & privé nom, folidairement fans divifion ni difcuffion, à quoi il renonce, garantir de tous troubles & autres empêchemens géneralement quelconques, fournir
& faire valoir en principal & arrerages au fieur Jean V
Bourgeois de Paris, demeurant   à ce préfent

& acceptant, acquereur pour lui, ſes hoirs & ayans-cauſe
    livres de rente annuelle au denier 20. que ledit Conſ-
ſtituant eſdits noms ſolidairement comme deſſus, s'oblige de payer audit ſieur   ſes hoirs & ayans-cauſe en
leur demeure à Paris, ou au porteur &c. aux quatre quartiers ordinaires, dont le premier échera pour portion de
tems au dernier   prochain, & ainſi continuer
tant que ladite rente aura cours; à l'avoir & prendre ſpecialement & par privilege, attendu l'emploi des deniers
de la préſente conſtitution, ſur une grande maiſon ſciſe
en cette ville de Paris, ruë   que ledit ſieur D
eſdits noms ſolidairement, affirme avoir fait nouvelle-
ment reconſtruire à neuf, ſur la place où étoit une vieil-
le maiſon caduque, que ladite Damoiſelle ſon épouſe,
& lui ont acquiſe de Damoiſelle Marie Anne G
fille majeure, ſeule héritiere pure & ſimple de défunts
Meſſire Nicolas G   Auditeur des Comptes, Dame
Marie G   d   ſon épouſe, & encore ſeule héritiere, Beneficiaire & Créanciere de Meſſire Claude-Ni-
colas G   d   auſſi Auditeur des Comptes, & Donataire de Damoiſelle Petronille le S
fille majeure, comme il eſt porté au Contrat de la vente
paſſé pardevant le B   & V   Notaires à Paris le
mil   inſinué au Greffe des Inſinuations laïques le
audit an, & enſaiſiné par le Receveur de l'Abbaye de
ſaint   le   dudit mois de   Plus, ſur une maiſon ſciſe en la Paroiſſe de   près F   à deux lieües
de M   bâtimens, jardin & clos en dépendans. Plus,
ſur   arpens, tant terres que prez & vignes en pluſieurs pieces aux environs de la maiſon; leſquels biens
il affirme pareillement & ſolidairement leur appartenir,
& géneralement ſur tous & chacuns les autres biens,
meubles & immeubles, préſens & avenir deſdits ſieur &
Damoiſelle D   le tout que ledit ſieur D   affecte & hypoteque à garantir, fournir & faire valoir ladite rente bonne & bien payable à toujours, tant en
principal qu'arrerages, ſans aucune diminution, non-

obftant toutes chofes à ce contraires , & fans que l'une
des obligations déroge à l'autre , & tous lefquels biens,
tant particulierement , que géneralement obligez ledit
fieur D   efdits noms , folidairement affirme être
francs & quittes de toutes dettes & hypoteques generalement quelconques , tant de fon chef , que du chef de
ladite Damoifelle fon époufe , & de leurs auteurs , à la
referve feulement de la fomme de   livres , qu'ils
doivent de refte du prix de l'acquifition qu'ils ont cy-
devant faite de ladite maifon par ledit Contrat du
mil   & encore à la referve de la fomme de   livres, au plus qu'ils doivent de refte aux Menuifier, Serrurier, Carreleur , Vitrier , Charpentier & au Marchand
de bois, qui ont travaillé & fourni ce qui a été neceffaire pour la reconftruction de ladite maifon , lefdits fieur
& Damoifelle D   leur ayant fait differens payemens
à compte , & ayant payé en total les autres Ouvriers ,
qui ont travaillé & fait des fournitures pour ladite reconftruction , & notamment ceux qui ont fait la maf-
fonnerie , par la quittance qu'ils en ont donnée pardevant F   & fon Confrere , Notaires le   mil
tous lefquels payemens ont été faits des deniers defdits
fieur & Damoifelle D   & fans emprunt , & en casque
le contraire fe trouvât lefdits fieur & Damoifelle D
pourront être contraints au rachat de ladite rente & pourfuivis comme ftellionataires. Pour de ladite rente préfentement conftituée , faire & difpofer par ledit fieur V
        fes hoirs & ayans caufe en toute proprieté , & com-
me à eux appartenante. Cette conftitution faite moyennant la fomme de   livres , que ledit D   efdits
noms , reconnoît avoir préfentement reçûë dudit fieur
V   qui la lui a comptée & délivrée à la vûe des Notaires , en efpeces ayans cours , dont , &c. quittance ,
&c. défaififfant , &c. voulant , &c. Procureur , le porteur , &c. donnant pouvoir. Et fera ladite rente rachetable à toujours , en rendant & payant par les Rachetans , au moins quinze jours avant un décrit de monnoye , & après avoir averti par écrit un mois aupara-

vant , ladite somme de   livres de principal avec les
arrerages , qui en seront lors dûs & échus , frais , mises & loyaux-coûts franchement & quittement , lequel
rachat & le payement des arrerages ne pourront être faits
qu'en especes sonantes d'or & d'argent , & non en billets de telle nature qu'ils puissent être , nonobstant tous
Edits , Arrêts & Déclarations contraires , ausquels est
expressément dérogé & renoncé. Déclarant ledit sieur
D   audit nom , que ladite somme de   livres, est
pour employer à faire le parfait payement de tout ce qui
est dû de reste aux Ouvriers & Marchands qui ont travaillé , & fait des fournitures pour la construction à
neuf de ladite maison , promettant solidairement faire
ledit emploi , & en retirer les quittances finales & géne-
rales de tous lesdits Ouvriers & Marchands sans exception , & par icelles faire mention que les   livres présentement empruntez dudit sieur V   auront été employez à leurs payemens , afin que ledit sieur V   ait
privilege sur ladite maison , & soit subrogé en leur lieu
& place , comme le consent ledit sieur D   esdits
noms , & promet sous ladite solidité le faire consentir ,
& justifier de toutes lesdites quittances finales , entieres
& diffinitives audit sieur V   dans trois semaines
d'hui prochaines , lesquelles contiendront lesdites déclarations & subrogations même lui en fournir des expeditions en bonne forme , en sorte qu'il ne subsiste aucuns hypoteques, privileges ou créances sur ladite maison , que pour les   livres dudit sieur V   outre
lesdites   livres dûës à ladite Damoiselle G   à peine d'être , comme dit est par lesdits sieur & Damoiselle
D   contraints au rachat de ladite rente , & de tous
dépens , dommages & interêts , & pour plus grande
exactitude du payement desdits arrerages ledit sieur D
          esdits noms consent que ledit sieur V   ses hoirs
& ayans-cause les touchent , si bon leur semble , & tant
que lad. rente aura cours desLocataires de lad. maison sur
les loyers d'icelle dont il fait aud. sieurV   tout transport
& delegation necessaire avec garantie , & consent qu'en

ce faifant , lefdits Locataires en demeurent valablement
déchargez , & promet prendre defdits Locataires pour
comptant les quittances defdits arrerages , fans qu'il foit
befoin de renouveller ledit confentement ni que ledit
fieur V   fes hoirs & ayans-caufe foient tenus d'aucuns évenemens , ni de faire aucunes pourfuites , dénon-
ciations ou diligences , & fans que ladite délegation puiffe empêcher l'effet des préfentes directement fur tous
les biens defdits fieur & Damoifelle D   lefquels fi
bon femble aux Créanciers de ladite rente , feront tenus
& obligez d'en charger fucceffivement les Locataires de
ladite maifon , & d'en juftifier audit fieur V
fes hoirs & ayans-caufe à chaque renouvellement de
bail , fous les mêmes peines du rachat de ladite rente,
& de tous dépens , dommages & interêts. Et pour
l'execution des préfentes ledit fieur D   a élû fon
domicile à Paris en fa maifon , où il eft demeurant , devant déclarée , auquel lieu , &c. promettant , &c. obligeant , &c. ledit fieur D   folidairement , renonçant,
&c. Fait & paffé à Paris en l'Etude de D   Notaire
l'an mil fept   le   a midi. Et ont figné.

---

*Conftitution de rente par des Héritiers au Cu-
rateur de partie d'eux , dont le principal auroit été par lui emprunté pour eux , & employé à payer leurs dettes , lequel principal
ledit Curateur auroit employé par inadver-
tance dans la recette d'un Compte qu'il leur
auroit rendu.*

FUrent préfens fieur Antoine L   Bourgeois de Paris , y demeurant ruë   Paroiffe faint   & Mathieu A   Peintre à Paris ; Catherine L   fa femme , qu'il autorife à l'effet des préfentes , demeurans
ruë   Paroiffe   tant en leurs noms , que comme ledit A   Procureur d'Etienne L   fon beau-frere

ſuivant ſa procuration qu'il lui a paſſée, tant en ſon nom
que comme Tuteur de Madelaine & Louiſe L
ſes ſœurs mineures, pardevant M　　& B　　qui en á
la minute, Notaires à Paris le　　dernier, dont ledit
A　　a repreſenté une expedition, qui lui a été à l'inſtant renduë, Damoiſelle Antoinette, Marie & Marie-
Angelique le P　　filles émancipées d'âge, procedantes
ſous l'autorité de Mederic C　　leur oncle & Curateur aux cauſes (*de telle qualité*) de lui à ce préſent,
aſſiſté pour l'effet des préſentes, demeurans, ſçavoir
ladite Damoiſelle Antoinette le P　　ruë　　Paroiſſe S.
leſdites Damoiſelles Marie, & Marie Angelique le P
ruë ſaint　　Paroiſſe ſaint P　　& ledit ſieur C
ruë d　　Paroiſſe ſaint C　　tous leſquels ſieurs & Damoiſelles le P　　ſuſnommez, ſeront tenus & obligez
de ratifier ces préſentes, à meſure de leurs majoritez, &
s'obligeront ſolidairement à l'execution d'icelles. Et encore ledit ſieur C　　en ſon nom à cauſe de Damoiſelle Catherine-Antoinette L　　ſon epouſe, ledit ſieur
L　　Proprietaire, pour un tiers d'une maiſon ſciſe à
Paris ruë　　ledit A　　& ſa femme, à cauſe d'elle &
leſdits ſieurs & Damoiſelles le P　　comme héritiers de
défunts Jean-Etienne le P　　& de Marie le T　　ſa
femme, leurs pere & mere, auſſi Proprietaires pour un
tiers de ladite maiſon. Et ledit ſieur C　　Proprietaire
pour l'autre tiers de la même maiſon, à cauſe de ſon
épouſe.

Leſquelles Parties pour prevenir toutes conteſtations,
qui pourroient naître à l'occaſion de la ſomme de
que ledit ſieur C　　a payé, ſçavoir　　livres le
mil　　pour les lods & ventes, qui étoient dues par
toutes les Parties de ladite maiſon, lors de l'enſaiſine-
ment dudit Contrat d'acquiſition, &　　livres pour le
rachat des boues & lanternes de la même maiſon, ſuivant les quittances qu'il en a auſſi retirées des　　Juillet mil　　& 　　Janvier mil　　leſquelles deux ſommes leſdites Parties n'ayant point été en état de fournir
dans ledit tems, ledit ſieur C　　à leur requiſition a
emprunté

emprunté cette fomme de   de Damoifelle Marie
N   femme feparée du fieur S   à laquelle il en a
le   Avril mil   fait fon billet pur & fimple , portant promeffe de lui en paffer Contrat de conftitution à
fa volonté , & cependant de lui en payer l'interêt au denier 20. dont toutes lefdites Parties déclarent avoir une
parfaite connoiffance , ont en expliquant la tranfaction
paffée entr'elles pardevant D   l'un des Notaires fouffignez & fon Confrere le   du préfent mois au fujet
du compte à elles rendu par ledit fieur C   des loyers
qu'il avoit reçûs de ladite maifon & des réparations qu'il
avoit fait faire en icelle , par laquelle tranfaction cettedite fomme de   empruntée par ledit fieur C   de
ladite Dame P   a été augmentée à la recette dudit
compte , reconnu que cettedite fomme n'a point dû être
comprife ni dans la recette , ni dans la dépenfe ; mais
que ledit fieur C   devoit faire reprife non pas de toute ladite fomme entiere , parce qu'un tiers d'icelle demeuroit confondu en fa perfonne , à caufe de fon époufe Proprietaire pour un tiers , comme dit eft de ladite
maifon , mais bien de la fomme de   livres , dont
          livres doivent être fupportées par ledit fieur le C
          à caufe de fon tiers en ladite maifon , & les au-
tres   livres par ledit A   & fa femme , & lefdits
fieurs & Damoifelles le P   auffi à caufe de leurfdits
tiers ; c'eft pourquoi lefdites Parties en rectifiant ce qui
eft dit par ladite tranfaction à l'occafion de ladite fomme , conviennent & demeurent d'accord qu'elle foit
diftraite de ladite recette , & qu'elle foit reprife par ledit fieur C   fur ceux qui en font tenus. Mais comme lefdites Parties ont fait connoître audit fieur C
qu'elles n'étoient point en état de lui faire dès à préfent le rembourfement des portions , dont elles font te-
nues de ladite fomme de   il s'eft bien voulu contenter de la rente jufqu'au parfait rembourfement , ainfi ledit fieur le C   s'oblige de payer par chacun an
audit fieur C   à fes hoirs & ayans-caufe   livres
de rente rachetables de la fomme de   livres , à la

F

volonté dudit le C   & ledit A   & ſa femme
eſdits noms , & leſdites Damoiſelles le P   Comparantes , ſe ſont pareillement obligées , & ont obligé
leurs autres frere & ſœur ſolidairement avec elles , ſans
diviſion ni diſcuſſion, à quoi elles ont renoncé, de payer
auſſi par chacun an audit ſieur C   & à ſes ayans-
cauſe   livres de rente rachetable de la ſomme de
          dont elles ſont tenues pour leur tiers de celledi-
te de   livres , à commencer la joüiſſance deſdites rentes de ce jourd'hui , au payement deſquelles , &
à les fournir , & faire valoir en principal & arrerages la
portion dudit ſieur le C   en ladite maiſon à ſon
égard ſeulement , & celles deſdits A   ſa femme ,
ſieurs & Damoiſelles le P   ſolidairement demeurent par privilege affectées , obligées & hypotequées ,
outre l'obligation generale de tous leurs autres biens ,
préſens & à venir , ſans qu'une obligation déroge à l'autre. Et au moyen de ce que deſſus ledit ſieur C
eſt ſeul debiteur envers ladite Damoiſelle P   de
ladite ſomme de   livres , dont il promet acquiter
les autres parties ſuf-nommées ; ainſi les conſentemens
qu'elles avoient donné en faveur de ladite Damoiſelle
P   par ladite tranſaction , paſſeront en la perſonne dudit ſieur C   pour lui faciliter le payement
des arrerages deſdites deux rentes , ſans au ſurplus
déroger à ladite tranſaction, qu'en ce qui eſt cy-deſſus
dit à l'occaſion de ladite ſomme de   livres ſeulement. Car ainſi , &c. Et pour l'execution des préſentes.

Conftitution de rente en vertu d'Arrêt du Par-
lement , qui permet d'emprunter audit titre
jufques à concurrence d'une certaine fomme ,
qui doit être employée à la réédification d'un
bâtiment , emploi du principal de ladite
Conftitution & fubrogation aux privileges
& hypoteques de l'Entrepreneur au profit de
l'Acquereur.

FUt préfent L   A   de N   Cardinal de la
fainte Eglife, &c. Lequel a dit qu'ayant préfenté 'à
requête à la Cour, à ce qu'il lui plut ordonner que le
petit bâtiment dans la cour de l'Archevêché à la fuite,
& attenant du grand corps de bâtiment fait & réédifié
en vertu de l'Arrêt du   Septembre mil   feroit vû
& vifité par tel Expert qu'il plairoit à la Cour nommer
d'Office pour en être dreffé procès verbal , & connoître
la neceffité qu'il pourroit y avoir de le réédifier , & le
prix qu'il en pourroit coûter ; il a été rendu Arrêt le
en conformité de ladite requête , & pour ladite vifite
Nicolas D   Architecte , Juré-Expert , & Bourgeois
de Paris a éténommé, en confequence de cet Arrêt Meffire Charles D   Confeiller en la Grand'Chambre
du Parlement, Commiffaire nommé par ledit Arrêt , affifté de M. de la G   l'un des Subftituts de M. le
Procureur General , & de Nicolas D   Secretaire
de la Cour , accompagnez dudit D   fe font tranfportez en l'Hôtel dudit Seigneur Archevêque , le vendredi   de Mai de la préfente année mil   & y ont
fait & dreffé leurs procès verbaux , fuivant lefquels il
paroît que le petit bâtiment dont il s'agit , eft en fi mau-
vais état, qu'il feroit impoffible de le foûtenir , quelques réparations qui y fuffent faites , en forte qu'il eft
d'une neceffité urgente de le conftruire & réédifier entierement , ainfi qu'il refulte tant du procès verbal fait

par mondit fieur de L   que de celui fait par ledit
D   qui contient le memoire des ouvrages à faire
pour ladite réedification & le prix que pourront coûter
lefdites ouvrages. En confequence & fur une autre requête préfentée à la Cour par S. E. il a été rendu Arrêt
le   dernier, fur les conclufions de M. le Procureur
General, par lequel les procès verbal & rapport dudit
jour   ont été entherinez, pour être executez felon
leur forme & teneur; & par le même Arrêt il a été ordonné que les ouvrages mentionnez audit rapport & devis y joint, feront faits & iceux baillez au rabais à la
maniere accoûtumée, pardevant mondit fieur D
Confeiller Rapporteur, les affiches & publications préalablement faites à cet effet, il a été permis à S. E. d'emprunter à conftitution de rente d'une ou plufieurs perfonnes, & par tel nombre de Contrats que befoin feroit, la fomme à laquelle pourroit monter le Bail au rabais defdits ouvrages, fans qu'elle pût exceder celle
de   livres, portée par ledit rapport & devis; pour
fûreté defquels Créanciers, tous les biens & revenus de
l'Archevêché de   demeureroient affectez & hypotequez à leurs créances, à la charge d'employer les deniers dudit emprunt à payer l'Adjudicataire ou Adjudicataires defdits ouvrages, dont il feroit fait mention,
pour fervir d'emploi à ceux qui les auront prêtez, les minutes defquelles quittances un mois après l'emprunt feront annexées aux minutes de chacun defdits Contrats
de conftitution, & les expeditions d'icelles mifes au
Greffe de la Cour dans fix mois, à la charge par
S. E. fuivant fes offres d'employer au rachat des principaux defdites conftitutions de rentes, les deniers procedans des indemnitez, qui appartiennent ou appartiendront audit Archevêché, tant contre Sa Majefté, que
pour les acquifitions de particuliers, qui feront faites
dans la Cenfive dudit Archevêché. Après cet Arrêt rendu mondit fieur de L   affifté dudit fieur D
Secretaire de la Cour s'eft tranfporté dans la grande Salle dudit Archevêché le   dudit mois de   & le

ſuivant où leſdits ouvrages ont été publiez ſur les affiches appoſées & publications faites en execution dudit
Arrêt, & il a été par lui procedé à la reception des encheres, qui ont été faites par pluſieurs Ouvriers, & Entrepreneurs qui s'y ſont trouvez, & après lecture du rapport & devis fait par ledit D   & repetition deſdites encheres à pluſieurs & diverſes fois, il a fait proceder à l'extinction des feux, & ayant fait éteindre le dernier feu, Jacques M   Architecte & Entrepreneur
des bâtimens à Paris, dont l'enchere n'a point été couverte, & qui a offert de les faire au meilleur marché,
eſt demeuré Adjudicataire deſdites ouvrages pour la ſomme de   livres, à la charge d'en paſſer marché en
la forme ordinaire, conformément au devis & rapport
dudit de L   lequel marché ayant été paſſé entre
S. E. & ledit M   par Acte reçû par   le   dudit mois de   en ſuite de l'expedition dudit rapport & devis, ledit M   a commencé leſdits ouvrages auſquels on travaille actuellement, & comme il s'eſt
préſenté l'Acquereur cy-après nommé, qui a offert de
prêter la ſomme de   cy-après déclarée, pour employer au payement deſdits ouvrages, S. E. a volontairement vendu, créé & conſtitué, aſſis & aſſigné par ces
préſentes, dès maintenant pour toujours promis, & s'eſt
obligé tant pour lui que pour ſes Succeſſeurs Archevêques de   garantir de tous troubles & autres empêchemens generalement quelconques, fournir & faire valoir
en principal & arrerages à   demeurant   Paroiſſe
ſaint   livres de rente annuelle au denier 20.
qu'il s'oblige, & que ſes Succeſſeurs Archevêques de
         conformément audit Arrêt du   dernier, ſeront
tenus & obligez de bailler & payer à   en leur demeure en cette Ville ou au porteur, &c. aux quatre
quartiers ordinaires, à commencer de ce jour, dont le
premier échera pour portion de tems à   & ainſi continuer tant que ladite rente aura cours, à l'avoir & prendre generalement, ſpecialement & par privilege ſur tous
& chacuns les fruits & revenus des biens appartenans

audit Archevêché , qui y demeureront obligez conformément audit Arrêt , & que S. E. oblige à garantir ,
fournir & faire valoir la rente préſentement conſtituée
bonne & bien payable , à toujours , tant en principal ,
qu'arrerage & ſans aucune diminution , nonobſtant toutes choſes à ce contraires , deſquels biens & revenus S. E.
tant pour lui que pour ſes Succeſſeurs Archevêques de

ſe déſaiſit en faveur d   juſqu'à la valeur & concurrence dudit principal & arrerages , voulant , &c. Procureur , &c. donnant pouvoir , &c. Pour de la rente préſentement conſtituée , joüir , faire & diſpoſer par
comme de choſe à eux appartenant. Cette conſtitution
ainſi faite , moyennant la ſomme de   que S. E. reconnoît avoir préſentement reçûë de   qui l'a en ſa
preſence comptée , & délivrée entre les mains de Claude-Alexandre V   Intendant des maiſon & affaires de S. E. à ce préſent , qui a reçû ladite ſomme en
louis d'argent & monnoye ayant cours , à la vûë des Notaires ſouſſignez , pour en faire l'employ , qui va être
préſentement fait , dont S. E. quitte ledit   Et ſera ladite rente rachetable à toujours , en rendant , &
payant en un ſeul payement , après avoir averti par écrit
un mois auparavant , pareille ſomme de   de
principal , avec tous les arrerages , qui en ſeront lors
dûs & échus , & tous frais, miſes & loyaux-coûts , franchement & quittement : lequel rachat & le payement
deſdits arrerages ne pourront être faits qu'en eſpeces ſonantes d'or & d'argent, & non en billets de monnoye ou
autres de quelque nature qu'ils puiſſent être , nonobſtant tous Edits , Arrêts & Déclarations contraires , auſquels eſt derogé & renoncé. Promettant S. E. tant pour
lui , que pour ſes Succeſſeurs Archevêques de
par les Baux qui ſeront faits des revenus dudit Archevêché
de charger particulierement les Fermiers de payer par préference à toutes autres dépenſes, les arrerages de la rente
préſentement conſtituée de quartier en quartier tant qu'elle aura cours, & de fournir ſucceſſivement de Fermier en
Fermier , à meſure de chaque mutation & renouvelle-

ment de Bail, un Acte au Créancier de ladite rente, par
lequel lesdits Fermiers s'obligeront en leurs noms, nonobstant tous evenemens, empêchemens ou saisies, de
payer & continuer lesdits arrerages, sauf par lesdits Fermiers à s'en faire tenir compte, ainsi qu'ils aviseront sur
le prix de leurs Baux, en sorte que lesdits Fermiers puissent y être contraints directement & en leurs noms, en
vertu dudit Acte & des présentes. Promet en outre S. E.
& oblige ses Successeurs, en vertu dudit Arrêt du
d'employer au rachat tant de la rente présentement constituée, que de celles qui seront constituées pour les mêmes causes, jusqu'à concurrence desdites   livres,
les deniers qui proviendront des indemnités, qui appartiennent ou appartiendront à l'Archevêché de   sans
pouvoir en faire aucun autre usage, tant qu'aucune desdites rentes subsistera ; & enfin S. E. s'oblige de faire
recevoir les ouvrages entrepris par ledit M   mentionnez au devis dudit de L   en la forme & maniere ordinaire, dans le   jour de   prochain, qui
est le tems dans lequel ils doivent être faits & parfaits,
suivant le marché dudit jour   J   dernier, &
d'obtenir à ses frais Lettres Patentes, pour confirmer &
autoriser tout ce que dessus, lesquelles Lettres S. E. fera
enregistrer par tout où besoin sera, le tout à peine d'être
par S. E. contraint en son nom au rachat de la rente présentement constituée, & de tous dépens, dommages &
interêts, & sans qu'aucune des conditions du présent
Contrat puisse être reputée comminatoire, sans quoi ledit   n'auroit prêté ses deniers, & dès à present S. E.
a fait delivrer audit   copie de l'Arrêt du   dernier, copie du procès verbal dudit de L   expedition du marché en suite, copie de l'Arrêt du dix dudit
mois de   & copie des procès verbaux d'adjudication
desdits ouvrages desdits jours   le toutdeposé par S.E.
à D   Notaire, ledit jour   promettant en outre
S. E. fournir audit   dans la fin du mois d   prochain au plûtard, autant du procès verbal de reception,

& copie defdites Lettres Patentes dûment enregiftrées ;
& outre lui juftifier dans le même tems du dépôt fait au
Greffe de la Cour , conformément à l'Arrêt du
dernier , des expeditions des Actes juftificatifs de l'emploi des deniers dudit emprunt, à peine d'être contraint
au rachat de ladite rente , & de tous dépens, dommages
& interêts. A ce faire eft intervenu ledit Jacques M
demeurant à Paris ruë   lequel a reconnu avoir
reçû de S. E. qui lui a préfentement fait payer , & délivrer par ledit fieur V   à la vûë des mêmes Notaires ladite fomme de   livres , empruntées dudit
            ès mêmes efpeces que ledit   les a fournies,
laquelle fomme ledit M   reçoit à compte defdits
            livres , & dont il quitte d'autant S. E. fans
préjudice du furplus , & à la requifition de S. E. attendu que les deniers proviennent dudit   qui les a
fournis pour le principal de la conftitution portée au préfent Contrat , ledit M   fubroge ledit   jufqu'à
concurrence en fes droits , actions , privileges & hypoteques , fans toutefois aucune garantie , reftitution de
deniers , ni recours quelconques , finon de fes faits &
promeffes. Et pour l'execution des préfentes S. E. tant
pour lui, que pour fes Succeffeurs Archevêques de
a élû fon domicile irrevocable , & pour toujours audit
Palais Archiepifcopal : auquel lieu , &c. promettant ,
&c. obligeant , &c. comme deffus renonçant , &c.
fait & paffé à Paris audit Palais Archiepifcopal l'an
le   jour de   a   midi. Et ont figné.

Conftitution fur le Clergé d'un Dioceſe, en exe-
cution d'une déliberation , avec déclaration
& promeſſe d'emploi.

FUrent préfens   (*mettre ici les noms , qualités &*
demeures des Contractans , ès noms qu'ils procederont)
Lefquels en execution de la déliberation arrêtée le

mil   dans l'assemblée de Messieurs les Commissaires,
Deputez & Syndic du Diocese de   dont il a été expedié deux originaux , extraits des Registres du Greffe
de ladite Chambre , & lesdits deux originaux depoiez ,
l'un à M. François-JeanD   & l'autre à M. Louis
D   tous deux Notaires audit Châtelet , par laquelle
déliberation , & pour les causes y contenuës , il a été resolu d'emprunter au nom de Clergé dudit Diocese de
       au denier 16. ou autre plus avantageux , la somme
de   livres par Contrats de constitution de rente,
qui seront signez par M.   deuxdits sieurs Commissaires , & par ledit sieur Syndic , les principaux desquelles constitutions seront mis ès mains du sieur V
Commis à la Recette dudit Diocese , en déduction ou
jusqu'à concurrence desdits   livres restans à
payer de la somme de   dont ledit Diocese s'est
trouvé redevable à la Recette génerale , pour les causes
portées en ladite déliberation , confirmée & autorisée
par Sa Majesté , par Arrêt de son Conseil d'Etat du
& Lettres Patentes expediées sur icelui le   audit an ,
regiftrées en Parlement le   par lesquelles Sa Majesté
a ordonné que les Contrats , quittances & autres Actes
concernant lesdites constitutions seront exempts du con-
tróle ; que celles desdites rentes qui seront constituées
au profit des gens de main-morte , joüiront du même
privilege d'exemption de tous droits d'amortissemens ,
& de nouvel acquêt ; que celles constituées sur les Aydes & Gabelles , & sur le Clergé , en consequence Sa Majesté les a dechargé à toujours du payement desdits droits
quoique constituées à prix d'argent , & a voulu que ceux
desdites gens de main- morte , qui pourront les acquerir , ne puissent être recherchez ni inquietez à l'avenir ,
sous prétexte desdits droits , pour raison d'icelle , dero-
geant à cet égard en tant que besoin seroit, à sa déclaration du   & outre a permis à M   & ausdits
sieurs Commissaires , Deputez & Syndic de faire dès à
présent , & pour tel nombre d'années qu'ils jugeront necessaires , même après la présente guerre finie , un rolle

particulier d'impofition, fur tous géneralement les Contribuables dudit Diocefe de   au fecours extraordinaire, au lieu & place de la Capitation, par maniere
de rejet des fommes qui fe trouveront en pure perte &
non valeur de ce qui refte à recouvrer des précedens
rolles, copie imprimée defquelles Déliberation, Arrêt,
& Lettres Patentes a été préfentement fournie à la Dame
Acquereure cy-après nommée, ont vendu, créé, conftitué, affis & affigné par ces préfentes dès maintenant,
& à toujours, & promis pour & au nom collectif du
Clergé du Diocefe de   garantir de tous troubles, &
empéchemens géneralement quelconques, fournir &
faire valoir en principal & arrerages à Damoifelle Marie Marguerite le B   veuve de M. de S
Confeiller au Parlement de   au nom, & comme
Tutrice de leurs enfans mineurs abfente : Ce acceptant
pour ladite Dame audit nom fes hoirs & ayans-caufe par
lefdits Notaires fouffignez   livres de rente annuelle,
que M   & lefdits fieurs Commiffaires & Syndic
Conftituans pour & au nom du Clergé dudit Diocefe
de   promettent & s'obligent de faire bailler, &
payer par ledit fieur V   & fes Succeffeurs en la Recette dudit Diocefe de   qui feront obligez d'en
faire le payement à ladite Dame Acquereure audit nom
à Paris ou au porteur, &c. au Bureau de ladite Recette
par chacun an en deux payemens égaux de fix en fix
mois aux derniers jours de Juin & Décembre de chaque
année, dont le premier payement pour portion de tems
échera le dernier jour de Décembre prochain, & ainfi
continuer tant que ladite rente aura cours : à l'avoir &
prendre géneralement fur tous les biens & revenus préfens & à venir du géneral & de tous, fans exception, les
Contribuables dudit Diocefe de   au fecours extraordinaire, au lieu & place de la Capitation folidairement,
fans divifion ni difcuffion aux renonciations de droit requifes, que M   & lefdits fieurs Commiffaires &
Syndic Conftituans, fuivant lefdites déliberation, Arrêt & Lettres Patentes, ont fous ladite folidité affecté,

obligé & hypotequé , à la garantie, payement , cours &
continuation de ladite rente ; & à icelle fournir & faire
valoir en principal & arrerages , bonne & bien payable,
à toujours , nonobftant toutes chofes à ce contraires ,
pour de ladite rente conftituée faire joüir & difpofer par
ladite Dame Acquereure audit nom, fefdits hoirs & ayans-
caufe , comme de chofe leur appartenante. Cette conftitution faite moyennant la fomme de   livres ,
qui eft à raifon du denier 16. laquelle fuivant ladite déliberation a été préfentement payée par ladite Dame par
les mains de D   l'un des Notaires fouffignez , entre les mains de   V   Commis à la Recette dudit
Diocefe , demeurant   à ce préfent , qui reconnoît
avoir reçû ladite fomme en louis d'argent , & monnoye
ayant cours , dont M   & lefdits fieurs Commiffaires & Syndic Conftituans , ainfi que le fieur V
font contens , & en quittent ladite Dame   au profit de laquelle audit nom & de fefdits hoirs & ayans-
caufe M   & lefdits fieurs Commiffaires & Syndic
Conftituans fe font deffaifis de tous lefdits biens & revenus préfens & à venir du général & de tous fans exception les Contribuables dudit Diocefe de   audit fecours extraordinaire , & jufqu'à concurrence de ladite
rente conftituée en principal , & arrerages , frais , &
loyaux-coûts ; voulans qu'ils en foient faifis , & mis en
poffeffion , par qui & ainfi qu'il appartiendra : & à cette fin conftituent pour Procureur du Clergé dudit Diocefe de   le porteur des préfentes , auquel ils en
donnent pouvoir. Et fera ladite rente rachetable à toujours, en avertiffant un mois auparavant , & en rendant
& payant à ladite Dame de   audit nom , pareille
fomme de   avec les arrerages, qui en feront lors dûs
& échus , frais , mifes, & loyaux-coûts , franchement &
quittement : promettant ledit fieur V   au defir de
ladite déliberation d'employer ladite fomme de
à payer au fieur de P   pareille fomme de
fur celle de   livres , dont le Clergé du Diocefe de
eft redevable à la Recette génerale , fuivant le compte

fait de l'ordre de M   & de ladite Chambre par ledit fieur V   avec le fieur C   pour ledit fieur
de P   & ce pour arrerages du fecours extraordinaire au lieu & place de la Capitation , à caufe des
non-valeurs qu'il y a eu fur les rolles des années précedentes , dont ledit fieur V   retirera quittance &
par icelle fera mention que les deniers feront provenus
du préfent emprunt , autant de laquelle quittance en
bonne forme , il fournira à ladite Dame Acquereure audit nom dans un mois prochain ; même ledit fieur V
audit nom a promis de faire le payement des arrerages
de ladite rente aux termes & en la maniere cy-devant ft
pulez , tant qu'il fera Commis à la Recette dudit Diocefe de P   laquelle obligation M   & lefdits
fieurs Commiffaires & Syndic Conftituans feront réïterer par ceux qui lui fuccederont en ladite Recette & en
fourniront à ladite Dame D   audit nom acte hui-
taine , après qu'ils feront entrez dans ladite Recette , à
peine de tous dépens , dommages & interêts , & de rachat de ladite rente , & fera de la préfente conftitution
fait mention fur l'un des deux originaux de ladite déliberation , dont le Notaire dépofitaire d'icelle délivrera
fon Certificat fur la groffe des préfentes dans quinzaine
au plûtard : Et pour l'execution defdites préfentes & dépendances , les Parties élifent leurs domiciles , fçavoir ,
M   & lefdits fieurs Commiffaires & Syndic Conftituans , ainfi que ledit fieur V   audit nom , au Bureau
de ladite Recette du Diocefe de   & pour ladite Dame en la maifon dudit D   l'un defdits Notaires fouffignez , aufquels lieux , &c. nonobftant , &c. Promettant , &c. obligeant , &c. M   & lefdits fieurs Commiffaires Syndic Conftituans , renonçans. Fait & paffé
à Paris en ladite Chambre Ecclefiaftique l'an   le
à   midi. Et ont figné.

> Nota. *Il faut mettre ce qui fuit , à la marge de*
> *cette Conftitution.*

Ce jourd'hui *tel jour* , j'ai fait mention de l'emprunt

&c. porté au préfent Contrat, fur la déliberation y mentionnée, étant en ma pofleffion.

Conftitution de rente par des Héritiers à leur
Coheritier d'une fomme qu'ils lui emprun-
tent, pour rembourfer une rente affignée fur
leur héritage commun ; emploi du principal
de ladite Conftitution au rembourfement de
ladite rente, & fubrogation au profit du Pré-
teur aux droits du Créancier rembourfé.

FUrent préfens , &c.   Lefquels ont par ces préfentes , vendu , créé, conftitué, affis & affigné dès
maintenant , & à toujours & promettent garantir de tous
troubles , dons , doüaires , hypoteques , alienations ,
evictions & autres empêchemens géneralement quelconques à M. Simon G   leur frere germain (*Ici la*
qualité & la demeure de l'Acquereur , s'il eft préfent , finon
en cas d'abfence , on dit) abfent ; ce acceptant Acquereur
pour. lui , fes héritiers & ayans caufes , par les Notaires
fouffignez , en tant que faire le peuvent , *tant* de rente
annuelle que lefdits   promettent & s'obligent folidairement l'un pour l'autre , fans divifion , difcuffion
ni fidejuffion , à quoi ils renoncent bailler & payer audit fieur Acquereur , fefdits héritiers & ayans-caufe en
fa demeure à   ou au porteur , &c. en deux payemens égaux de fix en fix mois , dont le premier avec la
portion de tems du courant échera au dernier   prochain, &c. & ainfi continuer, à l'avoir & prendre par privilege & préference (attendu l'emploi cy. après déclaré) fur le fonds , proprieté & fuperficie d'une maifon
fcife à   étant de la fucceffion de défunts   & appartenant aufdits Conftituans , & audit fieur G   chacun pour   comme héritiers defdits (*tels & tels*) leurs
pere & mere , & géneralement fur tous & uns chacuns

les biens meubles & immeubles, préfens & à venir defdits Conftituans qu'ils en ont auffi chargez, affectez, obligez & hypotequez: à garantir, fournir & faire valoir, comme dit eft, lefdits   de rente en principal & arrerages, frais, mifes & loyaux-coûts bons & bien payables, fans aucun déchet, ni diminution, nonobftant toutes chofes à ce contraires, une obligation ne dérogeant à l'autre, pour en joüir, &c. À l'effet de quoi promettent & s'obligent folidairement, comme deffus, d'entretenir ladite maifon de toutes groffes & menues réparations, pour fûreté de ladite rente préfentement conftituée en principal & arrerages, & afin qu'elle y puiffe être aifément prife & perçüe par chacun an aufdits termes, à peine, &c. Cette conftitution faite moyennant la fomme de   qui eft à raifon du denier 20. laquelle fomme lefdits Conftituans reconnoiffent avoir reçüe comptant dudit fieur G   qui leur a icelle payée en louis d'argent & monnoye bons & ayans cours, dont, &c. quittance, &c. défaififfant, &c. voulant, &c. Procureur le porteur, &c. donnant pouvoir, &c. Rachetables à toujours lefdites   livres de rente, en rendant & payant par les Rachetans en un feul & actuel payement, en efpeces fonantes & non autrement pareille fomme de   livres, avec les arrerages qui en feront lors dûs & échus, frais & mifes, & loyaux-coûts, nonobftant toutes chofes à ce contraires : Déclarant lefdits Conftituans que ladite fomme de   livres, par eux cy-deffus empruntée, eft pour employer au rembourfement, qui va être préfentement fait de pareille rente au denier 20. conftituée au profit de   par lefdits défunts   & fa femme, & hypotequée fur ladite maifon, par Contrat paffé devant   le   de laquelle rente lefdits Conftituans, & ledit fieur Acquereur efdits noms en ont paffé titre nouvel audit   par autre Contrat paffé devant   & pour effectuer ledit rembourfement, à ce faire eft intervenu, & fut préfent ledit   lequel a reconnu & confeffé par ces mêmes

préfentes, avoir reçû comptant defditsConftituans ladite fomme de   livres cy-deffus empruntée ès mêmes efpeces pour le principal defdits   de rente, conftituée au profit dudit J   par le Contrat primordial cy-deffus datté, enfemble la fomme de
pour les arrerages dûs & échus du paffé jufqu'à ce jour de ladite rente, dont &c. quittance, &c. Ce faifant ledit   a rendu & remis aufdits   les groffes en parchemin defdits Contrats de conftitution, & titre nouvel cy-deffus dattez comme acquittez, fur lefquelles groffes leurs minutes ainfi que fur toutes autres pieces que befoin fera, les Parties ont confenti mention fommaire des préfentes être faite par tous Notaires requis, fans que leurs préfences y foient neceffaires, & à la requifition defdits   attendu l'emprunt porté au préfent Contrat ledit   a fubrogé & fubroge en fon lieu& place, droits, noms, actions, raifons, privileges & hypoteques lefdits fieurs G   fans toutefois aucune garantie, reftitution de deniers ni recours quelconques, finon de fes faits & promeffes ; pour faire valoir laquelle fubrogation, lefdits   promettent de fournir, & délivrer audit fieur G   lefdites groffes dudit Contrat cy-deffus rembourfées, & dudit titre nouvel, après fommaire mention faite fur icelles, comme dit eft avec la groffe des préfentes inceffamment, auffi à peine, &c. Et pour l'execution defdites préfentes, lefdits   ont élû leur domicile folidaire, irrevocable & pour toujours à   auquel lieu, &c. nonobftant, &c. promettant, &c. obligeant, &c. folidairement comme deffus renonçant, &c. Fait & paffé à
l'an mil   le jour de   a   midi. Et ont figné.

Contrelettre d'un Tranfport.

AUjourd'hui eft comparu devant Nous, Notaires de Sa Majefté en fon Châtelet de Paris, fouffignez fieur Gilles H   Marchand, Bourgeois de Paris,

y demeurant ruë　　　Paroiſſe ſaint　　　lequel a déclaré
qu'encore que le ſieur Jacques C　　　Marchand de chevaux à Paris lui ait cedé , quitté & tranſporté la ſomme
de　　　livres , à prendre ſur Louis B　　　ſuivant ſon
obligation du　　　Janvier mil　　　moyennant pareille
ſomme de　　　livres , que ledit ſieur C　　　a reconnu
avoir reçû du ſieur A　　　plus au long ſpecifié en l'Acte dudit Tranſport paſſé devant R　　　& B　　　Notaires à Paris le　　　Fevrier mil　　　néanmoins la verité
eſt qu'il n'a accepté ledit Tranſport , qu'à ſa priere , &
pour faire plaiſir audit ſieur C　　　auquel il n'a rien
payé du contenu audit Tranſport , dont en tant que de
beſoin , il fait toutes retroceſſions neceſſaires. Fait &
paſſé à Paris en l'Etude &c. le　　　Septembre mil ſept cens
　　　& a déclaré ne ſçavoir écrire ni ſigner , de ce enquis ſuivant l'Ordonnance.

Contrelettre d'une Obligation.

AUjourd'hui eſt comparu devant les Notaires à Paris, ſouſſignez Me. Jean A　　　Avocat en Parlement ,
demeurant à Paris ruë　　　Paroiſſe ſainte　　　lequel reconnoît qu'encore que Touſſaint B　　　Conſeiller du
Roi , Tréſorier de France à Paris lui ait pardevant D
& R　　　Notaires à Paris , fait ce jourd'hui une Obligation de la ſomme de　　　livres , qu'il a dit être pour
employer à l'acquiſition d'augmentation de gages attribuez à ſadite Charge , néanmoins la verité eſt qu'il ne
prétend rien en ladite Obligation , & qu'il ne l'a acceptée , que pour prêter ſon nom audit ſieur B　　　lequel
lui a fourni leſdits　　　livres , qui ont été réellement
délivrées par ladite Obligation , dont il n'y a point de
minute ; c'eſt pourquoi ledit ſieur L　　　conſent que
ledit ſieur B　　　ſe ſerve de ladite Obligation , comme
bon lui ſemblera , & en tant que de beſoin ſeroit , il le
quitte & décharge du contenu en icelle , à la charge que
ledit ſieur B　　　l'acquittera de tous évenemens à ce ſujet ,

jet , déclarant ledit fieur C   que l'original de ladir.
Obligation eſt entre les mains dudit fieur B   qui fe
fera fournir les pieces de l'emploi , ainfi que bon lui
femblera , &c. Promettant , &c. obligeant , &c. renonçant , &c. Fait & paſſe à Paris en l'Etude de R   Notaire   ce   a   midi, l'an mil   Et a figné.

Contrelettre d'une augmentation de dot.

AUjourd'hui ſont comparus pardevant les Confeillers du Roi , Notaires à Paris fouffignez , Jean H
        Marchand de vin à Paris , Marie-Geneviéve S
à préfent ſa femme, qu'il autorife , demeurans ruë
Paroiſſe   d'une part. Et Antoine S   auſſi Marchand de vin à Paris , y demeurant   Paroiſſe
pere de ladite Geneviéve S   d'autre part. Lefquels
entant que befoin feroit , en la préfence de (*Il faut mettre en cet endroit les mêmes perfonnes qui ont figné au Contrat de mariage.*) Iceux ayant été préfens & figné conjointement avec lefdits Jean H   & Antoine S   &
Marie-Geneviéve S   au Contrat de mariage paſſé entre lefdits H   & ſa femme pardevant D   & C
Notaires à Paris , le   Fevrier mil   voulant rendre
temoignage de la verité , ont par ces préfentes déclaré ,
& reconnu avoir parfaite connoiſſance qu'encore bien
que par ledit Contrat de mariage ledit S   pere , en
faveur d'icelui , & augmentation de dot de ſadite fille ,
auroit promis payer aufdits (lors) futurs époux la veil-
le de leurs épouſailles la ſomme de   livres en deniers
comptans , &   livres , en meubles , linges & hardes
à l'uſage de ladite future époufe , & que par quittance
étant enſuite dudit Contrat du   Mars mil   ledit
H   a reconnu avoir reçû dudit S   pere , la ſomme de
        livres de la maniere ſufdite ; néanmoins il eſt très-
conftant que ledit S   pere n'a promis donner , & ledit H   n'a reçû dudit S   pere , que la ſomme de
        moitié en deniers comptans , & l'autre moitié en

meubles , linges & hardes , qui eſt la dot effective de ladite femme H   & que ladite ſomme de   portée eſdits Contrats de mariage , & quittance n'y ont été employées que pour faire honneur à la dot de ladite femme H   C'eſt pourquoi ledit H   ne ſera chargé, ni tenu de reſtituer à ſadite femme , ni autre que ce ſoit que ladite dot effective de   livres , & demeure icelui H déchargé des   livres , faiſant le ſurplus deſdits livres , de quoi leſdites Parties comparantes ont convenu & conſenti qu'en leur abſence , il ſoit fait mention & décharge ſur la minute , expedition dudit Contrat de mariage , qui au ſurplus ſortira ſon effet , dont & de ce que deſſus ledit H   a requis Acte à lui octroyé, pour lui ſervir & à qui il appartiendra & en tems & lieu , ce que de raiſon. A Paris en l'Etude de P   l'un des Notaires ſouſſignez l'an mil   le   jour d   a midi. Et ont ſigné.

Contrelettre d'un Brevet d'apprentiſſage.

AUjourd'hui ſont comparus pardevant les Conſeillers du Roi , Notaires au Châtelet de Paris , ſouſſignez, Me. Claude-Alexandre V   Avocat en la Cour de Parlement , demeurant à Paris ruë   Paroiſſe S. d'une part. Et ſieur Charles J   l'un des trois cens Barbiers , Perruquiers , Baigneurs Etuviſtes à Paris , y demeurant ruë   Paroiſſe ſaint   d'autre part. Leſquels ont reconnu & confeſſé , qu'encore que par Acte paſſé pardevant   &   Notaires à Paris ce jourd'hui ledit ſieur V   ait mis Jean R   natif de   en apprentiſſage avec ledit ſieur J   pour le tems de   années , moyennant la ſomme de   livres, & aux autres conditions portées audit Acte ; néanmoins la verité eſt que leſdites Parties n'ont point entendu & n'entendent point que ledit apprentiſſage ſoit executé , & qu'il n'a été fait qu'à la priere , & pour faire plaiſir au ſieur Pierre T   auſſi Maître Barbier, Perruquier à Paris, & pour faciliter l'execution de l'Alloué fait de la personne dudit R avec lui , par Acte reçû par ledit & son Confrere , Notaires le auquel Alloué n'est aucunement dérogé ni innové , n'ayant ledit apprentissage été fait que pour acquerir audit R le droit d'Apprentif de Paris , & pour en cette qualité se faire enregistrer à la Communauté desdits Barbiers , Perruquiers, & acquerir la franchise conformément à leurs statuts & reglemens ; c'est pourquoi ledit sieur J a dispensé ledit R de venir passer chez lui le tems porté audit apprentissage , ni de lui payer les livres , que ledit R a promis lui payer , pour reste de la somme de livres , à quoi ils paroissent être convenus pour ledit apprentissage , pour raison duquel ledit sieur J n'a rien reçû , nonobstant la quittance de livres y portée , promettant ledit sieur J de quittancer ledit Brevet à la fin des années y portées : Ce fait en la présence & du consentement dudit R demeurant chez ledit sieur T ruë Paroisse saint Promettant, &c. obligeant, &c. renonçant, &c. Fait & passé à Paris en l'Etude , &c. le mil sept cens vingt a midi. Et ont signé.

Contrelettre d'une Obligation pour parvenir à un decret volontaire.

AUjourd'hui est comparu pardevant les Conseillers du Roi , Notaires au Châtelet de Paris, soussignez, sieur Michel L Bourgeois de Paris , y demeurant ruë Paroisse saint lequel a déclaré de bonne foi, qu'encore que le sieur Pierre E Marchand à Paris , lui ait ce jourd'hui passé obligation devant & Notaires à Paris de la somme de livres pour prêt d'argent , néanmoins la verité est que ledit sieur Comparant n'a point prêté ladite somme audit sieur E & qu'il ne lui a fait que prêter son nom , pour lui faire plaisir à sa priere & requête , & pour parvenir à un de-

cret volontaire , qu'icelui fieur E   prétend faire à
fes frais & , dépens d'une maifon qu'il a acquife du fieur
M   . fcife en cette Ville , ruë   confentant ledit
fieur L   que ledit fieur E   faffe tous les frais pour
parvenir audit decret volontaire , & faffe groffoier ladite
Obligation , laquelle ledit fieur E   pour ce préfent demeurant   promet quittancer , quand il en fera requis ,
fans pour ce pretendre aucune chofe , promettant ledit
fieur Comparant d'acquitter, garantir & indemnifer ledit
fieur E   de tous évenemens qu'il pourroit y avoir pour
raifon de ladite Obligation , à l'effet de quoi il a élu fon
domicile en fa demeure fufdite ; auquel lieu , &c. nonobftant , &c. promettant , &c. obligeant , &c. renonçant ,
&c. Fait & paffé à Paris ès Etudes , &c. le   mil
Et a figné.

---

*Contrelettre d'un abandonnement d'effets mo-
biliers par des pere & mere à leur fils , à la
charge de les nourrir , loger & entretenir le
refte de leur vie.*

AUjourd'hui eft comparu pardevant , &c. Charles
J   Maître Serrurier à Paris , y demeurant
lequel pour rendre témoignage à la verité , a par ces préfentes dit & déclaré de bonne foi , qu'encore que par
Acte paffé ce jourd'hui fans minute devant   &
Notaires à Paris le   il paroiffe entr'autres chofes que
Jean J   auffi Maître Serrurier à Paris , & Catherine F   fa femme , fes pere & mere , attendu leur grand
âge lui ont cedé & abandonné les meubles , meublans ,
& uftenciles de menage , avec les marchandifes de fer ,
outils, & uftenciles fervans audit métier de Serrurier , le
tout étant en la boutique qu'ils occupent fufdite ruë &
Paroiffe , à la charge par ledit J   leur fils , ainfi qu'il
s'y eft obligé par ledit Acte, de les nourrir, loger , coucher , blanchir & entretenir avec lui , tant en fanté que

maladie, pendant la vie de l'un & de l'autre, à commencer de cedit jour, & outre de les acquitter envers Madame de la V   Proprietaire de la maison dont dépend ladite boutique des loyers échus, & qui écheront cy-après d'icelle maison, au moyen de quoi, que ledit J   le fils, touchera des Locataires de ladite maison les loyers qu'ils doivent & devront cy-après; néanmoins la verité eſt que ledit J   fils n'a & ne prétend aucune choſe audit abandonnement, & qu'il n'a accepté icelui, & prié ſeſdits pere & mere de lui faire ſous les conditions y portées, que par des raiſons particulieres; c'eſt pourquoi il leur fait entant que de beſoin toute retroceſſion & tranſport, ſans garantie dudit Acte qu'il promet leur remettre ès mains toutes fois & quantes, comme nul, à peine, &c. Et en conſéquence conſent & accorde que ſeſdits pere & mere faſſent, joüiſſent & diſpoſent tant de leurs meubles, marchandiſes, outils, & uſtenciles, que deſdits loyers de ladite maiſon à leur volonté, comme de choſe leur appartenant, tout ainſi & de même qu'ils ont accoutumé; ce qui a été accepté par leſdits J   & ſa femme, pour ce préſent, demeurans ſuſdite ruë   Promettant, &c. obligeant, &c. renonçant, &c. Fait & paſſé à Paris ès Etudes deſdits Notaires ſouſſignez, l'an mil ſept cens   le   jour de   Ledit J   le fils a déclaré ne ſçavoir écrire ni ſigner, de ce enquis; & ſeſdits pere & mere ont ſigné.

Convention en forme d'Alloué d'Actrice de Théâtre.

Pardevant les Conſeillers du Roi, Notaires à Paris, ſouſſignez, furent préſentes Françoiſe B.   veuve de Joanin D   elle Directrice de l'Opera, étant de préſent en cette Ville logée rue   Paroiſſe ſaint   d'une part. Et Charlotte M   fille, âgée de   ans ou environ, demeurante rue   Paroiſſe ſaint   d'autre part. Leſquelles ſont convenues & demeurées d'accord de ce qui enfuit. C'eft à fçavoir , que ladite veuve D   a par ces préfentes retenu à fon service pendant le tems & efpace de   années confécutives , à commencer au   du préfent mois d ladite M   à laquelle durant ledit tems ladite veuve D   fera tenuë comme elle promet & s'oblige de faire, apprendre à chanter , danfer , lire , écrire & autres exercices neceffaires & convenables pour les reprefentations de pieces & jeux de Théâtre que ladite veuve D ira faire à l'Ifle en Flandre & autres Villes des Pays-Bas, où ladite M   fera tenue , comme elle s'oblige de la fuivre & accompagner , & lui donner tous fes foins , peines & applications , pour fe rendre capable & rendre fervice à ladite veuve D   dans ledit exercice & profeffion , pendant lequel tems de   années ladite veuve D   fera tenue de nourrir , loger & coucher ladite M   lui faire blanchir fon gros & menu linge , la traiter doucement & raifonnablement comme il appartient , fans aucunement s'abfenter par ladite M qui obéïra à ladite veuve D   en tout ce qu'elle lui commandera de licite & honnête ; promettant en outre icelle veuve D   de payer par chacun defdits ans à ladite M   la fomme de   livres , pour gages & recompenfes de fes fervices , à peine de tous dépens , dommages & interêts ; car ainfi a été convenu & accordé entre les Parties ; promettant , &c. obligeant, &c. chacun en droit foi renonçant , &c. Fait & paffé à Paris ès Etudes , &c. le   Et a ladite veuve D figné ; & ladite M   a déclaré ne fçavoir écrire ni figner : de ce enquife fuivant l'Ordonnance.

Convention au fujet d'une chofe trouvée.

FUrent préfens Françoife P   femme de Marin G   Rotiffeur à Paris , de lui pour ce préfent affiftée & autorifée à l'effet des préfentes , demeurans rue   Paroiffe   d'une part. Marie B

femme de Jacques S   Maître de Danſes, de luî
pareillement pour ce préſent, aſſiſtée & autoriſée, demeurans chez leſdits G   & ſa femme d'autre part.
Leſquelles femmes G   & S   ayant trouvé
enſemble devant la porte de la boutique dudit G
une garniture de tête de femme à dentelle de Malines
en   pieces, qui conſiſtent en   laquelle garniture elles ont fait eſtimer enſemble par une Maîtreſſe
Lingere, qui l'a évaluée à la ſomme de   livres,
& attendu que les Parties ne ſçavent à qui elle appartient,
n'ayant été reclamée de perſonne depuis près de   mois
qu'elles l'ont trouvée, ſont convenues de ſe faire raiſon
à chacune d'elles par moitié de ladite garniture, & que
ne ſe pouvant partager, elle reſteroit à ladite femme G
         qui reconnoît l'avoir dès à préſent en ſa poſſeſ-
ſion, & promet ſolidairement avec ſondit mari, & de
ſon conſentement, de faire raiſon auſdits S   & ſa
femme de   livres, dont ils leur tiendront compte, & diminuëront d'autant ſur les loyers qu'ils leur doivent pour leur moitié en ladite garniture, étant convenu toutefois, qu'au cas que ladite garniture ſoit reclamée par ceux à qui elle appartient, & que par conſé-
quent leſdits G   & ſa femme ſoient obligez de la
rendre ou la valeur, ſuivant ladite eſtimation, leſdits
S   & ſa femme ſeront obligez, comme ils promettent auſſi ſolidairement de leur payer & rembourſer
leſdites   livres, qu'ils leur auroient diminuez,
comme dit eſt ſur leſdits loyers; car ainſi, &c. promettant, &c. obligeant leſdites Parties ſolidairement comme
deſſus,&c. renonçant, &c. Fait & paſſé à Paris ès Etudes,
&c. le   mil   Et ont ſigné.

*Convention par laquelle deux femmes se char-
gent de deux enfans orphelins , pour
les élever.*

FUrent présentes Françoise M   veuve de Guillaume L   Maître Tailleur d'habits à Paris , y demeurante   & Marguerite B   veuve de François O
Bourgeois de Paris , y demeurante ruë & Paroisse
Lesquelles sur ce qui leur a été représenté par Elizabeth C   veuve de Vincent T   Chirurgien dans
les armées du Roi , demeurante ruë   Paroisse
à ce presente, que ledit défunt son mari auroit laissé trois
enfans de trois lits différens ; le premier nommé Marie-
Magdelaine T   file dudit défunt T   & de Marie-
Louise D   sa premiere femme , petite fille de ladite
Françoise M   la seconde, nommée aussi Marie-Magdelaine T   fille dudit défunt & de feuë Nicolle S
sa seconde femme , & la troisiéme & derniere nommée
Catherine T   aussi fille dudit défunt , & de ladite C
à présent sa veuve ; & que tous ses biens consistent
au peu de meubles & ustenciles de ménage , qui sont
dans l'appartement qu'occupoit ledit défunt , & où ladite veuve est demeurante dite ruë   que ladite veuve ne pouvant garder chez elle lesdits trois enfans ,
n'étant pas en état de les pouvoir faire subsister , elle auroit requis lesdites veuves L   & O   de prendre
chez elles les deux enfans du premier & second lit , &
de se charger de leur conduite, logemens , nourritures
& entretiens ; & qu'à l'égard de ladite Catherine T
fille dudit défunt & de ladite défunte C   sa veuve ,
elle la gardera & s'en chargera , & qu'elle payeroit à
chacune desdites veuves , la somme de   livres du produit desdits meubles demeurez après le decès dudit défunt , qui feroient ensemble   livres , serviroient à
payer au sieur Z   Chef de cuisine de M.   à qui

ledit défunt la devoit dès ses premier & second maria-
ges, & le surplus desdites   livres appartiendroit aufdites veuves L   & O   lesquels   livres, ladite veuve T   s'oblige payer à chacune desdites veuves par moitié dans le   jour d   prochain, & lesdits   livres dans   aussi prochain, à peine, &c.
soit ausdites veuves, comme dit est, ou audit sieur Z
     Créancier, au moyen de quoi & voulant lesdites
veuves L   & O   montrer l'amitié & charité qu'-
elles ont pour lesdits deux enfans des premier & second
lits leur petite fille & niece, elles se font volontairement
chargées par pure charité, sçavoir ladite veuve L
de ladite Marie-Magdelaine T   sa petite fille, & ladite veuve O   de ladite Marie-Magdelaine T
sa niece, pour leur fournir tout ce qu'elles auront besoin, les mettre où bon leur semblera, & disposer desdites filles à leur volonté, sans que pour ce elles puissent demander aucunes choses que ce que dessus déclaré : Car ainsi, &c. promettant, &c. obligeant, &c.
renonçant, &c. Fait & passé à Paris ès Etudes, &c.
le   mil   a   midi. Et ont signé.

Convention en forme de Déliberation, au desir
d'une Sentence qui ordonne que les Parties
nommeront & choisiront entr'elles une per-
sonne, à l'effet de faire le recouvrement de
certains effets estimez douteux, pour après
lequel recouvrement fait, être iceux effets
partagez entre lesdites Parties.

AUjourd'hui sont comparus pardevant les Conseillers du Roi, Notaires à Paris soussignez, François L   Ecuyer, Premier Huissier du Roi en son
Grand Conseil, & Grande Chancellerie de France, demeurant à Paris ruë   Paroisse saint   Jean-François L   Ecuyer, Valet de Chambre ordinaire du

Roi , demeurant fufdite ruë & Paroiffe , & Damoifelle
Louife G   fille majeure , ufante & joüiffante de fes
biens & droits , demeurante ruë   Paroiffe faint
tant en fon nom , que comme fe faifant & portant fort
de Damoifelle Anne G   fa fœur, lefdits fieur L
de leur chef héritiers , chacun pour un quart de défunts
Meffire Jean L   Confeiller du Roi , Contrôleur des
Confignations du Grand Confeil , & de Damoifelle Anne C   jadis fa femme, leur pere & mere , & lefdites
Damoifelles G   conjointement héritieres pour un autre
quart defdits défunts fieur & DamoifelleL   leur ayeul &
ayeule par repréfentation de Damoifelle Anne-Margue-
rite L   leur mere ; lefquelles Parties s'étant repréfenté le partage fait lefdits fieurs L   Comparans , le
fieur Henry L   leur frere aîné & héritier pour l'autre
quart defdits défunts fieur & Damoifelle L   fes pere &
mere & fieur Jean G   pere & Tuteur defdites Damoifelles G   des biens des fucceffions defdits défunts fieur & Damoifelle L   paffé devant le fieur
Commiffaire   le   & autres jours fuivans mil
& ayant reconnu après en avoir pris lecture, & particulierement ladite Damoifelle Marie-Louife G   qu'il
étoit demeuré en commun par ledit partage plufieurs effets y énoncez, dépendans defdites fucceffions ayant été
confiderez comme effets douteux , & notamment les
fommes duës par la fucceffion de défunte Dame Anne
J   veuve du fieur M   Secretaire du Roi, Hilai-
re D   & fa femme , &c. & autres énoncez audit
partage & Inventaire faits après le decès defdits défunts
fieur & Dame L   lefquels effets font à préfent & actuellement en la poffeffion dudit fieur Henry L
tant pour lui avoir été mis ès mains par lefdits Inventaire & partage, que ceux depuis à lui delivrez par ledit fieur François L   & par le fieur P   Procureur en la Cour , aufquels il en a donné fa reconnoiffance & recepiffé , & s'étant lefdites Parties affemblées
en l'Etude de   l'un defdits Notaires fouffignez, en
execution de la Sentence du Châtelet de Paris contra-

dictoirement rendue entre lefdits fieurs L   le
du préfent mois de   dont elles reconnoiffent auffi
avoir pris communication , portant qu'il feroit deliberé
d'une perfonne entr'elles , pour faire le recouvrement
defdits effets , ès mains de laquelle les papiers & pieces
concernans lefdits effets douteux feroient mis , ou d'en
faire le partage entr'eux , & ayant lefdites Parties confi-
deré qu'elles ne pouvoient à prefent faire le partage , attendu que lefdits effets douteux ne font pas de nature en
l'état qu'ils font , à pouvoir être partagez , ainfi qu'il a
été reconnu par ledit premier partage de mil   &
d'ailleurs , attendu que depuis que ledit fieur Henry L
      en eft en poffeffion , il n'a fait aucune diligence ,
& en a laiffé perir la meilleure partie, même depuis
années ou environ que demande lui en a été faite , fur
laquelle a été obtenu plufieurs Sentences , & particulié-
rement la derniere dudit jour   préfent mois , pourquoi ils fe refervent leurs droits & actions en garantie contre ledit fieur Henry L   Sont convenus pour fatisfaire à la derniere Sentence , de leur part de faire faire le
recouvrement defdits effets , pour à quoi parvenir , ils
ont nommé & choifi la perfonne dudit fieur Jean-François L   ès mains duquel ils confentent que ledit fieur
Henry L   délivre toutes les pieces qu'il a concernant
lefdits effets à recouvrer; quoi faifant, il en demeurera
valablement dechargé , pour être ledit recouvrement
fait pendant le tems de   années , après lequel expiré ,
il fera amiablement convenu entre les Parties ou en Juftice ordonné ce qu'il appartiendra ; les frais à faire pour
parvenir audit recouvrement , feront faits & avancez par
ledit fieur Jean-François L   dont il fera rembourfé
fur les premiers deniers qu'il recevra dudit recouvrement,
pour être ce qui proviendra dudit recouvrement partagé entre les Parties chacun pour ce qui leur en revient
ès qualités fufdites, fans préjudice de leurs droits & actions
refpectifs à l'encontre dudit fieur Henry L   Car ainfi , &c. Promettant, &c. obligeant , &c. renonçant , &c.
Fait & paffé à Paris en l'Etude de   l'un defdits No-

taires souffignez ,   le   jour d   a midi.
Et ont figné.

Convention & Partage entre le veuf d'une dé-
funte & les Héritiers de fa fucceffion , des
biens & effets d'icelle contenus en l'Inven-
taire fait après fon decès.

FUrent préfens Jean P   Maître Menuifier à Paris,
y demeurant ruë   Paroiffe   d'une part. Antoine P   auffi Maître Menuifier , & Elizabeth R
fa femme qu'il autorife à l'effet des prefentes , demeurant ruë   Paroiffe faint   d'autre part. Edme C
Huiffier Royal , demeurant ordinairement à   &
Jeanne-Françoife B   fa femme qu'il autorife pareillement à l'effet des préfentes , de préfent à Paris , logez fufdite ruë   encore d'autre part. Lefdites Elizabeth R   & Jeanne-Françoife B   par reprefentation de défunte Marie R   fa niece , au jour de fon
decès , veuve de Jacques B   héritieres chacune pour
moitié de défunte Anne Q   leur fœur & tante au jour
de fon decès , femme dudit Jean P   & auparavant
veuve de Jean L   Marchand de vin à Paris. Lefquelles Parties , pour éviter les conteftations qui auroient pû naître entr'elles au fujet des biens & effets contenus dans l'Inventaire fait après le decès de ladite défunte Anne R   par   &   l'un des Notaires ,
fouffignez, en datte au commencement du   font demeurées d'accord de ce qui enfuit.

    Sçavoir , que ledit Jean P   a retenu du confente-
ment des Parties , des meubles inventoriez audit Inventaire jufques à la fomme de   livres pour fon préciput ftipulé par le Contrat de mariage d'entre ledit Jean
P   & ladite défunte fa femme , paffé devant
&   Notaires à Paris le   fuivant la prifée , & fans-
cruë , & à l'égard du furplus defdits meubles montans

à livres sols deniers, ont été partagez entre les Parties , sçavoir , moitié ausdits Antoine P C & leurs femmes esdites qualitez d'héritiers de ladite défunte Anne R à cause de la Communauté d'entre ledit Jean P & elle stipulée par ledit Contrat de mariage , & à l'égard des billets inventoriez par ledit Inventaire , le premier de la somme de livres fait par le sieur le sous la Cotte Le second , &c. Les Parties sont convenuës , qu'ils seront reçûs par elles à leurs échéances ; sçavoir , ledit Jean P la moitié du contenu en iceux , & l'autre moitié par lesdits Antoine P & C comme à eux appartenans , à cause de ladite Communauté , & que le billet de livres sera déposé entre les mains du sieur S cy-après nommé, jusqu'à son échéance , pour être le contenu en icelui reçû par les Parties , conjointement chacun pour leur part & portion , comme il est dit cy-dessus : dont en ce faisant ledit Jean P en demeurera déchargé , & les autres billets resteront jusques à leurs échéances , entre les mains dudit Jean P pour être le contenu en iceux reçû aussi conjointement par lui & lesdits Antoine P & C à mesure de leurs échéances , sans que ledit Jean P puisse les recevoir en l'absence des autres Parties , mais les recevra conjointement avec eux , comme dit est , reconnoissant lesdits Antoine P & C & leurs femmes , que ledit Jean P leur a présentement mis entre les mains la promesse du sieur C & sa femme de livres inventoriée sous la Cotte dudit Inventaire , comme à eux appartenant au moyen de la stipulation de propre portée audit Contrat de mariage , ayant les Parties fait compensation de la moitié de ce qui a été reçû à compte d'icelui pendant ladite Communauté , dont ledit Jean P leur devoit faire indemnité avec la moitié des frais funeraires de ladite défunte , qu'ils lui devoient rembourser , dont ils se quittent & déchargent reciproquement , consentant lesdits Antoine P & C & leurs femmes que ledit Jean P joüisse par usufruit sa vie durant de livres de rente,

pour le principal de   livres à lui donnez par ladite défunte fa femme par ledit Contrat de mariage , pour
en joüir par ufufruit , lefquelles   livres de rente , il
prendra fur les   livres de rente , conftituez fur les
Aydes & Gabelles de France au principal de   livres , le   mil   inventorié four la Cotte   dudit Inventaire , dont le Contrat eft entre les mains du
fieur E   comme il eft porté audit Inventaire , pour
être ledit ufufruit reuni au principal , après le decès dudit Jean P   comme il eft porté par ledit Contrat ; à
l'effet de quoi ledi Jean P   pourra fe faire imma-
triculer , & recevoir fur fes quittances particulieres des
fieurs Payeurs de ladite rente lefdits arrerages de
       livres de rente , ainfi que lefdits Antoine P
& C   & leurs femmes le confentent : Ce faifant que
lefdits fieurs Payeurs en foient bien & valablement quittes & dechargez , même confentent que pour en faciliter la reception des fix mois courans de la totalité de ladite rente , que ledit Jean P   la reçoive fur fa quittance particuliere defdits fieurs Payeurs , dont ils feront
en ce faifant , pareillement bien dechargez , pour être
par ledit Jean P   payé aufdits Antoine P   & C
moitié de ladite demie année courante d'arrerages de
rente échuë par avance au premier Juillet dernier , comme à eux appartenante , comme étant échuë pendant
ladite Communauté ; & d'autant que ledit Contrat de
rente fur la Ville eft entre les mains dudit fieur E
comme dit eft , a été convenu que lefdits Antoine P
& C   & leurs femmes le retireront de fes mains à leurs
frais , pour enfuite en aider ledit Jean P   & être à
l'inftant & en le delivrant fait mention fur ladite groffe
dudit ufufruit au profit dudit Jean P   par tous Notaires requis, & fi bon femble fur fa minute , ainfi qu'ils
le confentent, fans que leurs préfences y foient neceffaires , même de la fomme de   livres , qui eft düe à
Noël le S   fils du premier mari de ladite défunte
Anne R   & de Jeanne T   fa premiere femme ,
pour le doüaire conftitué à ladite défunte Anne R

par sondit premier mari , dont elle a joüi sa vie durant,
lequel est reversible , & appartient presentement audit
Noël le S   suivant qu'il est mentionné au Contrat
de mariage dudit Jean P   & de ladite défunte sa
femme , les Parties sont convenuës qu'en cas que ledit
Noël le S   prétende recevoir ladite somme de
livres en deniers comptans , & ne veuille point se contenter de   livres de rente à prendre dans ledit Contrat de constitution sur la Ville , que lesdits P   &
C   & leurs femmes rapporteront ladite somme de
livres avec leurs interêts , si aucuns s'en trouvoient dûs,
sauf néanmoins leurs défenses en cas d'action de la part
dudit le S   (pour être payé) & aussi en cas que la
prétention dudit sieur E   qu'il a expliquée par ledit
Inventaire , pût avoir lieu (ce qu'ils n'estiment pas)
& qu'il se trouvât lui être dû aucune portion d'arrerages de rente (cela présupposé , & aux protestations que
la présente stipulation ne leur pourra nuire ni préjudicier) ils rapporteroient audit cas leurs portions d'arrerages dans ladite rente , dont ledit Jean P   pourroit
être poursuivi , & dont lesdits Antoine P   & C
& leurs femmes pourroient être tenus depuis ledit Inventaire , attendu le partage cy-dessus fait de tous les
effets de ladite Communauté, à l'effet de quoi lesdits Antoine P   & C   & leurs femmes , & sieur Pierre S
       Bourgeois de Paris , y demeurant susdite rue
Paroisse saint   pour ce présent & intervenant , qui
s'est rendu caution & répondant envers ledit Jean P
desdits Antoine P   & C   & leurs femmes , & se
font solidairement l'un pour l'autre chacun d'eux un
seul pour le tout , sans division , discussion ni fidejussion , à quoi ils renoncent , obligez d'acquitter , garantir & indemniser ledit Jean P   de toutes les
susdites actions & prétentions desdits sieurs E   & le
S   tant en principal, interêts , que dépens: Reconnoissant ledit sieur S   que ledit billet de   livres , lui a présentement été mis entre les mains , &
dont il s'est chargé au desir , & comme il est cy - des-

sus dit : Car ainsi , &c. Et pour l'execution des présentes , les Parties ont élû leurs domiciles où chacune d'elles sont demeurantes : Ausquels lieux , &c. nonobstant , &c. promettant , &c. obligeant , &c. solidairement comme dessus , &c. renonçant , &c. Fait & passé à Paris ès Etudes , &c. l'an mil sept cens   le   jour d   a   midi. Et ont signé.

Convention en forme de Déclaration en interpretation d'un Acte anterieur.

Aujourd'hui sont comparus pardevant les Conseillers du Roi , Notaires au Châtelet de Paris , soussignez sieur Philippe G   Maître Peintre à Paris , y demeurant rue   Paroisse saint   d'une part. Et Jean P   Menuisier , demeurant Fauxbourg   Paroisse   d'autre part. Lesquels sont convenus ensemble de ce qui ensuit ; C'est à sçavoir qu'encore que par Acte passé pardevant lesdits Notaires soussignez ce jourd'hui , dont il n'y a point de minute , ledit P   ait reconnu que toutes les Marchandises achetées & à acheter, employées, & pour employer à faire de la colle pour les Menuisiers & autres Ouvriers , appartiennent entierement audit G   au moyen de ce qu'il fraye actuellement les deniers pour lesdits achats, & que comme privilegié , il les reprendra quand bon lui semblera , néanmoins les deux tiers de la colle qui sera faite , & les deux tiers du profit & debit d'icelle appartiendront audit P   pour ses peines, soins & fabrications d'icelle , & l'autre tiers audit G   au moyen de ce qu'il a frayé & fraye actuellement tous les deniers qu'il conviendra pour la façon de ladite colle , & reprendra avant le partage , & sur le tout , quand bon lui semblera , les deniers qu'il a avancez & avancera comme dit est, & se sont soûmis & obligez lesdites Parties d'entretenir ces présentes pendant le tems de   années , de ce jour , sans pouvoir s'en déporter , à peine de tous dépens .

dommages,

dommages , & interêts. Promettant , &c. obligeant ,
&c. renonçant , &c. Fait & passé à Paris en l'Etude de
L   l'un desdits Notaires soussignez , l'an mil sept cens
vingt   le   jour d   a   midi. Ledit G
a signé ; & ledit P   a declaré ne sçavoir écrire ni signer , de ce enquis. Ces présentes doubles.

Convention portant Solution d'un Bail à rente , autre Bail à rente & Titre Nouvel.

FUrent présens Magdelaine G   veuve de Jean M
   Cordonnier , demeurant à N   étant de présent à Paris , d'une part. Et Me. Matthieu L   Avocat en Parlement , demeurant rue   Paroisse saint
au nom & comme Procureur de Mre. Louis de C
Confrere de l'Oratoire de Jesus , fondé de sa procuration passée pardevant   &   Notaires au Châtelet
de Paris , le   generale pour les affaires dudit sieur
de C   & speciale à l'effet des présentes , ainsi qu'il
est apparu aux Notaires soussignez par l'original de ladite Procuration à eux representé , & demeuré cy annexé ; d'autre part. Lesquels sont convenus de ce qui ensuit. C'est à sçavoir que ladite veuve M   avant declaré audit sieur L   audit nom , qu'à cause de son
grand âge & infirmités , & étant demeurée veuve depuis
   ans ou environ , elle n'est plus en état de façonner
les vignes qu'elle tient à rente dudit sieur de C   sur
le Terroir dudit N   en sorte que si elle demeuroit
chargée plus long-tems desdites vignes , ledit sieur de C
   courroit risque de perdre sa rente & les arrerages
qui lui sont dûs , ce qu'il pourroit éviter , s'il vouloit
bien la decharger de ladite rente à l'avenir , & reprendre lesdits héritages pour les donner à d'autres , en sorte néanmoins qu'il voulût bien préferer les enfans d'elle
& dudit M   lesquels se chargeroient à l'avenir de ladite rente , même de payer les arrerages échus , & qui
peuvent être dûs jusqu'à présent , d'entretenir lesdites

vignes, en forte que ladite rente y puiffe être aifément perçûe ; à quoi ledit fieur L   inclinant pour ledit fieur de C   lefdites Parties ont confenti refpective-ment par ces mêmes préfentes la nullité & refolution du Contrat de Bail à rente paffé par Dame Diane de B   veuve de feu fieur Jean C   au profit de Jean L   le   de   quartiers de vignes fcis au Terroir de N   lieu d   tenans lors à   d'autre à   par haut fur le chemin de   & par bas fur celui de   lequel Bail à rente Marguerite G   veuve dudit Jean L   a depuis cedé audit Jean M   par Contrat paf-fé pardevant   Tabellion audit N   le   & en conféquence ladite veuve M   demeure dechargée à l'avenir des arrerages de la rente de   livres, à la charge de laquelle lefdits heritages avoient été baillez, fans préjudice de ceux échus du paffé, defquels fera fait compte entre les Parties, comme auffi ladite veuve M

demeure dechargée de toutes les actions qui pour-roient naître en vertu dudit Contrat, comme feroit l'en-tretien des heritages & autres de cette nature, & par ces mêmes préfentes ledit fieur L   audit nom pour fatisfaire à la priere de ladite veuve M   & ne vou-lant retenir la proprieté defdits heritages, mais les faire paffer aux enfans de ladite veuve M   felon fon in-tention, en confideration des augmentations qui peu-vent avoir été faites fur lefdits heritages, reconnoît & confeffe avoir baillé & delaiffé à titre de rente annuelle & perpetuelle du tout, dès maintenant & à toujours à Leger M   Vigneron, demeurant à   & Antoi-ne M   auffi Vigneron, demeurant audit N enfans dudit défunt Jean M   & de ladite G étant de préfent à Paris, à ce préfens & acceptans lef-dits   quartiers de vignes au lieu de   tenant à préfent d'un côté à   d'autre à   par haut au chemin de   & par bas à celui de   le tout ainfi que leurfdits pere & mere en ont joüi, étant en la cenfive des Seigneurs ou Dames dont ils font tenus & vers eux chargez de tels cens & rentes qu'ils peuvent de-

voir , pour tout & fans autres charges , dettes , hypoteques ou redevances , pour en joüir par lefdits Preneurs
comme de chofe à eux appartenante : Ce préfent Bail à
rente, ceffion & tranfport ainfi faits à la charge de payer
lefdits cens & droits Seigneuriaux , tant du paffé qu'à
l'avenir , & outre moyennant le prix & fomme de
livres de rente , qui eft la même pour laquelle lefdits
heritages étoient tenus par ledit défunt M   ladite
rente annuelle, perpetuelle & de Bail d'heritages , que
lefdits L   & Antoine M   ont promis folidairement un feul pour le tout , fans divifion, difcuffion ni
fidejuffion , à quoi ils renoncent , bailler & payer par
chacun an , au Jour & Fête de faint Martin d'hiver audit fieur de C   ou au porteur, &c. dont la premiere
année échera au jour de S.Martin prochain de la préfente
année , & continuer de-là en avant , tant fur lefdits
quartiers de vignes cy-deffus declarez , qui y demeurent fpecialement hypotequez , & qu'ils ont promis
maintenir & entretenir en bon état & valeur ; en forte
que ladite rente y puiffe être valablement prife & per-
çûë, & generalement fur tous les autres biens , meubles
& immeubles defdits Preneurs préfens & à venir, qu'ils
en ont affecté , obligé & hypotequé pour fournir & faire
valoir ladite rente bonne, folvable & bien payable , fans
que les obligations generales & fpeciales dérogent l'une
à l'autre : & quoique ladite rente foit dite annuelle , &
perpetuelle , néanmoins elle demeurera rachetable à la
volonté defdits Preneurs, en baillant & payant la fomme
de   livres en deux payemens égaux chacun de   livres,
avec les arrerages qui feront lors dûs & échus , frais &
loyaux-coûts; comme auffi lefdits LegerM   & Antoine
M   fous la même folidité fe font obligez de payer
audit fieur de C   ou autre pour lui , ce acceptant
par ledit fieur L   les arrerages qui font dûs & échus de
ladite rente, du paffé jufqu'au jour de S. Martin d'hiver
dernier , fuivant le compte , qui en fera fait à l'amiable
entre les Parties: Et par ces mêmes préfentes lefditsLeger
M   & Antoine M   ont reconnu être détempteurs

H ij

& proprietaires de   autres quartiers de vignes, scis
au même lieu   que ceux cy-dessus designez & avec
les mêmes tenans & aboutissans, lesquels ladite Dame
de C   avoit aussi donné à rente à Henry L   par
Contrat passé pardevant   Tabellion à   le   lesquels   quartiers de vignes ont été cedez par Geneviè-
ve D   veuve Baudille C   & Jean C   étant aux
droits dudit Henry L   audit défunt M   & sa femme,
pour au nom & au profit desdits Leger M   & Antoine
M   ainsi que le porte le Contrat de cession & transport passé pardevant   Tabellion audit   le.
sur lesquels   quartiers de vignes, lesdits M   re-
connoissent que ledit sieur de C   & ses freres doivent prendre & percevoir par chacun an   livres de
rente, aussi de Bail d'heritages au Jour & Fête de saint
Martin d'hiver de chacune année : laquelle rente ils s'o-
bligent aussi solidairement sans division, discussion ni
fidejussion à quoi ils renoncent, payer & continuer audit sieur de C   ou au porteur, &c. tant qu'elle aura
cours, tant sur lesdits   quartiers, que sur leurs autres biens, avec l'autre rente de   livres, par chacun an cy-dessus specifiée, qui feront   livres par
chacune année, qu'ils seront obligez de payer sous ladite solidité, sans préjudice des arrerages desdites deux
rentes échus du passé jusqu'au Jour de saint Martin d'hiver, qu'ils s'obligent aussi payer, le tout sans aucune
novation à l'hypoteque des anciens Contrats desdites
rentes : Et attendu que ledit Antoine M   est mineur
de vingt deux ans, ledit Leger M   a promis & s'est
obligé de le faire ratifier, si-tôt qu'il aura atteint l'âge
de majorité, sans que le défaut de ratification puisse nuire ni préjudicier au présent Contrat, & à la solidité y
portée : Car ainsi, &c. & pour l'execution des présentes, lesdits M   ont élû leur domicile irrevocable en
la maison de M^e. R   Procureur au Châtelet, scise ruë
Paroisse saint   Auquel lieu, &c. nonobstant, &c.
promettant, &c. obligeant, &c. solidairement, &c. renonçant, &c. Fait & passé à Paris en l'Etude de

l'un des Notaires foussignez , l'an mil sept cens vingt
le   jour de   a   midi. Et ont signé.

Convention d'un Foßoyeur avec des Marguilliers.

FUrent préfens les fieurs Noël C   Auguftin L
Louis Q   & Jean F   Marchands , Bourgeois
de Paris , au nom & comme Marguilliers de préfent en
charge de l'Oeuvre & Fabrique de l'Eglife Paroiffiale de
faint   à Paris : Lefquels ont reconnu & confeffé
avoir retenu & retiennent par ces préfentes Louis V
demeurant Fauxbourg de   fufdite Paroiffe faint
à ce préfent & acceptant, pour Foffoyeur de ladite Eglife, à commencer du   du préfent mois, tant que ledit V   vivra , en accompliffant & obfervant par
lui les conditions & charges cy-après, qu'il promet executer & accomplir felon & ainfi qu'il enfuit.

Premiérement. Qu'icelui V   fera tenu d'avoir un
bon & fidele Regiftre des Mortuaires, qui furviendront
des perfonnes , pour lefquelles fera par lui fait des foffes pour les enfepulturer au Cimetiere de ladite Eglife ,
pour defdites foffes rendre & tenir compte aufdits fieurs
Marguilliers préfens & avenir , au profit de ladite Oeuvre & Fabrique de   fols pour chacune defdites foffes , tant grandes que petites aux Convois où il y aura
         Prêtres , &   fols pour ceux où il n'y aura que
         Prêtres , & mettre icelui Regiftre ès mains defdits
fieurs Marguilliers de   mois en   mois, outre un
extrait d'icelui qu'il fournira de quinzaine en quinzaine.

Item. Que pour la gloire de Dieu & utilité des Pa-
roiffiens , fera tenu ledit V   d'enterrer & inhumer
tous les pauvres de ladite Paroiffe , & faire les foffes ,
fans pour ce en prétendre , ni demander aucune chofe.

Item. Que s'il avient (ce qu'à Dieu ne plaife) que
la maladie contagieufe foit en cours, & que les mala-

des en decedent, sera auſſi tenu ledit V   d'aller &
tranſporter les corps du lieu où ils feront giſſans, ſi-tôt
& incontinent qu'il en ſera averti par qui que ce ſoit, &
pour cet effet ſe faire affiſter d'hommes neceſſaires, en
ſorte qu'il n'en ſoit fait aucune plainte.

Item. Sera tenu ledit V   de ſonner tous les ſe-
conds & derniers coups, tant de Vêpres & Matines,
qu'Heures Canoniales qui ſe diſent & chantent en ladite Egliſe, ſi-tôt & incontinent que par le Clerc de l'Oeuvre aura été ſonné le premier coup, pour laquelle ſonnerie deſdites Heures Canoniales ſera payé audit V
ainſi qu'il s'eſt pratiqué par le paſſé, la ſomme de
livres par chacun an, qui eſt   livres   ſols, par
chacun quartier.

Item. Sera auſſi tenu ledit V   de carillonner à toutes les bonnes Fêtes, veilles d'icelles, ſonner le Pardon à
midi, & le ſoir par chacun jour de l'année, comme
auſſi carillonner & ſonner les veilles & jours des premiers Dimanches des mois, & quand il y aura Procéſ-
ſion le lendemain & autres Fêtes Doubles où il y aura
accompagnement d'Orgues, les Vêpres du ſaint Sacrement qui ſe diſent par chacun Dimanche, & chacun
Jeudi la Meſſe du ſaint Sacrement, & autres veilles,
jours & octaves du ſaint Sacrement, carillonner tous
les Lundis la Meſſe du ſaint Eſprit conformément à la
fondation faite par Madame le C

Item. De porter ou faire porter la Banniere de ladite
Egliſe aux Proceſſions ordinaires, qui ſe font ſuivant
la coutume, & à celles qui ſe feront d'extraordinaire,
ſans pouvoir pour ce prétendre aucuns ſalaires.

Item. De fermer tous les jours au ſoir à ſept heures,
depuis le premier Novembre juſqu'au premier de Mars,
& ouvrir à ſix heures du matin; & depuis ledit jour
premier de Mars, juſqu'audit jour premier de Novembre à quatre heures du matin & fermer à neuf heures
du ſoir les portes du Cimetiere de ladite Egliſe.

Item. D'écurer ou faire écurer & houſſer ladite Egliſe trois fois l'année, pour les jours & Fêtes de Pâques,

ſaint   Patron de ladite Egliſe, & la Touſſaint.

Item. De ſonner à chacun des Obits fondez par les Bienfaicteurs de ladite Egliſe, moyennant   ſols, pour chacun deſdits Obits où il y aura ſonnerie complet-te, &   ſols pour la demie ſonnerie, qui lui ſeront payez par leſdits ſieurs Marguilliers, à meſure de ladite ſonnerie.

Item. De tinter les Meſſes baſſes pour défunte Marie L   qui ſe celebrent tous les Mardis de l'année ; tous les Mercredis, celles pour défunte Dame Jeanne L & celles des Vendredis, ainſi qu'il eſt porté par les fon-dations deſdites Meſſes.

Item. De ſonner & tinter tous les Sermons, qui ſe diront aux jours de Fêtes & Dimanches, & autres jours pendant l'année, & de carillonner la Fête de Notre-Dame de Pitié.

Item. De monter tous les jours de l'année mener & conduire l'Orloge de ladite Egliſe.

Item. De ſonner les matins les Fêtes des ſix Apôtres, fondées par le ſieur D   conformément à la fon-dation.

A été convenu que ſi ledit V   ne faiſoit pas bien ſon devoir en ladite charge, leſdits ſieurs Marguilliers & leurs Succeſſeurs le pourront mettre hors d'icelle, & s'en pourvoir d'un autre ; comme auſſi ledit V pourra demander la reſolution des préſentes, quand bon lui ſemblera, en avertiſſant leſdits ſieurs Marguil-liers ſix mois auparavant. Cette convention faite moyen-nant la ſomme de   livres par chacun an, outre & pardeſſus ce qui a été cy-deſſus accordé audit V que leſdits ſieurs Marguilliers tant pour eux que pour leurs Succeſſeurs, promettent & s'obligent audit nom bailler & payer audit V   au fur & à meſure qu'il en aura beſoin ; comme auſſi leſdits ſieurs Marguilliers lui ont accordé, une cave, une ſalle baſſe & chambre au deſſus, dependans d'une maiſon appartenante à ladite Fabrique, ſciſe dans ledit Cimetiere de ladite Egliſe, pour ſon logement. Enſemble la permiſſion de mettre

H iiij

par ledit V   autant de chaises dans ladite Eglise ;
que les autres Portes-Verges d'icelle , comme faisant
partie de la présente convention. En considération de laquelle & de ce que dessus accordé audit V   il sera
tenu de sa part , ainsi qu'il s'y oblige de donner par chacun an à ladite Oeuvre & Fabrique ès mains des sieurs
Marguilliers en charge la somme de   livres , par chacun an , outre & pardessus ce qu'il doit donner pour lesdites fosses , & ce de quartier en quartier , chacun de
          livres , à commencer audit jour   du présent
mois. Car ainsi , .&c. promettant , &c. obligeant esdits
noms réciproquement renonçant , &c. Fait & passé à
Paris en l'Etude de   l'un des Notaires soussignez ,
l'an mil sept cens vingt   le   jour d   a
midi. Et ont signé.

Convention portant promesse d'obtenir le Congé d'un soldat.

FUrent présens Pierre B   Carreleur à Paris & Marguerite M   sa femme , qu'il autorise à l'effet
des présentes , demeurans Fauxbourg saint   grande ruë   Paroisse saint   d'une part. Guillaume M   Maître Tourneur en bois , & Magdelaine
C   sa femme , de lui autorisée à l'effet desdites présentes,
demeurans ruë & Paroisse S.   d'autre part. Lesquels
sont convenus & demeurez d'accord de ce qui suit. C'est
à sçavoir , que lesdits B   & sa femme ont promis
& se sont obligez solidairement l'un pour l'autre , sans
division ni discussion , à quoi ils renoncent envers lesdits M   & sa femme , ce acceptant , d'obtenir le
congé du nommé Christophe P   âgé de   ans
ou environ , fils de ladite Magdeline C   & de
Pierre P   Couvreur , son premier mari , engagé avec
Monsieur   Capitaine au Regiment de   &
ce de Monsieur   Colonel dudit Regiment , ratifié dudit sieur   d'hui en   semaines prochai-

hes ; en sorte que ledit Christophe P   n'entre point
en la campagne prochaine pour le service de Sa Majesté,
& lesdits M   & sa femme en cette consideration ,
promettent & s'obligent aussi solidairement comme dessus , de bailler & payer ausdits B   & sa femme , en
leur demeure à Paris ou au porteur &c. lors du four-
nissement du congé dudit P   la somme de
livres , à peine , &c. & s'il arrivoit qu'avec ledit congé
par quelque manque de formalité ou autrement , ledit
P   ne pût avoir sa liberté , qu'après la campagne
prochaine , la présente Convention sera & demeurera de
nul effet , sans aucune formalité de Justice observer
à ce sujet ; car ainsi , &c. Et pour l'execution des présentes , les Parties ont élû leurs domiciles en leurs demeures cy-devant declarées , ausquels lieux , &c. nonobstant , &c. promettant ; &c. obligeant , &c. chacun
en droit soi , solidairement de part & d'autre , renonçans , &c. Fait & passé double à Paris ès Etudes , &c. le
mil sept cens vingt   a   midi. Et ont signé , excepté ladite M   qui a déclaré ne le sçavoir , de ce interpellée.

Convention d'une personne qui s'oblige de
nourrir & entretenir un enfant jusqu'à l'â-
ge de seize ans , pour le revenu de son bien ,
envers une autre personne , qui est son Tu-
teur.

FUt présent sieur Jean L   Maître Vannier-Quin-
caillier à Paris , y demeurant ruë   Paroisse saint
          lequel pour l'amitié qu'il porte à Denis M   son
filleul , âgé de sept ans passez , fils de défunts Gabriel
M   Sous-Entrepreneur du pavé de Paris , & de Marie L   sa femme , ses pere & mere , a promis & s'est obligé envers Martin G   Paveur à Paris , Beau-frere &
Tuteur dudit Denis M   demeurant à Paris , ruë

Paroiſſe ſaint   à ce préſent , de prendre avec lui en
ſa maiſon ledit Denis M   ſon filleul , & de le nourrir & loger, blanchir ſon gros & menu linge , & lui fournir tous ſes entretiens , même l'envoyer aux écoles , &
lui donner l'éducation & l'inſtruction convenable à un
enfant de ſon état, & d'en faire ſon devoir, tant en ſan-
té que maladie, juſqu'à ce que ledit enfant ait atteint l'âge
de ſeize ans accomplis , auquel tems ledit G   ſon Tuteur le fera entrer & engager en quelque profeſſion , le
tout pour & moyennant les fruits & revenus appartenans audit enfant pour ſa portion héreditaire , conſiſtant
en une quatriéme partie ès ſucceſſions de ſes défunts
pere & mere , leſquels fruits & revenus ledit G
audit nom promet payer audit Jean L   tous les
quartiers , à compter de ce jour , parce que dès cedit
jour , ledit enfant eſt entré chez lui , & ainſi continuer
juſqu'à ce que ledit enfant ait atteint le ſuſdit âge de
ſeize ans accomplis : déclarant ledit Jean L   qu'en
paſſant le préſent Acte , il ſçait bien que les revenus dudit enfant ſont fort médiocres , & bien au deſſous de la
valeur deſdits logemens , nourritures , entretien & éducation , mais qu'il s'en veut bien contenter , pour l'a-
mitié , comme dit eſt , qu'il porte audit enfant ſon filleul , auquel il fait remiſe du ſurplus deſdites fournitures au-delà de ſes revenus , ſans pouvoir dans la ſuite ,
en faire aucune demande , ni en former aucune action :
& lorſque ledit Denis M   ſe retirera de la maiſon
dudit Jean L   il remportera tous ſes linges & habits qui ſeront à ſon uſage , & dont il ſe ſervira actuellement , ſans que ledit Jean L   en puiſſe retenir aucune choſe. A ce faire étoit préſente Marie C   femme dudit Jean L   & de lui autoriſée pour l'effet
des préſentes , laquelle a promis & s'eſt obligée pour &
avec ſondit mari ſolidairement à l'execution de la ſuſdite Convention envers ledit enfant , duquel elle promet
auſſi faire ſon devoir pour le même prix & aux ſuſdites
conditions : Car ainſi , &c. promettant , &c. obligeant,
&c. renonçant , &c. Fait & paſſé à Paris és Etudes , &c.

le   mil sept cens vingt   a   midi. Et ont signé.

Convention portant remise d'une partie d'une dette active en faveur d'un Particulier qui en a fait la découverte.

FUrent préfens Claude B   Maître Tailleur d'habits à Paris , y demeurant ruë   de G   Paroiffe   Denis D   auffi Maître Tailleur d'habits à Paris , demeurant ruë   dite Paroiffe , & Jeanne B   fa femme , Charles D   auffi Maître Tailleur d'habits à Paris , demeurant rue   Paroiffe   & Suzanne B   fa femme ; & fieur François C   Bourgeois de Paris demeurant   Paroiffe   & Elizabeth B   fa femme , lefdites femmes autorifées de leurfdits maris à l'effet des préfentes , & lefdits Claude , Jeanne , Suzanne & Elizabeth B   heritiers chacun pour un quart de Salomon B   Tailleur d'habits leur pere , en conféquence de la tranfaction paffée entr'eux pardevant M   &   Notaires à Paris le   lequel Salomon B   étoit feul heritier de Jacques V   auffi Maître Tailleur d'habits, au moyen de l'acquifition qu'il avoit faite des droits fucceffifs de Pierre B   fon frere , qui étoit conjointement heritier avec lui dudit Jacques V   leur Coufin d'une part. Et fieur Nicolas Louis R   Bourgeois de Paris , y demeurant rue   Paroiffe   d'autre part. Lefquels font convenus de ce qui enfuit. C'eft à fçavoir , que pour reconnoître les peines & foins que ledit fieur R   a pris au fujet de la découverte qu'il a faite de deux parties de rentes fur les anciennes Gabelles de France acquifes par ledit V   l'une de 200. livres , & l'autre de 120. livres de rente conftituées le   Juillet 1585. qui ont été fupprimées en l'année   le rembourfement defquelles eft offert par Sa Majefté avec plufieurs années d'arrerages qui en font dûs , & pour engager ; ledit fieur

R   à continuer ſes ſoins , pour faire faire la liqui‑
dation & rembourſement, tant deſdits principaux qu'ar‑
rerages qui ſont dûs, dont ils n'ont eu connoiſſance que
par ledit ſieur R   ils ont au moyen de ce que deſ‑
ſus par ces préſentes abandonné , cedé & transporté au‑
dit ſieur R   ſans néanmoins aucune garantie , le
quart de ce qui reviendra deſdits principaux & arrera‑
ges , à la charge par ledit ſieur R   de faire toutes
les avances , frais & débourſez , ſoit pour lever les pie‑
ces qu'il conviendra , ou autrement pour parvenir auſ‑
dits rembourſemens , leſquels frais ſeront pris & reçûs
par ledit ſieur R   à ſon profit , ſur les premiers de‑
niers qui en proviendront , outre & ſans préjudice du‑
dit quart à lui accordé , à l'effet de quoi leſdits ſieurs &
Damoiſelles héritiers fourniront leurs pieces & quittan‑
ces neceſſaires , pour ſur icelles toucher par ledit ſieur
R   leſdits rembourſemens des arrerages , & ſorts
principaux ; à condition expreſſe que ledit ſieur R
ne pourra délivrer ce qui leur appartiendra à chacun ,
qu'en préſence & du conſentement l'un de l'autre , à la
déduction toutefois deſdits quart & frais , qui auront
été faits comme dit eſt ; car ainſi , &c. promettant , &c.
obligeant , &c. chacun en droit ſoi renonçant , &c. Fait
& paſſé à Paris ès Etudes , &c. l'an mil ſept cens
le   Et ont ſigné , fors leſdits   qui ont décla‑
ré ne ſçavoir ſigner , de ce interpellez.

Convention entre deux Particuliers , portant
que l'un fournira du bled à l'autre , qui lui
donnera la moitié de la recolte qui en pro‑
viendra.

FUrent préſens François H   Marchand, Bourgeois
de Paris , y demeurant   Paroiſſe ſaint   d'une
part. Et Charles D   Laboureur à J   étant de pré‑
ſent à Paris , logé ruë   Paroiſſe   d'autre part.

L Lesquels sont convenus & demeurez d'accord de ce qui suit. C'est à sçavoir, que sur ce qui a été representé par ledit D   audit H   que ne se trouvant point en état à présent d'ensemencer les terres qu'il tient à loyer de plusieurs particuliers au terroir dudit J   à cause de la disette des grains, il auroit prié ledit sieur H de lui vouloir fournir la quantité de   de bled froment, afin d'ensemencer lesdites terres cette présente année, à condition de partager également, & par moitié la recolte qui en proviendra l'année prochaine mil   à quoi ledit sieur H   auroit bien voulu accorder, & de fait le   dernier, auroit fourni & livré audit D   ainsi qu'il le reconnoît, ladite quantité de de bled froment bon, sec, net, loyal & marchand, à l'effet d'ensemencer lesdites terres que ledit D   tient à loyer, lesquelles sont désignées par un état qu'il en a fait, & qui est demeuré à la requisition des Parties, annexé à ces présentes, après avoir été certifié veritable & paraphé, *ne varietur*, dudit D   en présence des Notaires soussignez. Ladite fourniture de grains faite par ledit sieur H   audit D   à condition, comme dit est d'en partager ensemble également & par moitié le produit à la recolte qui en sera faite l'année prochaine; pourquoi est convenu que lesdits grains que produiront lesdites terres ladite année prochaine, seront coupez & liez en gerbes de pareille grosseur aux frais communs desdits sieurs H   & D   qui promettent chacun à leur égard de contribuer moitié par moitié au payement des Journaliers, qui travailleront à ladite recolte, pour ensuite ladite moitié de grains non battus livrée & chariée aux frais & dépens dudit D   dans le lieu & grange, qui lui sera indiqué par ledit H   pourvû toutefois que ce soit dans ledit village de J   & non ailleurs; & outre promet ledit D   audit H de lui faire ladite livraison franche, & quitte de tous droits qui pourroient être dûs, à cause desdites terres, comme loyers dûs d'icelles, tailles & autres generalement quelconques, de tous lesquels droits, si aucuns se

trouvoient lors dûs , il promet acquitter ledit sieur **H**
qui n'en sera tenu en façon quelconque & pour quelque cause & raison que ce soit & puisse être : Car ainsi ,
&c. promettant , &c. obligeant , &c. *Election de domi-*
cile . &c.

Convention portant consentement par un Dé-
biteur à son Créancier , qu'il se rende Adju-
dicataire de biens à lui appartenant , pour
demeurer par lui quitte envers sondit Créan-
cier de ce qu'il lui doit , à la charge par le-
dit Créancier de rendre audit Débiteur le
surplus du prix de ladite adjudication lors
d'icelle.

FUrent présens Damoiselle Marie **D**
veuve de Messire Jacques **D**　　　　　Conseiller
du Roi　　　　　demeurante à Paris rue　　　　Paroisse　　　　d'une part. Et sieur Antoine **F**　　　demeurant à Paris rue　　　　Paroisse saint　　　　d'autre
part. Lesquels sont demeurez d'accord , de ce qui ensuit.
C'est à sçavoir , que ladite Damoiselle Marie **D**
consent & accorde que ledit **F**　　　se rende Adjudicataire du Fief , Terre & Seigneurie de　　　　scis à
ses appartenances & dépendances sur les criées , vente ,
& adjudication par decret , qui s'en sont poursuivies au
Châtelet de Paris , & depuis par évocation aux Requêtes du Palais en conséquence de la saisie réelle , qui en
a été faite le　　　à la Requête de M. Jacques de **C**
sur ladite Damoiselle Marie **D**　　　　à laquelle ledit
Fief appartient , tant de son chef que comme étant aux
droits de Nicolas Claude **D**　　　　son fils seul heritier
par benefice d'Inventaire dudit défunt sieur **D**
son pere par Contrat en forme de transaction passé pardevant **D**　　　& **B**　　　Notaires , le　　　mil

& au moyen des acquifitions , que ledit feu fieur fon
mari & elle depuis fon decès en ont faites , & en vertu
de ladite adjudication , ledit fieur F   fes hoirs &
ayans-caufe joüiffent , ordonnent , faffent & difpofent
dudit Fief , Terre , Seigneurie , fes appartenances & dépendances , même des terres en roture , qui ont été acquifes depuis par ledit F   comme ftipulant pour ladite Damoifelle , fans aucune exception ni referve , dont
entant que befoin eft ou feroit , ladite Damoifelle lui
fait par ces préfentes toute vente , ceffion & délaiffement
neceffaires ; comme auffi lui cede & délaiffe fans garantie tous les droits feigneuriaux & arrerages des Cen-
fives qui peuvent être dûs de refte de tout le paffé jufqu'à préfent , fur les terres , heritages relevans dudit Fief,
enfemble tous les droits , dettes , hypoteques , noms ,
raifons , actions , refcindans & refcifoires qu'elle a &
peut avoir fur lefdits Fief , Terre & Seigneurie , de quelque maniere & à quelque titre que ce foit , fans fe rien
referver , excepter ni retenir , le mettant & fubrogeant
à cette fin en fon lieu & place , droits , hypoteques , &
privileges , & a ledit fieur F   promis & s'eft obligé
de fe rendre adjudicataire dudit Fief , Terre & Seigneurie de   fes appartenances & dépendances , pour
telle fomme qu'il avifera , fans en payer plus ni moins
que la fomme de   à quoi ladite Damoifelle eft
convenuë avec lui pour le prix dudit Fief , Terre , Seigneurie & autres droits cy-deffus cedez , fur laquelle
fomme de   ladite Damoifelle confent que ledit
fieur F   retienne par fes mains celle de
qu'elle lui doit pour le fort principal de   de rente reftant à racheter de   de rente , vendus & conftituez par ladite Damoifelle Marie D   au profit
dudit fieur F   par Contrat paffé pardevant
Notaires le   dont la groffe fera renduë à ladite
Damoifelle , après ladite adjudication faite , avec un
confentement par ledit fieur F   d'en décharger la
minute , & jufqu'à ce que ledit Contrat demeure en fa
force , vertu & hypoteque , & quant aux   de fur-

plus ledit fieur F   promet les payer à ladite Damoifelle auffi-tôt après ladite adjudication faite , laquelle adjudication il promet faire faire inceffamment, & au plûtard dans fix mois d'hui. A été encore convenu que ladite Damoifelle Marie D   ne fera aucunement tenuë ni garante des oppofitions , qui ont été & pourroient être cy-après formées au decret à la requête des Vendeurs dudit Fief ou de leurs Auteurs , mais feulement fera garante des oppofitions, qui y pourroient être formées pour dettes perfonnelles de ladite Damoifelle ou dudit fieur fon fils , defquelles oppofitions elle promet fournir main-levée , en forte que ledit fieur F   n'en fouffre aucun retardement au decret , à peine de tous dépens , dommages & interêts : & fi par le moyen des oppofitions qui pourroient être formées pour dettes perfonnelles de ladite Damoifelle , ou dudit fieur fon fils , il convenoit configner le prix de ladite adjudication , icelle Damoifelle fera tenue d'en acquitter ledit fieur F   & de tous droits d'icelle confignation , comme réciproquement fi le decret devient forcé par le moyen des oppofitions des Vendeurs defdits Fief ou de leurs Auteurs , ledit F   fera tenu de ladite confignation & droits d'icelle , comme auffi s'oblige ledit F   de payer les frais du decret & adjudication , foit qu'il devienne forcé , ou d'en acquitter ladite Damoifelle envers Me. Claude D   Procureur au Châtelet , & ledit fieur de P   même s'oblige ledit fieur F   en faveur du préfent traité , & fans diminution du fufdit prix , de payer en l'acquit de ladite DamoifelleD   & Me. Nicolas D Procureur au Châtelet , tous les frais , falaires & vacations qu'il peut prétendre contr'elle , à caufe du decret d'une maifon qu'elle a vendue audit fieur F   comme ayant occupé pour le nommé C   lors principal Locataire de ladite maifon , & d'en acquitter & indemnifer ladite Damoifelle ; laquelle a encore confenti que ledit fieur F jouiffe de ce jourd'hui dudit Fief , Terre & Seigneurie , & promet de lui fournir & de livrer lors de l'adjudication

tion tous les Contrats, & titres concernant la proprieté du Fief, & ses dépendances pour la poursuite dudit
decret, s'il en avoit besoin ou de partie d'iceux, & ce
sur ces recepissez, & ledit F   a présentement baillé & payé à ladite Damoiselle, qui confesse avoir reçû
de lui la somme de   pour la chaîne du présent
traité, dont &c. quittant, &c. Reconnoissant ledit F
        que ladite Damoiselle lui a présentement passé
une Procuration pardevant les Notaires soussignez, &
dont il est resté minute, à l'effet de poursuivre les Fermiers & Débiteurs dudit Fief, compter avec eux, recevoir, donner quittance : de l'evenement de laquelle
procuration, il promet acquitter & indemniser ladite
Damoiselle, même de lui rendre ce qu'il pourroit recevoir en vertu d'icelle, pour les fermages échus jusqu'à
ce jour, & sans que ledit F   puisse repeter contr'elle aucun remboursement de frais, salaires, vacations, pour lequel il se pourvoira contre ceux, qui en
pourront être tenus, ainsi que pour les dégradations,
qui ont été faites dans ledit Fief & Terres en dépendant
par Louis & Mathurin B   pardevant le Juge des
lieux, qui appartiendront aussi audit sieur F   qui
en poursuivra les restitutions, dommages & interêts,
ainsi que bon lui semblera : Car ainsi, &c. Et pour l'é-
xecution des présentes, les Parties ont élû leurs domiciles irrevocables ès maisons où elles sont demeurantes devant déclarées, ausquels lieux, &c. nonobstant, &c.
promettant, &c. obligeant, &c. renonçant, &c. Fait
& passé à Paris en l'Etude de   l'un des Notaires soussignez, l'an mil   le   Et ont signé.

Convention en forme de Partage d'une somme mobiliaire portant Constitution de rente de ladite somme.

FUrent préfens le fieur Jacques L   Bourgeois de Paris , Damoifelle Marguerite M   fon époufe de lui autorifée à l'effet des préfentes , demeurans ruë   Paroiffe faint   Le fieur Michel D Marchand , Bourgeois de Paris , Damoifelle Agnès M fon époufe , qu'il autorife pareillement , demeurans ruë   Paroiffe faint   & Barthelemy M Ecuyer fieur de   & Dame Marie-Marguerite B   fon époufe , qu'il autorife de même , demeurans ruë   Paroiffe faint   lefdites Damoifelles L   & D   filles de défunt François M   Ecuyer, Chevalier de l'Ordre de   & de Dame Marie C   à préfent fa veuve. Et ladite Damoifelle M fille de défunt André B   Ecuyer , Commiffaire. & de Marie M   fon époufe , auffi fille defdits S & de M   Lefquels fur ce qui a été obfervé que ledit feu fieur D   ayant remis audit fieur L   entr'autres chofes deux petits cabinets avec quatre foucoupes de filagrame , appartenans audit fieur M   pour en procurer la vente la plus avantageufe qu'il fe pourroit , & en remettre la valeur audit fieur D   ou au porteur de fon ordre , auffi-tôt que ledit fieur L   l'auroit reçû , il en auroit donné fa reconnoiffance le   mil   & en conféquence auroit fait tout fon poffible pour fe défaire defdits ouvrages , fans en avoir jamais pû trouver le prix de   livres , du marc péfant , à quoi il avoit été évalué par ladite reconnoiffance , que s'étant paffé un tems confiderable, pendant lequel ce fonds eft refté infructueux, il auroit cru qu'il n'étoit pas prudent d'attendre davantage , ni pouvoir efperer de trouver perfonne , qui fût d'humeur à fe livrer à une dépenfe fi inutile , dans un tems auffi difficile que le tems préfent ;

en forte que le moyen le plus certain pour tirer de cette matiere à peu près fa valeur, auroit été de la fondre; mais comme il y auroit eu beaucoup à perdre, fi l'on l'eût porté en l'Hôtel des monnoyes de Sa Majefté, il fe feroit addreffé à la veuve du fieur M   Marchand Orphevre, avec laquelle il en auroit traité fur le pied de   le marc, qui a produit la fomme de   livres   fols, à la déduction de   livres pour frais, en forte qu'il eft refté   livres   fols, ce que ledit fieur L   a fait de l'agrément defdits fieur & Damoifelle M   & D   auquel fieur M   ladite fomme auroit dû être remife fuivant l'ordre dudit fieur D   dudit jour   mil   pour en compter ainfi que d'autres effets appartenants audit feu fieur M   & à ladite Dame à préfent fa veuve, ou l'employer en acquifition de rentes fur Communautés, ou fur particuliers fuivant l'intention dudit feu fieur M   mais ladite Dame M   ayant depuis la mort dudit feu fieur fon époux écrit une lettre à fes enfans par laquelle elle a declaré confentir que les revenus des effets placez en France, fuffent partagez entr'eux, fçavoir, un tiers à ladite Dame L   un autre tiers à ladite Dame D   & un autre tiers aux enfans dudit fieur D   ce qu'ils ont déja executé par l'Acte qu'ils ont paffé pardevant D   l'un des Notaires fouffignez, & fon Confrere le   mil   ledit fieur L   s'eft retiré vers lefdits fieur & Dame D   fieur & Dame M   pour prendre avec eux des mefures fur l'ufage qui fera fait de ladite fomme de   livres   fols, pour produire un revenu, qui entre dans le partage des effets placez en France; en conféquence les Parties fe font mifes en voye, pour trouver un emploi folide, & s'étant trouvé embarraffé dans le choix, & fur la nature defdits emplois par la circonftance des tems, elles ont cru que ladite Dame M   trouveroit bon que ce fonds reftât en leurs mains, puifqu'ils font fes heritiers naturels, ce qui vaudroit mieux que tous les emplois qu'on pourroit trouver, fans toutefois par eux prétendre abufer de la grace qu'elle leur a faite , & fauf à en ufer autrement , fi elle defire , après qu'ils lui en auront donné avis, à l'effet de quoi pour en quelque façon fe conformer à fon intention, lefdites Parties font convenuës de partager , & elles ont effectivement partagé en trois parties égales ladite fomme de livres   fols , dont lefdits fieurs & Dame M   ont reçû   livres   fols , lefdits fieur & Dame D pareille fomme , & lefdits fieur & Dame L   ont retenu pareille fomme , dont ils fe font chacun à leur égard chargez , & chaque mari avec fon époufe pour fon tiers folidairement , fans divifion ni difcuffion , à quoi ils renoncent , & afin que ce fonds ne demeure pas infructueux , & qu'il produife la même chofe qu'il eût produit , étant placé d'ailleurs chacun d'eux pour fa part, & chaque mari avec fon époufe folidairement comme deffus s'obligent d'en payer la rente au denier vingt , pour être ladite rente mife ès mains dudit fieur M   qui en fera la diftribution , ainfi qu'il fe pratique à l'égard des autres revenus , à la charge par lefdits fieur & Dame L   fieur & Dame D   & lefdits fieur & Dame M de rapporter chacun en droit foi le tiers dudit principal , pour être employé en acquifition de rentes ou heritages en cas que ladite Dame M   le defire , ce qui a été confenti par N. B   demeurant à Paris   Tuteur des enfans mineurs dudit fieur D   & Curateur de ceux qui font émancipez d'âge , & ayant ledit fieur M   reprefenté la reconnoiffance qu'il avoit dudit fieur L   il a été fur icelle fait mention des préfentes , & ladite reconnoiffance à l'inftant remife audit fieur M élifant chacune des Parties leurs domiciles en leurs demeures ci-devant declarées: aufquels lieux, &c. nonobftant , &c. promettant , &c. obligeant , &c. chacun en droit foi , & chaque mari avec fon époufe folidairement, renonçant , &c. Fait & paffé à Paris en l'Etude de   Notaire , l'an mil fept cens   le   Et ont figné.

Décharge d'Emploi à mettre au pied du Contrat qui le promet.

ET le   jour d   mil sept cens vingt   est comparu devant les Notaires à Paris , souffignez, ledit fieur François L   nommé & qualifié au Contrat cy-deffus , & des autres parts écrit. Lequel a dit & déclaré qu'il décharge à pur & à plein Jean M   & Marie T   fa femme , auffi nommez & qualifiez audit Contrat , à ce préfens , du fourniffement de l'Emploi de la fomme de   livres , qu'il leur a prêtée à conftitution de rente par ledit Contrat , fe contentant ledit fieur L   de l'hypoteque generale fur tous les biens defdits M   & fa femme , à lui acquis par ledit Contrat , auquel au furplus n'eft derogé ni innové en façon quelconque. Promettant , &c. obligeant , &c. renonçant , &c. Fait & paffé à Paris en l'Etude de l'un defdits Notaires fouffignez , lefdits jour & an , que deffus. Et ont figné.

Décharge de reſtitution de dot.

FUrent préfens Marie H   veuve en dernieres nôces de Gilles D   Maître Brodeur à Paris , y demeurante ruë   Paroiffe faint   d'une part. Et Philippe B   Compagnon Boutonnier à Paris , y demeurant ruë   fufdite Paroiffe , d'autre part. Lefquels font convenus & demeurez d'accord de ce qui enfuit. Sçavoir , que ladite veuve D   quitte & décharge pleinement & abfolument ledit B   de toutes actions & prétentions qu'elle pourroit prétendre contre lui , fans aucune referve, pour raifon de la reftitution de la dot , par elle donnée à défunte Charlotte D   fa fille , en faveur & par le Contrat de mariage d'entr'elle

& ledit B   attendu que ladite femme est decedée
sans enfans , moyennant la somme de   livres , à
laquelle les Parties sont convenues , sur laquelle somme
ledit B   a présentement payé celle de   livres
à ladite veuve D   ainsi qu'elle le reconnoît & l'en
quitte d'autant , & à l'égard des   livres restans , ledit
B   s'oblige de les lui payer d'hui en   mois prochains , à peine de tous dépens , dommages & interêts ,
& au moyen des présentes ladite veuve D   consent
que ledit B   joüisse , fasse & dispose des biens restez
en commun avec lui & sadite défunte femme , de quelque nature qu'ils soient en toute proprieté , & a ledit B
            élû son domicile en sa demeure cy-devant decla-
rée : Auquel lieu , &ç. nonobstant , &c. promettant ,
&c. obligeant , &c. renonçant , &c. Fait & passé à Paris
en l'Etude de C   Notaire , l'an mil sept cens vingt
            le   jour d   a   midi. Et ont signé.

Décharge particuliere.

FUt présente Dame Françoise P   épouse separée
quant aux biens de M^re. Richard C   Chevalier ,
Seigneur de   demeurante à Paris , ruë Neuve
Paroisse saint   Laquelle reconnoît n'avoir pas payé ,
soit à sa décharge , soit à celle de la Dame de C   sa
sœur , plus que la somme de   livres à Antoine P   sieur
de la B   de laquelle Damoiselle Simone-Françoise
N épouse séparée quant aux biens de , &c. lui a par Acte
passé pardevant les Notaires soussignez , ce jourd'hui tenu compte , & la lui a déduit sur la somme de   livres , principal de   livres de rente qu'elle lui doit ,
par Contrat datté audit Acte , en sorte que tels billets ,
ou quittances , qui pourroient se trouver , elle renonce
à s'en pouvoir servir , comme ne composant toujours que
ladite somme de   livres. Promettant , &c. obligeant , &c. renonçant , &c. Fait & passé à Paris
&c.

Décharge de pieces & procedures à un Procureur.

PArdevant les Conseillers du Roi, Notaires à Paris, soussignez ; fut présente Nicolle R   veuve de Simeon B   demeurante   Laquelle reconnoît, que Mᵉ. André le R   Procureur au   y demeurant ruë   à ce présent, lui a rendu & délivré generalement toutes les pieces & procedures qu'il avoit en sa possession à elle appartenant, comme ledit sieur le R   subrogé à la pratique de feu Mᵉ. Claude V aussi Procureur au   à qui elles avoient été mises tant par défunt M. Simon R   Bourgeois de Paris, son pere, qu'autres, qui sont grosse d'Inventaire, partages, Acte de tutelle, avis de parens, Contrat de mariage & plusieurs dossiers concernant plusieurs pieces & instances, qui est tout ce que ledit sieur le R avoit en ses mains, ainsi qu'il l'a déclaré ; de toutes lesquelles pieces ladite B   est contente, en quitte & décharge ledit sieur le R   & tous autres, & de toutes choses generalement quelconques, comme aussi ledit sieur le R   quitte & décharge de sa part ladite B   de toutes choses generalement quelconques, tant pour frais par lui & ledit défunt sieur B faits, deniers avancez qu'autrement. Promettant, &c. obligeant, &c. renonçant, &c. Fait & passé à Paris ès Etudes, &c. l'an mil   Et ont signé.

Déclaration d'une rente sur la Ville au profit d'un tiers.

FUt présent sieur Alexis T   Bourgeois de Paris y demeurant ruë   Paroisse saint   Lequel déclare de bonne foi qu'il n'a & ne prétend rien aux livres de rente, au principal de   livres, qui lui

viennent d'être conſtituées par Meſſieurs les Prevôt des
Marchands & Échevins de cette ville de Paris par Contrat paſſé devant L   & Y   Notaires, ce jour-
d'hui à prendre ſur les Aydes & Gabelles de France , &
que l'acceptation qu'il en a faite, n'a été que pour faire
plaiſir & prêter ſon nom à Gervais M   Receveur
du Domaine à Melun , des deniers qu'il lui avoit mis ès
mains , à cet effet il a fourni au Treſor Royal le principal de ladite rente , le   Decembre mil   lui
en faiſant à cet effet toutes déclarations neceſſaires, pour
par ledit ſieur M   ſes hoirs & ayans cauſe joüir ,
faire & diſpoſer de ladite rente en principal & arrerages , comme de choſe leur appartenant , à l'effet de
quoi il pourra retirer la groſſe dudit Contrat. Promettant , &c. obligeant , &c. renonçant , &c. Fait & paſſé à
Paris ès Etudes des Notaires ſouſſignez , l'an mil
le   Et a ſigné.

Déclaration par le Créancier d'une rente au profit du Débiteur d'icelle.

AUjourd'hui eſt comparu pardevant les Notaires à
Paris ſouſſignez , ſieur Gilles L   Bourgeois
de Paris , y demeurans ruë   Paroiſſe ſaint
Lequel a reconnu & déclaré n'avoir & ne prétendre aucune choſe aux   livres de rente , au principal de
livres , qui lui ont été conſtituez par André D
Ecuyer , Seigneur de   & autres lieux , au
nom & comme Tuteur de Michel D   Ecuyer ſon
fils , & en conſéquence de l'avis des parens dudit mineur omologué par Acte datté , mentionné & annexé à
la minute du Contrat de ladite conſtitution paſſée pardevant leſdits Notaires ſouſſignez ce jourd'hui ; & que
leſdits   livres de rente, ſont & appartiennent audit ſieur D   pere en ſon nom , qui avoit avant la
paſſation dudit Contrat , fourni & mis ès mains dudit
C   ladite ſomme de   livres , principal de la-

dite rente, n'ayant ledit sieur L   accepté ledit Contrat, que pour faire plaisir & prêter son nom audit sieur
D   Partant il lui fait par ces présentes toutes déclaration, cession & transport necessaires, sans garantie
desdits   livres de rente, ce fait en la présence dudit sieur D   demeurant ordinairement en sa Terre de   étant de présent à Paris, logé ruë
Paroisse   pour ce présent, lequel reconnoît avoir
en sa possession la grosse dudit Contrat de constitution,
de l'évenement duquel il promet acquitter, garantir &
indemniser ledit sieur L   par les mêmes voyes
qu'il pourroit en être tenu : à peine, &c. Et pour l'execution des présentes l'edit sieur D   a élû son domicile en la maison où il est logé présentement : Auquel
lieu, &c. nonobstant, &c. promettant, &c. obligeant,
&c. renonçant, &c. Fait & passé à Paris ès Etudes, &c.
l'an mil   le   jour d   Et ont signé.

Déclaration sous condition.

FUt présent André B   Menuisier, demeurant
à   proche   de présent à Paris ; Lequel
a reconnu qu'encore que par l'Acte de convention fait
entre lui, Charles C   & Madelaine L   sa
femme, pardevant   & son Confrere Notaires, ce
jourd'hui, lesdits C   & sa femme, ayent reconnu
avoir reçû de lui trois cens quatre livres dix sols, pour
les causes y portées ; néanmoins la verité est que le prix
sérieux n'est que de deux cens livres, que desdits deux
cent livres, il n'en a payé que cent livres : lesquels cent
livres lesdits C   & sa femme, elle de lui pour ce
présent autorisée, demeurans ruë   Paroisse saint
        promettent & s'obligent de rendre & restituer
audit B   faute par eux de le mettre en possession pai-
sible de la maison mentionnée dans ledit Acte de cedit
jour dans le tems y porté, dans lequel tems & ledit B
        étant en possession paisible de ladite maison, il pro-

met & s'oblige envers lesdits C   & sa femme, de
leur payer les cent livres restans au même instant de ladite possession, à peine de tous dépens, dommages &
interêts, élisant les Parties leurs domiciles où elles demeurent : Auxquels lieux, &c. nonobstant, &c. promettant, &c obligeant, lesdits C   & sa femme
solidairement renonçant, &c. Fait & passé à Paris ès
Etudes, &c. l'an mil sept cens vingt   le   Et ont
signé ces présentes doubles, fors ladite femme C
qui a déclaré ne sçavoir écrire ni signer, de ce en-
quise.

Déclaration en interpretation d'un Acte portant Renonciation à une Succession.

AUjourd'hui sont comparus pardevant les Conseillers du Roi, Notaires au Châtelet de Paris, soussignez Messire Pierre P   Chevalier Seigneur de L
& Dame Anne-Geneviéve de F   son épouse, qu'il
autorise à l'effet des présentes, demeurans à Paris rue
          Paroisse saint   Lesquels ont dit & déclaré, qu'-
encore que par Acte d'emancipation du   dernier,
ils ayent mis hors de leurs puissances paternelle & ma-
ternelle, Damoiselle Anne-Geneviéve P   leur fille,
à l'effet d'apprehender la succession de feu Messire Nicolas de F   Chevalier, Seigneur Marquis de R
& par cet Acte entendu renoncer à ladite succession, néanmoins en tant que besoin est ou seroit, & pour satisfaire à l'Arrêt du Conseil, qui leur a été signifié à la Requête du sieur   ils déclarent qu'ils renoncent d'a-
bondant par ces présentes à ladite succession, pour les
causes & raisons qu'ils déduiront en tems & lieu, jurant
& affirmant en leurs ames & consciences, n'avoir pris
ni apprehendé aucuns biens d'icelle : Et pour faire signifier ces présentes à qui il appartiendra, ils constituent
leur Procureur le porteur, &c. auquel ils donnent pou-

voir, & d'en requerir Acte. Promettant ,&c. obligeant, &c. renonçant , &c. Fait & paſſé à Paris ès Etudes , &c. l'an mil ſept cens vingt   le   Et ont ſigné.

Déclaration d'une Obligation au profit d'un tiers.

PArdevant les Conſeillers du Roi , Notaires à Paris ſouſſignez , fut préſent Mᵉ. Antoine A   Bourgeois de Paris , y demeurant rue   Paroiſſe ſaint Lequel a dit & déclaré que l'obligation de la ſomme de   livres , qui a été ce jourd'hui paſſée au profit dudit A   par Haute & Puiſſante Dame , Dame Marguerite-Thereſe de B   veuve de Haut & Puiſſant Seigneur , Meſſire Guillaume de B   Marquis de V   Très-haute & Très-puiſſante Dame , Dame Madelaine - Diane de B   de V   veuve d'E   & M. Theopharte D   Conſeiller du Roi aux Eaux & Forêts de la Table de marbre de   comme Procureur de Haut & Puiſſant Seigneur , Meſſire Guillaume de B   Chevalier Comte de S   par procuration demeurée annexée à la minute d'un Contrat de conſtitution paſſé devant R   & ſon Confrere , Notaires le   & qui devoit être employée avec autres deniers à la conſignation du prix en entier de l'adjudicat on faite à madite Dame Ducheſſe de E   des Terres de C   I   leurs circonſtances & dépendances par l'Arrêt datté & énoncé en ladite obligation paſſée pardevant L   l'un des Notaires ſouſſignez & ſon Confrere auſſi Notaire ledit jour, eſt & appartient à M. Jacques Ennemond T   ſieur D   & Conſors intereſſez aux conſignations , qui lui avoient mis ladite ſomme ès mains à l'effet de ladite obligation, en l'acceptat on de laquelle il n'a fait que prêter ſon nom pour leur fai e plaiſir ; c'eſt pourquoi il fait de ladite obligation en tout ſon contenu toute déclaration , ceſſion & tranſport neceſſaires audit ſieur D   & Conſors , ce acceptant par ledit ſieur D   pour ce préſent comparant ,

demeurant   fans néanmoins de la part dudit fieur
A   aucune garantie , reſtitution de deniers , ni recours quelconques , finon de ſes faits & promeſſes ſeulement , & à la charge par ledit fieur D   & Conſors
d'acquitter , garantir & indemniſer ledit fieur A
de tout evenement au ſujet de ladite obligation & dépendances : Car ainſi a été convenu entre les Parties ,
promettant , &c. obligeant , &c. renonçant , &c. Fait
& paſſé à Paris en l'Etude dudit L   Notaire , l'an
mil   le   jour d   a   midi. Et ont ſigné.

Déclaration par un Particulier , que toutes les
Marchandiſes qu'il a , appartiennent à un
autre , qui lui a fourni des deniers pour l'a-
chat d'icelles .

JEan P   demeurant   reconnoît de bonne foi,
que toutes les marchandiſes qui ſont en ſa maiſon ,
qu'il employe actuellement pour faire de la colle forte
à l'uſage des Menuiſiers & d'autres perſonnes de vacations , ſont ainſi que toute ſa colle , & appartiennent de
même que toutes les marchandiſes & colles , qu'il fera
d'icelles cy-après , à Philippe G   Maître Peintre à
Paris , pour lui avoir fourni & fournis encore actuellement les deniers pour les achats deſdites marchandiſes ;
C'eſt pourquoi quand il plaira audit G   il re tirera
& reprendra toutes leſdites marchandiſes & colles , comme lui appartenans par privilege à tous autres ; attendu que l'achat en eſt fait de ſes propres deniers. Promettant , &c. obligeant , &c. renonçant , &c. Fait &
paſſé à Paris ès Etudes , &c. l'an mil ſept cens
le   Et a ſigné.

Déclaration d'un Cessionnaire à son Cedant.

AUjourd'hui est comparu pardevant les Notaires à Paris soussignez , Jean-Imbert D   Bourgéois de Paris , y demeurant   Lequel a déclaré & reconnu qu'encore que par le transport à lui fait par Anne de la B   de la somme de   livres, à prendre sur le sieur Comte de B   suivant son obligation enoncée audit transport passé devant M   & son Collegue Notaires le   mil   il paroisse avoir été fait , pour demeurer quitte de pareille somme de   livres, qu'elle devoit audit sieur D   pour marchandises qu'il lui avoit fournies : néanmoins la verité est que ledit sieur de la B ne lui devoit pour lors , & ne lui doit à présent que la somme de   livres tant pour fournitures & façons d'habits que pour argent prêté, c'est pourquoi ledit sieur D s'oblige de tenir compte audit sieur de la B   de l'excedant de la somme de   livres , lorsqu'il aura touché entierement le contenu audit transport , & encore à la déduction des frais qu'il a avancé du passé , & qu'il avancera à l'avenir , pour avoir le payement de ladite somme , lesquels frais à telles sommes qu'ils puissent monter, ledit sieur de la B   pour ce présent & Comparant logé à Paris ruë   Paroisse saint   s'oblige de tenir compte , & déduire audit sieur D   sur ledit excedant , & ne pourra ledit sieur Compte de B en vertu des présentes payer audit sieur de la B   ledit excedent qu'il ne lui apparoisse préalablement la quittance de frais payez audit sieur D   Car ainsi , &c. Et pour l'execution des présentes lesdites Parties ont élû leurs domiciles en leurs demeures ci-devant declarées ; Ausquels lieux , &c. nonobstant , &c. chacun en droit soi renonçant , &c. Fait & passé à Paris ès Etudes , &c. le

Déclaration par un mari au profit de sa femme, consentant qu'il lui soit constitué, & qu'elle joüisse d'une rente sa vie durant.

AUjourd'hui est comparu , &c. Lequel ayant fourni au Trésor Royal le　　une somme de　　livres , dont lui a été expedié une quittance de finance, pour l'acquisition de　　livres de rente , sur les Aydes & Gabelles à prendre dans les　　millions de livres créez par Edit du mois d　　sur une ampliation de laquelle quittance il doit être expedié un Contrat particulier & separé de la rente hereditaire , qui sera de pareille somme de　　livres de rente la vie durant de celui à qui la constitution en doit être faite , & qui peut être passé sous tel nom que bon semble audit　　suivant la permission portée par ledit Edit : a consenti que ledit Contrat de la rente viagere soit par Messieurs les Prevôt des Marchands & Echevins de cette Ville, passé au nom & au profit de Marie　　femme dudit　　à laquelle ladite rente viagere appartiendra , & qui en recevra les arrerages , & signera les quittances , même du vivant dudit sieur　　qui à cet effet l'autorise irrévocablement, & en cas qu'il la predécede elle en fera & disposera , comme à elle appartenant , sans être tenuë à aucun remplacement ni recompense, ainsi qu'il est porté par ledit Edit. Dont , &c. Acte , &c. Fait & passé , &c.

Nota. *Ce qui suit se met dans le Contrat.*

Après que ladite Acquereure susnommée a fait apatoir du consentement que ledit sieur　　son mari a donné en sa faveur , pour la création de la rente cy-après , par Acte passé pardevant les Notaires soussignez, dont l'original a été annexé à ces présentes avec l'ampliation de ladite quittance de finance signée　　Garde des Registres du Contrôle general des Finances

A Marie femme dudit　　de lui autorisée par ledit Acte de consentement , demeurante ruë　　&c.

*Déclaration par un Particulier , comme les de-
niers qu'il a portez au Tresor Royal , pour
faire sous son nom l'acquisition d'une rente
sur la Ville , est pour un autre Particulier.*

AUjourd'hui est comparu devant les Conseillers du
Roi , Notaires , &c.　　　Messire Claude-Augus-
tin T　　　(*de telle qualité*) demeurant à Paris ruë
Lequel volontairement a déclaré que les　　　　livres,
qu'il vient de porter présentement au Tresor Royal de
Sa Majesté entre les mains de Monsieur de T
Garde d'icelui, pour lui être constitué par Messieurs les
Prevôt des Marchands & Echevins de cette Ville
livres de rente au denier　　　sur les Aydes & Gabelles
de France , sont & appartiennent à Noble homme Thomas T　　　pour les avoir fournis de ses deniers entre
les mains dudit sieur T　　　pour faire en son nom l'acquisition de ladite rente , de laquelle il fait par ces présentes toute déclaration requise & necessaire audit sieur
T　　　pour par lui ses hoirs & ayans-cause joüir , faire
& disposer de ladite rente en principal & arrerages ,
comme de chose à eux appartenante , promettant ledit
sieur T　　　de réïterer la présente déclaration si-tôt
la passation dudit Contrat de constitution , ce qui a été
accepté par ledit sieur T　　　demeurant à Paris
pour ce présent. Promettant , &c. obligeant , &c. renonçant, &c. Fait & passé à Paris en l'Etude de C
Notaire , l'an mil　　　&c.

Réïteration de la Déclaration cy-dessus.

AUjourd'hui est comparu devant les Notaires au
Châtelet de Paris soussignez le sieur Claude Augustin T　　　nommé en la déclaration de l'autre part ,

lequel en la réïterant & confirmant a d'abondant & de
nouveau déclaré que les   livres de rente, qui lui ont
été ce jourd'hui conftitué fur les Aydes & Gabelles par
Mrs. les Prevot des Marchands de cette Ville, par Contrat
paffé pardevant les Notaires fouffignez, appartiennent audit fieur Thomas T   pour avoir fourni de fes deniers
les   livres, principal de ladite rente, pour par lui
fes hoirs & ayans-caufe en joüir, faire & difpofer, tant
en principal qu'arrerages, comme de chofe lui appartenante, lui en faifant tant que befoin eft ou feroit toute
ceffion, tranfport & déclaration neceffaires : Ce qui a
été accepté par ledit fieur Thomas T   nommé &
qualifié en ladite déclaration des autres parts, pour ce
préfent, qui reconnoît avoir en fa poffeffion la groffe en
parchemin dudit Contrat de conftitution, dont il décharge ledit fieur T   Promettant, &c. obligeant,
&c. renonçant, &c. Fait & paffe à Paris ès Etudes,
&c. l'an mil fept   le, &c.

Déclaration fous feing-privé par un Particu-
lier, que l'adjudication à lui faite à la Bar-
re de la Cour, comme plus offrant & dernier
Encheriffeur, d'une maifon & héritages, eft
pour & au profit d'un autre Particulier.

JE fouffigné Simon G   déclare que l'adjudication à moi faite fous le nom de Me. Pierre M
Procureur au Parlement, porteur de mon pouvoir, à
la Barre de la Cour ce jourd'hui Mercredi   Août mil
     du matin levée de l'Audience, comme plus of-
frant & dernier Encheriffeur, après trois publications,
en la maniere accoutumée, pardevant Meffire Thomas
D   Chevalier, Confeiller du Roi en fa Cour de
Parlement, & Grand'Chambre d'icelle, Commiffaire,
Deputé par ladite Cour, en préfence de Me. Pierre D
     Confeiller du Roi, Subftitut de M. le Procureur
     Général

Géneral & de Me. D   Greffier Plumitif de l'Audience de la Grand'Chambre, en vertu des Lettres Patentes du Roi en forme d'Edit du mois de   mil
       regiſtrées au Parlement le   ſuivant, accordées à
Meſſieurs les Gouverneurs & Adminiſtrateurs de l'Hôtel-Dieu de   dont l'exécution auroit été ordonnée
par Arrêt du   Fevrier mil   d'une maiſon ſciſe au
Village de   *(On met en cet endroit les appartenances*
dépendances, & les tenans & aboutiſſans; & puis l'on
dit) Le tout moyennant le prix & ſomme de
livres, & aux charges, clauſes & conditions portées aux
Procès verbaux de criées & affiches deſdits heritages:
Eſt, pour & au profit de M   à ce préſent & acceptant, auquel je n'ai fait en cela que prêter mon nom,
lui faiſant à cet effet en tant que beſoin eſt ou ſeroit, toute
ceſſion, tranſport & déclaration neceſſaires de ladite adjudication en tout ſon contenu circonſtances & dépendances, le mettant & ſubrogeant en mon lieu & place, droits,
noms, raiſons, actions, privileges & hypoteques reſultans
de ladite adjudication, comme principal Adjudicataire
ſans aucune reſerve, n'y prétendant à mon égard choſes
quelconques, pour par mondit ſieur   joüir, faire & diſpoſer deſdits biens en toute propriété, comme de choſe lui
appartenante au moyen des préſentes, que je promets réïterer pardevant Notaires, ſi-tôt la délivrance qui me ſera faite du decret de ladite adjudication. Fait à Paris le
      après midi.

Reconnoiſſance pardevant Notaires de la Dé-
claration précedente, & réïteration
d'icelle.

AUjourd'hui eſt comparu devant les Notaires à Paris, souſſignez, ledit ſieur Simon G   dénom-
mé en l'écrit ſous ſignatures privées cy-deſſus & de l'autre part, d'une part : & ledit ſieur   auſſi y denom-

mé , d'autre part.　　　　Lesquels ont reconnu avoir par ledit sieur G　　　écrit puis signé chacun de leurs signatures ordinaires & accoutumées ledit écrit cy - dessus & de l'autre part, qu'ils ont dit contenir verité ; & au desir d'icelui ledit sieur G　　　　a réïteré la déclaration y portée en faveur dudit sieur　　　ce acceptant ; & déclarant en outre ledit sieur G　　　　que c'est des propres deniers dudit sieur　　qu'il a payé , sçavoir , entre les mains de M　　Receveur de l'Hôtel-Dieu , la somme de　　　livres , prix principal des biens specifiez audit écrit , suivant la quittance qu'il en a retirée ; plus les frais de criées , poursuites & procedures concernans le decret de l'adjudication en question à lui délivrée le　　　Plus les droits seigneuriaux , insinuations & autres frais & deboursez qu'il a convenu faire : Ce faisant ledit sieur G　　a présentement délivré & mis ès mains dudit sieur　　　la grosse en parchemin dudit Decret, dûment signé , scellé , insinué & ensaisiné , l'original de ladite quittance de　　　livres & autres pieces & procedures dépendantes de ladite adjudication , dont ledit sieur　　　quitte & décharge ledit sieur G　　qu'il promet de garantir & indemniser envers & contre tous de tous evenemens à ce sujet. Promettant , &c. obligeant , &c. renonçant , &c. Fait & passé à Paris en la maison dudit sieur　　　susdéclarée l'an mil　　&c.

Déclaration & Décharge que l'on met en marge
d'un Contrat ou Acte remboursé.

LE contenu au présent Contrat (*ou*) Etat a été payé & acquitté au moyen de la quittance passée devant Nous Notaires à Paris soussignez , ce jourd'hui
d　　mil

Déclaration de Maison par les Proprietaires d'icelle, passée au Terrier du Seigneur Censier d'où elle releve.

Nota. Quand cette Déclaration se passe ensuite d'autres déja faites par d'autres detempteurs, à un même Terrier, elle doit commencer comme il suit.

ET le   jour de   mil   sont comparus pardevant les Notaires, &c.

Et si elle est par Acte séparé, on met.

Aujourd'hui sont comparus pardevant les Notaires à Paris soussignez : *Mettre en cet endroit les noms, surnoms, qualitez & demeures des Detempteurs, & puis dire après.* Lesquels ont reconnu & confessé être Détempteurs, & Proprietaires d'une maison à porte cochere. *Mettre ici les tenans & aboutissans, & ensuite dire :* Appartenante ausdits sieurs reconnoissans ; sçavoir moitié, &c. *Mettre ici le détail de la proprieté, & puis dire après :* Etant ladite maison en la Censive de M   & chargée vers ledit   de   deniers Parisis de cens par chacun an, lequel cens portant lots, vente, saisine & amende, quand le cas y échet lesdits reconnoissans, ont promis bailler & payer par chacun au au jour de   à la recette génerale dudit   Procureur ou au porteur, &c. tant & si long-tems qu'ils seront Détempteurs & Proprietaires de ladite maison, partie ou portion d'icelle. Promettant, &c. obligeant, &c. renonçant, &c. Fait & passé à Paris ès Etudes, &c.

*Déclaration en forme de Titre nouvel, & Recon-
noissance par un Proprietaire d'une Maison
des cens & rentes, que ladite Maison doit
aux Dames, dont elle releve.*

FUt présent Messire François H   demeurant
Paroisse saint   Lequel a reconnu & confessé être
Proprietaire & Détempteur d'une maison à deux corps
de logis, scise en cette ville de Paris, ruë de   sur
gravois, faisant la premiere encoignure de la ruë de
      consistante ladite maison par bas, en caves, deux
boutiques, l'une dans ladite ruë   & l'autre dans le
coin de ladite ruë de   une salle sur le derriere de
chacune desdites boutiques, escalier à vis entre lesdites
deux boutiques, pour conduire à   étages, dont ladite maison est composée, dont   contiennent chacun   chambres de plein pied &   greniers au-dessus, le tout couvert de thuiles, avec ses autres appartenances & dépendances; tenant la totalité de ladite maison d'un côté par ladite rue de la   à une maison appartenante à   d'autre sur ladite ruë   à une autre
maison appartenante à   & pardevant ausdites rues
de   & de   appartenant audit sieur reconnoissant
comme Légataire universel, *(ou)* comme Donataire universel entre vifs de défunt   son frere, suivant le
Contrat passé pardevant   &   Notaires à Paris
le   insinué le   auquel défunt   ladite maison
& dépendances appartenoient au moyen de l'adjudication qui lui en a été faite par Sentence de decret du Châtelet de Paris du   comme plus offrant & dernier
Encherisseur de ladite maison saisie réellement à la Requête de François H   Marchand, Bourgeois de la
Ville de   sur Jean François C   Curateur créé
par Justice à la succession vacante de défunt Clement
C   Marchand à   ladite Sentence de decret ensai-

finée en marge par   Prieure & Religieufes du Couvent Royal des Filles   Ordre de   le   étant ladite maifon & fes dépendances en la Cenfive des Dames Prieure & Religieufes dudit Couvent Royal des
Filles   fondée ruë   comme Dames directes, Cen-
fieres & foncieres de ladite   fur gravois , en laquelle
Cenfive elles ont été maintenues par Arrêt du Confeil
d'Etat du Roi du   & chargée vers elles de   fols
de cens & redevances feigneuriales par chacun an, payables au jour de faint   portant lods , ventes , faifine
& amende quand le cas y échet, lefquels   fols de
cens & redevances feigneuri les , ledit fieur   reconnoiffant, promet & s'oblige de bailler , payer & continuer aufdites Dames Religieufes en leurdit Couvent ,
Procureur ou au porteur , &c. par chacun an audit jour
faint   tant & fi long-tems qu'il fera Proprietaire ,
& Poffeffeur de ladite maifon , à peine de l'amende ,
fuivant la coutume : Promettant , &c. obligeant , &c.

Déclaration d'une perfonne qu'elle a changé fon nom , pour des raifons particulieres.

AUjourd'hui eft comparue pardevant les Confeillers
du Roi , Notaires au Châtelet de Paris , fouffignez , Damoifelle Judith L   fille majeure , ufante
& joüiffante de fes biens & droits , démeurante à Paris
ruë   Paroiffe faint   giffante au lit malade en
la   chambre de la maifon dont eft principal Locataire le fieur M   Marchand Tapiffier , faine toutefois d'efprit , mémoire & entendement ainfi qu'il eft
apparu aufdits Notaires fouffignez , par fes paroles &
maintien. Laquelle a dit & déclaré que pour des caufes
& raifons particulieres à elle feule connues , & qu'elle
n'a voulu être ici expliquées , elle a depuis   ans ou
environ changé fon nom en celui de Mademoifelle D
        fous lequel elle a été & eft actuellement connuë ;
que néanmoins fon veritable nom eft celui de Judith

L   r'elle eſt fille de défunt ſieur Jean L
Marchand Orphevre en la Ville de   & d'Elizabeth
T   ſa femme, ſes pere & mere, qu'elle eſt âgée
d'environ   ans, étant née au mois de   de l'année mil   que ſes ſeuls & uniques héritiers préſomp-
tifs ſont Nicolas L   Marchand Orphevre Joyallier
à Paris, y demeurant ruë   Paroiſſe ſaint
ſon frere, & Damoiſelle Marie-Anne L   ſa niece,
par répreſentation de défunt ſieur Pierre L   ſon pere,
auſſi frere de ladite Damoiſelle Comparante, dont &
de tout ce que deſſus, elle a requis & demandé Acte
auſdits Notaires ſouſſignez, qui lui ont octroyé le préſent, pour lui ſervir & valoir en tems & lieu, & à qui
il appartiendra, ce que de raiſon. A Paris en la demeure de ladite Damoiſelle L   ſuſ-deſignée, l'an mil
ſept cens vingt   le   jour d   ſur les   heures d   Et a ſigné.

Délegation des loyers d'une maiſon aux Ouvriers qui l'ont bâtie.

FUrent préſens Me. Jean-Baptiſte F   Procureur au
Châtelet de Paris, y demeurant ruë   Paroiſſe
ſaint   au nom, & comme fondé de procuration ſpeciale à l'effet des préſentes, de Damoiſelle Henriette C
veuve de Jean B   Bourgeois de Paris, laquelle
eſt demeurée annexée à ces préſentes : & Damoiſelle
Marie B   fille majeure, uſante & joüiſſante de ſes
biens & droits, demeurante à Paris ruë   quartier
          Leſquels ont déclaré que par leur ordre, & en exe-
cution d'une Sentence renduë au Châtelet de Paris le
          jour d   mil   entre ladite veuve B   ledit
Me. F   fondé du pouvoir de ladite Damoiſelle B
d'une part; & Claude G   d'autre, & en conſéquence du rapport de viſite, priſée & eſtimation des reparations à faire en la maiſon cy-après déclarée, faite par
A   Juré-Expert nommé par les Parties le   jour

de   mil   icelles réparations ont été   s en une
maifon fcife à Paris, ruë   Paroiffe faint   où eft
demeurant ledit G   Maître Serrurier, fur laquelle ladite veuve B   a droit de recevoir par chacun an la
fomme de   livres fa vie durant, pour le doüaire à
elle accordé par ledit défunt B   fon mari, par leur
Contrat de mariage paffé devant X   & Y   Notaires à Paris le   jour d   mil   lefdits   livres de doüaire au principal de   livres, ftipulé propre à ladite veuve B   pour laquelle fomme les cinq
parts de ladite maifon, lui appartiennent en conféquence d'un Arrêt contradictoire rendu contre les Créanciers
dudit défunt Jean B   au rapport de Monfieur H
Confeiller en la Grand'Chambre du Parlement de Paris,
le   jour d   mil   lefquelles réparations faites
à ladite maifon montent en totalité à la fomme de
livres   fols   deniers, fçavoir   livres   fols,
pour la maçonnerie faite par Sylvain P   Maître
Maçon à Paris, y demeurant rue   Paroiffe   livres
fols   deniers, pour les ouvrages de charpente-
rie faits par Nicolas C   Charpentier à Paris, y demeurant rue   Paroiffe   livres   fols, pour les
ouvrages de couverture faits par Gilles L   Maître
Couvreur de maifons à Paris, y demeurant rue
Paroiffe de   livres   fols; pour la menuiferie faite par Robert V   Maître Menuifier à Paris, y demeurant rue   Paroiffe faint   & celle de   livres   fols   deniers; pour les ouvrages de ferrurerie
faits par ledit G   Maître Serrurier, demeurant fufdite rue   en ladite maifon : Revenant toutes lefdites
fommes enfemble à celle fufdite de   livres   fols,
dont lefdits Ouvriers cy-deffus nommez ont chacun fourni leurs Mémoires féparement reglez & arrêtez à l'a-
miable du confentement des Parties par fieur Jean-Bap-
tifte Q   Ingenieur du Roi, dont elles font refpectivement contentes, lefquels Mémoires ont étéà la requifition des Parties préfentement paraphez doubles par les
Notaires fouffignez; Lefquels fieur F   audit nom,

& Damoiſelle B   pour faciliter le payement de la totalité deſdites réparations, ont conſenti & conſentent par
ces préſentes que leſdits ſieurs Ouvriers cy-deſſus nommez, les touchent & reçoivent au prorata de leur dû au
ſol la livre ſur les loyers de ladite maiſon par les mains
dudit G   principal Locataire d'icelle , ou par tels
autres principaux Locataires d'icelle maiſon , en cas que
ledit G   vînt à en ſortir , à commencer au terme de
        prochain qu'échera le premier terme de payement ,
& ainſi continuer de termes en termes conſecutifs , juſqu'à l'entier & parfait payement de ladite ſomme de
livres   ſols   deniers , pendant lequel tems leſdits
Ouvriers cy-deſſus nomm z ne pourront prétendre aucuns interêts : & pour plus grande ſûreté envers eux ,
leſdits ſieur F   & Damoiſelle B   promettent &
s'obligent de leur fournir une expedition du Bail qui ſera paſſé audit G   ou autre particulier inceſſamment ;
& outre de rapporter main-levée des ſaiſies & oppoſitions faites ou à faire ſur leſdits loyers , auquel cas , &
faute de rapporter leſdites main-levées, ils promettent &
s'obligent ſolidairement de payer la valeur deſdits termes
à leurs écheances, au lieu & place dudit principal Locataire , juſqu'à ce que & en attendant leſdites main-levées ,
& encore pour plus grande ſûreté & accompliſſement des
clauſes cy-deſſus, ledit Me. F   s'eſt rendu caution ſolidaire pour leſdites Damoiſelles C   & B   ſes grand-mere,
& tantes envers leſdits ſieurs Ouvriers , dont il fait ſon
propre fait & dette, & ont ſolidairement comme deſſus
affecté , obligé & hypotequé le fond deſdits   livres
de doüaire au principal de   livres, & les revenus d'icelui
pour la ſûreté deſdites réparations , mettant & ſubrogeant leſdits ſieurs Ouvriers en leur lieu & place , pour
raiſon dudit doüaire , ſans que la préſente ſubrogation
puiſſe empêcher leſdits Ouvriers de ſe pourvoir ſur tous
les autres biens , meubles & immeubles , préſens & à
venir dudit ſieur F   Damoiſelles C   & B
faute y auroit de l'entiere execution de la Délegation
deſdits loyers & autres conditions cy-deſſus , ce qui a été

accepté par lefdits fieurs P   C   J   V   &
G   Lefquels pour ce préfent ont eu pour agréable la
Délegation cy-deffus , & fe font obligez chacun à leur
égard à l'entiere execution des préfentes : Pour lefquelles
les Parties ont élû leurs domiciles en leurs demeures fuf-
déclarées : Aufquels lieux , &c. nonobftant , &c. promettant , &c. obligeant , &c. lefdits fieur F   audit
nom , & Damoifelle Marie B   folidairement comme
deffus renonçant , &c. Fait & paffé à Paris en l'Etude
de L   l'un des Notaires fouffignez , l'an mil
le   jour d   avant & après midi. Et ont figné.

Délegation differente de celle cy-deffus.

FUt préfente Damoifelle Louife-Charlotte D
fille majeure , demeurante à Paris rue   quartier
Paroiffe   Laquelle a confeffé & déclaré que le
jour d   mil   elle a fait trois billets au profit
de Charlemagne D   Bourgeois de Paris , le premier de la fomme de   livres , payable à la fin du
mois de   audit an mil   & les deux autres de
livres chacun , payables dans les mêmes mois
des années mil   & mil   revenant enfemble à la
fomme de   livres, pareille fomme qu'elle a reçûe
& reconnoît par ces préfentes d'abondant avoir reçûe
comptant en efpeces fonnantes dudit fieur B   &
d'autant que le premier & fecond defdits billets de la
fomme de   livres font échus aufdits mois d
defdites années mil   & mil   ledit fieur B
a été fur le point de faire fes pourfuites faute de payement, pour prevenir lefquelles & éviter les frais , icelle
Damoifelle D   a requis ledit fieur B   de lui
accorder du tems pour le payement de ladite fomme de
livres, aux offres qu'elle a faites & fait encore par
ces préfentes de lui deleguer annuellement le revenu
d'une rente de Bail d'heritages à elle dûe par Monfieur le
Comte D   fon frere : Ce qui été accepté par le-

dit sieur B à ce présent , demeurant à Paris rue
Paroisse auquel ladite Damoiselle D a par
ces présentes cedé , transporté, & promis garantir , fournir & faire valoir sans être obligé par ledit sieur Créancier de faire aucune discussion ni diligences si bon lui
semble , ladite somme de livres en trois payemens
égaux de livres sols deniers , chacun à prendre & recevoir annuellement par ledit sieur Créancier ,
en celle de livres sols deniers de rente
de Bail d'héritages à elle dûë par chacun an , par Messire François D son frere , dont le premier payement
de livres sols deniers échera & se fera au
jour d mil & les autres à pareils jours des
années mil & mil auquel tems ladite Damoiselle débitrice promet & s'oblige de payer , & faire payer
entierement ladite somme de livres , par mondit sieur
son frere, & pour recevoir lesdites sommes cedées, ladite
Damoiselle D l'a mis & subrogé en son lieu & place , droits , noms, raisons, actions , privileges & hypoteques pour le payement desdits arrerages , sans que la
présente cession puisse empêcher ledit sieur Créancier de
faire les poursuites à l'encontre de ladite Damoiselle D
ainsi qu'il avisera bon être , si faute y avoit de payement par chacun an desdits livres sols deniers : & à cette fin ladite Damoiselle D lui a présentement mis ès mains copie collationnée de l'extrait
du partage d'entr'elle, ledit sieur Comte D son frere, & autres coheritiers, passé pardevant V & M
Notaires au Châtelet de Paris le jour d mil
& à la requisition des Parties lesdits billets ont été présentement paraphez par l'un des Notaires soussignez , &
pour signifier ces présentes ladite Damoiselle D
a constitué son Procureur le porteur des présentes , pour
l'execution desquelles elle a élû son domicile irrevocable en sa demeure cy-devant déclarée : Auquel lieu ,
&c. nonobstant , &c. promettant , &c. obligeant , &c.
renonçant , &c. Fait & passé à Paris en l'Etude de L
l'un des Notaires soussignez , l'an mil le jour d
a midi. Et ont signé.

Déliberation d'une Compagnie portant pouvoir d'emprunter.

AUjourdhui de mil a midi, font comparus pardevant les Conseillers du Roi, Notaires, Gardenotes & Gardes-scel au Châtelet de Paris souffignez, *tels & tels*, & pour les veuves & heritiers, *tels & tels*, par tous lefquels ils promettent faire ratifier ces préfentes inceffamment ; lefdits Comparans tous Commiffaires Contrôleurs, Jurez-Mouleurs de bois de cette Ville, Fauxbourgs & Banlieue de Paris, y demeurans, affemblez en leur Bureau fcis   fuivant la convocation faite de ladite Communauté par les foins & diligences defdits fieurs *tels & tels*, Syndics en charge. Lefquels fur ce qui leur a été dit & réprefenté par leurfdits Syndics que par Edit du Roi du mois d

dernier, verifié en Parlement le jour d'hier, il a plû à Sa Majefté pour les motifs y exprimez, en fupprimant les Offices des Commiffionnaires-Facteurs établis par Edits des mois de   mil   & mil   d'attribuer à ladite Communauté des Commiffaires Contrôleurs Jurez-Mouleurs de bois de cette Ville, Fauxbourgs & Banlieue de Paris, les droits affectez aufdits Commiffionnaires Facteurs, fur chaque voye de bois neuf fols   deniers &   fols   deniers fur chaque voye de bois flotté, dont lefdits Commiffionnaires Facteurs joüiffoient, pour les réunir & en joüir conjointement avec les autres droits de ladite Communauté des Commiffaires Contrôleurs Jurez-Mouleurs de bois, à commencer du   jour du préfent mois de moyennant la fomme de   livres, qu'ils auroient offert, & dont lefdits Syndics auroient fait leur foumiffion de payer ès mains du fieur Garde du Trefor Royal en exercice, pour leur tenir lieu d'augmentation de finance, & pour laquelle les Créanciers qui prêteroient leurs deniers auroient un privilege fpecial fur lefdits

nouveaux droits , & fur tous les Officiers de ladite
Communauté , comme il eft porté audit Edit , & que
pour fournir avec diligence cette fomme de   livres , qu'il n'y avoit point de plus prompt & fûr moyen
que de l'emprunter à conftitution de rente au denier

avec l'affectation folidaire & privilegiée , tant defdits nouveaux droits que defdits   Offices , dont
tous lefdits Comparans ou leurs reprefentans font pourvûs & jouïffent , & d'en charger lefdits Syndics en exercice pour en paffer & figner tous Contrats & Actes , &
donner aux Créanciers toutes les fûretez convenables.
C'eft pour ce fujet que ladite Communauté ayant refle-
chi à ce qui leur a été cy-deffus propofé , & pour donner des marques de leur obéïffance & foumiffion à l'è-
xecution dudit Edit , a arrêté , deliberé , & a été tout
d'une voix d'avis , même donné pouvoir aufdits fieurs

Syndics en charge , à ce préfens , d'emprunter
au nom collectif de ladite Communauté à conftitution
de rente au denier   de telles perfonnes qui fe préfenteront, ladite fomme de   livres, & y affecter &
hypotequer par privilege lefdits   fols   deniers par chaque voye de bois flotté , &   fols
deniers , fur chaque voye de bois neuf , & tous lefdits
Offices de Commiffaires Contróleurs Jurez-Mouleurs de bois , fuivant ledit Edit , & fous telles autres
fûretez , claufes , ftipulations que lefdits Syndics jugeront à propos , fans néanmoins que les autres biens ,
& poffeffions , meubles , immeubles , préfens & avenir
de ladite Communauté defdits   Officiers y foient
aucunement engagez ni hypotequez , ni qu'après leur
refignation volontaire ou decès , ils ou l'un d'eux demeurent chargez ni tenus du payement , cours & continuation defdites rentes qui feront conftituées pour le
principal de ladite finance de   livres & arrerages ,
frais & loyaux-coûts , ni qu'il puiffe être formé aucunes oppofitions aux Sceaux des Provifions de leurs Offices ; & en payant les arrerages régulierement defdites
rentes , & y faifant obliger & foûmettre les Refignatai-

tes , & nouveaux Pourvûs au payement defdites rentes en principaux & arrerages , frais & loyaux coûts au lieu & place des Refignans ou decedez , & délivrant à chaque mutation l'expedition de l'Acte qui en fera paffé aufdits Créanciers à leur premiere requifition : le tout à la charge que lefdits fieurs Syndics feront tenus folidairement d'employer ladite fomme de   livres , à l'inftant & à mefure de fa reception au payement de ladite finance , en retirer quittance conformément audit Edit , avec declaration de qui elle fera procedée , afin d'établir & affûrer le privilege fpecial fur lefdits nouveaux droits & Offices , au profit & pour la fûreté defdits Créanciers par concurrence entr'eux , & fans préference , quoique leurs Contrats foient de differentes dattes , & paffez par divers Notaires; & enfuite dépofer ès mains de B   l'un des Notaires fouffignez , qui en gardera minute pour en être fourni & délivré une expedition à chaque Créancier & autres qu'il appartiendra : Et pour faciliter le commerce des rentes qui feront conftituées, en vertu de la préfente deliberation & pouvoir, lefdits fieurs Syndics ou leurs Succeffeurs auront la faculté de faire de nouveaux emprunts , pour rembourfer ceux defdits Créanciers , qui le fouhaitteront au même denier.   ou autre denier plus avantageux à ladite Communauté, & en paffer les Contrats, & ftipuler les décharges & fubrogations fur ce requifes , fans qu'il foit befoin d'autre ni nouvelle délibération que la préfente , fur laquelle afin que ladite fomme de   livres ne puiffe être furpaffée par lefdits emprunts , fera fait mention par ledit B   de ceux qui feront faits par les Notaires qui auront reçû les Contrats , dont il donnera & fignera fon Certificat fur les groffes qui en feront delivrées: Et au furplus font lefdits Comparans d'avis, qu'il foit fait & paffé pour raifon dudit emprunt , payement & fubrogation par lefdits fieurs Syndics tout ce qu'au cas appartiendra , fera requis & neceffaire, & faire élection de domicile pour l'execution defdits Contrats & Actes audit Bureau fuf-déclaré pour y être fait. Promettant, &c. obligeant lesdits nouveaux droits & tous lesdits Offices, renonçant, &c. Fait & passé à Paris audit Bureau de ladite Communauté lesdits jour & an ; & ont signé, fors lesdits *tels* & *tels* qui ont déclaré ne le sçavoir : de ce interpellez.

Déliberation en forme de reddition de Compte à des Créanciers par l'un d'eux, Directeur de leurs droits.

DU Vendredi   Decembre mil sept cent   de relevée. En l'Assemblée génerale des Créanciers de Jean D   (*de telle qualité*) tenue en la maison de C l'un des Notaires soussignez, convoquée par billets, par le sieur Jean C   Marchand Bourgeois de Paris, Créancier & Directeur des droits des autres Créanciers dudit D   où se sont trouvez *tels & tels : On établit ici les noms, surnoms, qualitez & demeures de ceux qui doivent signer, à l'effet de quoi on laisse un blanc suffisant pour les remplir, & puis l'on dit* : Lesquels sur ce qui leur a été representé par ledit sieur C   qu'en conséquence du Contrat d'abandonnement fait par ledit sieur D

à ses Créanciers, il auroit en ladite qualité de Créancier & Directeur des autres Créanciers du lit sieur D touché & reçû les émolumens de la Charge de (*Mettre ici ce que c'est*) qui lui appartenoit, & par lui abandonnée à ses Créanciers ; ensemble partie de ce qui pouvoit être dû par aucuns de ses Débiteurs nommez au Livre Journal dudit D   comme il est justifié par le Mémoire que ledit sieur C   a fait dresser pour rendre compte ausdits Créanciers de l'état des effets dudit D   & la raison pour laquelle le surplus de ses effets ne sont pas rentrez, lequel il a présentement representé, & qui est demeuré joint à la présente minute pour y avoir recours après avoir été paraphé, *ne varietur*, dudit sieur C   en présence desdits Notaires

souffignez. Qu'en conféquence dudit Contrat d'abandonnement, & en vertu des Déliberations defdits fieurs
Créanciers reçûës par C   l'un des Notaires fouffignez & fon Confrere ; & notamment en vertu de celle
du   Decembre mil   il auroit conjointement
avec ledit fieur Y   auffi Créancier & Directeur des
autres Créanciers dudit D   vendu ledit Office de
au fieur Alexandre D   par Contrat paffé
pardevant P   &   Notaires à Paris le
mil   moyennant la fomme de   livres, fur laquelle ledit Acquereur a retenu par fes mains celle de
livres pour les caufes portées audit Contrat, & le
furplus du prix dudit Office, montant à   livres, ledit D   auroit promis le payer aufdits fieurs C
& Y   après la délivrance de fes provifions fans oppofitions, & l'homologation dudit Contrat de vente ; íça-
voir   livres en billets payables au porteur en efpeces
fonnantes au   Octobre mil fept   de la
Communauté des   à Paris, & le furplus en billets de
monnoye avec l'interêt defdites   liv. jufqu'audit payement, que par quittance du   mil fept   lefdits fieurs C
& Y   auroient reçû dudit D   la fomme de
fçavoir   livres en   billets de   livres, chacun
de la Communauté des   de cette Ville, payables
en efpeces fonnantes au   Octobre mil fept   livres
en billets de monnoye, &   livres en efpeces fonnantes, defquels billets de monnoye les interêts ont
couru depuis la reception d'iceux jufqu'au jour qu'ils
ont ceffé d'avoir cours, fuivant la Déclaration du Roi ;
ce qui compofe   mois d'interêts   que
pour juftifier & faire connoître aufdits fieurs Créanciers
la Recette faite par ledit fieur C   tant des émolumens de ladite Charge de   déduction faite du fervice & autres charges, que dudit D   Acquereur
de ladite Charge & de partie defdits Débiteurs dudit
D   il a fait faire un compte de ladite Recette, &
de la dépenfe par lui faites, par lequel il paroît que toute la Recette monte à   & la dépenfe à   livres,

qu'ainſi la Recette excede la dépenſe de la ſomme de
      livres , qui eſt entre les mains dudit ſieur C
en la nature cy-après expliquée , ſçavoir   livres ,
en billets de monnoye compris les interêts , qui en
étoient dûs juſqu'au premier jour de   mil   &
les   livres , qui ont été reçûs par ledit ſieur Y
du ſieur R   de la Ville de   qu'ils ont ceſſé
d'avoir cours , ſuivant la Déclaration du Roi du
livres en billets de   livres , chacun de la Communauté de   payables en eſpeces ſonnantes , qui ſont
échus , & deſquels il n'a pas été poſſible de recevoir le
payement par rapport au tems préſent & aux Arrêts de
ſurſéances que ladite Communauté a obtenus , non
plus que le rembourſement d'iceux dudit D   nonobſtant les pourſuites faites contre lui , tant aux Con-
ſuls qu'au Parlement , &   livres en deniers comptans. Qu'il convient préſentement de partager entre leſdits ſieurs Créanciers au ſol la livre les billets & deniers
comptans cy-deſſus ſpecifiez , & pour y parvenir , faire
des contributions entr'eux tant des billets de monnoye
de ceux deſdits   que deſdits deniers comptans , &
pour cet effet qu'il convient porter les billets de monnoye à l'Hôtel de la monnoye de cette Ville , pour les
faire couper en billets de cinquante livres , & accepter
ſoit la propoſition qui a été faite par la Communauté
des   de couper leurs billets , & en donner d'autres pour la même valeur , en autant de ſommes , que
l'on ſouhaitera , ou celle dudit D   de reprendre
leſdits billets deſdits   & faire les ſiens pour la
valeur d'iceux , & pour telles ſommes que l'on ſou-
haittera , pour la commodité deſdits Créanciers.

     Et finalement ſur ce qui a été repreſenté par ledit ſieur
C   que ne ſouhaittant plus ſe charger du recouvrement qui eſt à faire du ſurplus des effets dudit D   ce
qui lui fait perdre un tems conſiderable, & l'empêche de
vacquer à ſes propres affaires , même remettre entre les
mains de telle perſonne qu'ils jugeront à propos , tous
les papiers & effets dudit D   qu'il a en ſa poſſeſſion ,
                                                          &

& dont il a été chargé par l'Inventaire fait par le Commissaire R   des effets dudit D   après sa faillite , d'autant plus même que ce qui reste à payer est de
très difficile recouvrement , la plus grande partie des
Débiteurs étant insolvables , demeurans en pays étrangers , aucuns d'eux ayant même justifié qu'ils ne devoient
aucune chose audit D   quoique le contraire paroisse par son Livre Journal.

Sur quoi lesdits sieurs Créanciers, après avoir pris communication du compte de la Recette & dépense faites
par ledit sieur C   qui en a fait la représentation ,
& qui pour justification d'icelles est aussi demeuré joint
à la présente minute pour y avoir recours , après avoir
été certifié veritable par ledit sieur C   en présence
desdits Notaires soussignez ; ont arrêté & alloué la
Recette & dépense faites par ledit sieur C   conformément audit compte , & en conséquence sont convenus de partager entr'eux lesdits deniers comptans , billets de monnoye , & ceux desdits   au sol la livre ,
au prorata de leurs créances ; & pour y parvenir ils ont
prié ledit sieur C   de se donner la peine de porter à l'Hôtel de la Monnoye de cette Ville lesdits billets de monnoye
pour être coupez en billets de cinquante livres , suivant
la Déclaration du Roi du mois de Novembre dernier ,
& de voir soit ledit D   pour accepter la proposi-
tion qu'il a faite de reprendre les billets desdits
& faire les siens pour la valeur d'iceux , en autant de
sommes qu'il sera necessaire pour payer lesdits Créanciers , ou bien ladite Communauté des   pour leur
rendre leurs billets , & en prendre d'autres d'eux pour
la même valeur , en autant de sommes qu'il sera necés-
saire.

Plus lesdits sieurs Créanciers ont arrêté qu'en cas que
ledit D   refuse de tenir la parole qu'il a donnée , & que ladite Communauté de   en fasse
de même; que lesdits sieurs C   & Y
se pourvoiront par devers Monsieur D   pour faire ordonner l'éxecution de la parole qu'ils ont donnée

L

aufdits fieurs Directeurs , & que ledit fieur C   re-
mettra entre les mains du fieur   dont lefd. fieursCréan-
ciers conviennent par ces Prefentes , tous les effets que
ledit fieur C a en fa poffeffion comme Mémoires, Lettres miffives , Billets , Promeffes , Sentences , Regiftres
& autres Pieces inventoriées par l'Inventaire fait par ledit fieur Commiffaire R   dont ledit fieur C
a été chargé par icelui , pour que ledit fieur   touche
& reçoive & faffe le recouvrement , s'il eft poffible ,
de ce qui refte à payer par les Débiteurs dudit D
lequel fieur   lefdits fieurs Créanciers nomment
pour cet effet , & pour faire toutes les pourfuites & diligences neceffaires qu'il conviendra à ce fujet ; & après
la diftribution & payement fait aufdits Créanciers des
fommes pour lefquelles ils feront employez dans les contributions qui feront faites en vertu de la préfente déliberation , ledit fieur C   demeurera entierement
quitte & dechargé de la Recette & dépenfe par lui faites pour lefdits fieurs Créanciers & de toutes chofes géneralement quelconques , fans aucune exception , dif-
tinction ni referve en quelque forte & maniere que
ce foit ou puiffe être , ainfi que ledit fieur Y   & entant que befoin eft ou feroit, la fucceffion dudit fieur
    cy-devant Directeur des droits defdits Créanciers.
Et pour, fi befoin eft, faire homologuer la préfenteDéli-
beration lefdits fieurs Créanciers , ont fait & conftitué
leur Procureur le porteur des préfentes , lui en donnant
pouvoir , & d'en requerir Acte. Fait & paffé à Paris en
préfence defdits Notaires fouffignez , lefdits jour & an
que deffus. Et ont figné.

Déliberation en vertu de laquelle eſt faite la Conſtitution imprimée cy-devant page 88.

Du mil

LE Syndic a rapporté, que ſuivant l'ordre de Son Emi-nence & de la Chambre, le ſieur Varboi commis à la Recette du Dioceſe & lui, ont compté avec le ſieur Cro-zat, le ſieur de Pennautier, Receveur General du Cler-gé étant abſent. Que par ce Compte le Dioceſe s'eſt trou-vé redevable à la Recette generale, de *quatre cens quatre-vingt-deux mille livres*, pour arrerages du ſecours extra-ordinaire, au lieu & place de la Capitation, à cauſe des non-valeurs conſiderables qu'il y a eu ſur les Rôles des années précedentes : Et que pluſieurs, quelques pour-ſuites & diligences qui ayent été faites contr'eux, n'ont point encore payé leurs impoſitions, dont il reſte à re-couvrer plus de 500000. livres. Que le ſieur de Pennau-tier preſſoit pour être payé, & ne vouloit plus faire les avances à l'ordinaire, quoi qu'ils ayent offert, ſuivant le pouvoir que Son Eminence, & la Chambre leur en avoient donné, de continuer à lui payer les interêts à dix pour cent ; qu'ainſi il eſt neceſſaire de pourvoir in-ceſſamment audit payement : Sur quoi le Syndic à re-préſenté que le recouvrement des 500000. livres dûës au Dioceſe ne ſe pouvant faire ſi-tôt, il ne voyoit point d'autre moyen que celui d'emprunter, ou ſur la Place par Billets payables au porteur, ou par Contrats à conſ-titution de rente ; que l'emprunt par Billets ſeroit très-onereux, même ruineux pour le Dioceſe, en ce qu'ou-tre que les non-valeurs augmentent tous les ans, & que les payemens deviennent plus difficiles de la part des contribuables, à cauſe de la difficulté des tems, les in-terêts exorbitans deſdits Billets, & les droits des Cour-tiers de Change ne ſe pouvant prendre que ſur le cou-rant de la Recette, ils en alteroient d'autant le fonds, & feroient que le Dioceſe s'endetteroit de plus en plus envers la Recette Generale; que de fait, les interêts que

l'on a payez audit sieur de Pennautier par le dernier arrêté, à cause des retards, montent à la somme de 68548.
livres, au lieu que dans les premieres années ils n'al-
loient qu'à 15. & 20000.livres au plus; & grossissant ainsi toujours à proportion, dans peu passeroient 100000.liv.
& à la fin mettroient le Diocese hors d'esperance de s'acquitter. Que d'ailleurs arrivant que ceux qui seroient Porteurs desdits Billets ne voulussent point les renouveller, l'on seroit alors obligé de faire de semblables nouveaux emprunts, & ainsi d'écheance en écheance, & toujours de plus en plus grandes sommes, parce que le Diocese se trouveroit de plus en plus redevable; qu'au contraire l'emprunt par Contrats à constitution de rentes seroit bien moins à charge, en ce que les
arrerages desdites Constitutions ne seroient pas si forts,
& que les capitaux ne seroient point exigibles; que même cet emprunt se faisant, l'on pourra dans la suite sur
ce qui se recevra du recouvrement des anciens Rôles,
acquitter peu à peu quelques-uns desdits Contrats, & à
la fin liberer entierement le Diocese; que par ces raisons, attendu l'obligation où l'on est d'emprunter, &
la necessité qu'il y a d'accelerer ledit emprunt en le faisant à un denier avantageux, & donnant aux Prêteurs
toutes les sûretez requises en pareil cas, il croiroit qu'il
conviendroit emprunter, par permission du Roi au nom
du Diocese, la somme de 480000. livres, par Contrats
à constitution de rentes au denier seize; d'y obliger tous
les biens & revenus présens & à venir du general, & de
tous, sans exception, les Contribuables du Diocese audit secours extraordinaire solidairement : pour les sommes qui proviendront desdites Constitutions, être à
l'instant portées à la Recette generale, en l'acquit
du Diocese. Que quant à la maniere de regler au surplus ledit emprunt, il lui paroîtroit que l'on ne peut
pas en suivre une meilleure que celle qui a été tenuë par
les Assemblées generales du Clergé de France, toutes les
fois qu'il s'est agi d'emprunter au nom dudit Clergé,
laquelle a toujours été autorisée par Arrêts du Conseil,

Lettres Patentes & Déclarations de Sa Majefté ; qu'il lui fembleroit encore que pour procurer au Diocefe le moyen de rembourfer les fufdites rentes, il feroit à pro-pos de faire pendant tel nombre d'années qui feroit jugé neceffaire, un Rôle particulier d'impofition fur tous generalement les Contribuables par maniere de rejet, de ce qui fe trouvera être en non valeur dans ce qui refte à recouvrer des precedens Rôles ; & a requis qu'il en fût déliberé.

DÉLIBERATION prife, & l'affaire mûrement exa-minée, il a été arrêté qu'il fera inceffamment emprunté au nom du Diocefe, la fomme de *quatre cens quatre-vingt mille livres*, par Contrats à conftitution de rentes au de-nier feize, ou autre qui fe pourra trouver moins one-reux : que l'on y obligera tous les biens & revenus pré-fens & à venir du general, & de tous, fans exception, les Contribuables dudit Diocefe audit fecours extraor-dinaire, au lieu & place de la Capitation, folidairement, fans divifion ni difcuffion, aux renonciations requifes. Que les arrerages defdites Conftitutions feront payez de fix en fix mois dans cette Ville de Paris, au Bureau de la Recette Diocefaine.

QUE les fommes capitales qui feront empruntées fe-ront mifes ès mains dudit fieur Vatboy, Commis à ladi-te Recette, lors de la paffation defdits Contrats, dans lefquels il interviendra à cet effet; pour lefdites fommes être à l'inftant par lui portées au Bureau de la Recette generale en l'acquit du Diocefe, en déduction defdites 480000. livres, dont, & de quoi il fera tenu rendre compte à la Chambre, en recette & dépenfe en la ma-niere ordinaire, toutes fois & quintes qu'il en fera par eux requis ; un double duquel compte, & les quittan-ces qu'il retirera, feront remifes aux Archives du Dioce-fe ; & ne pourra ledit fieur Vatboy, prétendre aucunes gratifications pour raifon defdites fommes qui lui feront mifes ès mains, & qu'il portera à la Recette generale, finon ce que la Chambre jugera à propos de lui arbitrer pour la façon de fondit compte.

Qu'il sera dit dans les Contrats, que les deniers empruntez seront employez au payement de partie des 480000. livres; & dans les quittances, que les deniers payez seront provenus desdits emprunts.

Que de la présente Déliberation il sera fait deux expeditions originales en parchemin, signées par Son Eminence, & contre-signées par le sieur Wilbault, Greffier de la Chambre, de 240000. livres chacune, lesquelles seront déposées ès mains de Maîtres François-Jean Dionis, & Louis Durand, Notaires au Châtelet de Paris; & sur icelles sera fait mention des Contrats à mesure qu'ils seront passez avant que les grosses en puissent être délivrées, sur lesquelles grosses le Notaire dépositaire mettra son Certificat de ladite décharge.

Que l'Acte de dépôt de ladite Déliberation sera mis au bas desdites Expeditions, & signée par deux Notaires. Et lorsque l'emprunt porté pour chaque expedition sera consommé, il sera mis au bas par le Notaire qui en sera dépositaire, que ladite Déliberation est remplie, & sera ladite mention signée par ledit Notaire & son Collegue.

Que pour faciliter le commerce desdites rentes, au cas que dans la suite il se presente des personnes qui ayent besoin des sommes qu'ils auront prêtées, il pourra être pris à constitution de nouvelles rentes au même denier seize, ou autre pareillement moins onereux au Dioceso pareilles sommes, pour être employées au rachat desdites rentes, jusqu'à concurrence des capitaux d'icelles, aux mêmes stipulations, clauses, conditions, & obligations cy-dessus: Et sera porté par lesdits nouveaux Contrats, que l'emprunt est fait pour rembourser lesdits Créanciers; & dans la quittance de remboursement il sera dit, que c'est des mêmes deniers qui auront été empruntez de celui au profit duquel l'on aura passé le nouveau Contrat à l'effet dudit rachat, afin qu'il soit subrogé aux droits & hypoteques de celui qui aura été remboursé.

Que tous les Contrats seront signez par Son Eminence, par deux de Messieurs les Commissaires députez, au moins, & par le Syndic.

Et comme lesdites rentes paroissent ne devoir pas être moins privilegiées que les rentes constituées sur le Clergé, lesquelles ont le même privilege que celles sur l'Hôtel de Ville, puisque les fonds qui en proviendront étant destinez pour acquitter ce que le Diocese doit d'arrerages dudit secours extraordinaire ; Sa Majesté les touchera également : Son Eminence a été très-humblement suppliée d'obtenir de Sa Majesté, que les Contrats, Quittances, & autres Actes concernant lesdites Constitutions de rentes, seront exempts du contrôle, & que ceux des Gens de Main-morte, au profit desquels lesdites rentes seront constituées, & ceux qui les acquereront, soient & demeurent déchargez à toujours, du payement des droits d'Amortissement & de nouvel acquêt, & qu'ils ne puissent être aucunement recherchez ni inquietez à l'avenir à ce sujet pour raison d'icelles, quoique constituées à prix d'argent, & que Sa Majesté veüille bien à cet égard déroger à sa Déclaration du 4. Octobre 1704.

Et encore d'obtenir de Sa Majesté, qu'il soit permis à la Chambre de faire dès à présent, pendant tel nombre d'années qui sera jugé necessaire, même après la présente guerre finie, un Rôle particulier d'imposition sur tous generalement les Contribuables, par maniere de Rejet, de ce qui se trouvera être en non-valeur dans ce qui reste à recouvrer des précedens Rôles.

Et pour l'execution de la présente Déliberation, Son Eminence a pareillement été très-humblement suppliée d'obtenir de Sa Majesté toutes Permissions, Arrêts, & Lettres à ce necessaires.

Fait & arrêté en l'Assemblée, tenuë au Palais Archiepiscopal, par Son Eminence, & par Nous Députez, soussignez, les jours & an que dessus.

Ainsi signé en la Minute, L. A. Card. de Noailles, Ar. de Paris. J. B. de Brasseuses, J. Vivant, G. Dongois, de Bourges, Bonnet, & le Normant, avec paraphes.

De la préfente Déliberation a été dépofé un Original à Maitre François-Jean Dionis; & un autre Original à Maitre Louis Durand, Notaires à Paris, par Meffire Jean le Normant, Prêtre, Docteur de la Maifon & Societé de Sorbonne, Chanoine de Saint Honoré, Official de Paris, Syndic du Clergé du Diocefe, demeurant en fa Maifon Canoniale, au Cloître Saint Honoré, pour par lefdits Dionis & Durand, garder ladite Déliberation au rang de leurs Minutes, & en délivrer copie, dont Acte. F A I T & paffé à Paris, ès Etudes defdits Dionis & Durand, le 7. Avril 1708.

Déliberation de la Chambre Ecclefiaftique d'un Diocefe, à l'effet d'emprunter au denier 20. les deniers neceffaires pour rembourfer les rentes dûës par ledit Diocefe au denier 16.

DU Samedi   mil   Le Syndic a repréfenté qu'en l'année 1708. le Diocefe auroit été obligé d'emprunter de plufieurs Particuliers la fomme de 480000 livres à conftitution de rentes au denier 16. pour payer & demeurer quitte de ce qu'il devoit de refte des années précedentes à la Recette generale du Clergé, de fa cottepart du fecours extraordinaire accordé au Roi par l'Affemblée generale du Clergé de France tenuë à Paris en 1701. en confequence de la Déliberation de laChambre du 4. Fevrier 1708. confirmée par Arrêt du Confeil d'Etat & Lettres Patentes des 26. Mars & 27. Avril de ladite année, regiftrées en Parlement le 11. Mai fuivant.

Que les tems étant fâcheux pour lors, le Diocefe n'auroit pû faire ledit emprunt qu'en prenant ladite fomme à conftitution de rentes au denier 16. mais que depuis des Particuliers ayant offert de prêter au denier 20. les fommes dont le Diocefe auroit befoin pour rembourfer ceux defdits Créanciers qui refuferoient de reduire leurs rentes du denier feize au denier 20 il auroit reconnu l'avantage qu'il y auroit d'écouter lefdites propofi-

tions , en laiſſant toutefois la liberté & préference auſdits Créanciers de conſentir ladite reduction de leurs
rentes , ce qui pourroit procurer par la ſuite à la Chambre des moyens de rembourſer ladite ſomme de 480000.
livres des deniers dudit Dioceſe , en y employant le benefice de ladite reduction , & les deniers qui reſtent à
recouvrer ſur les Rôles dudit ſecours extraordinaire des
années précedentes.

L'affaire miſe en déliberation , la Chambre a arrêté
que conformément à ſa déliberation dudit jour 4. Fevrier 1708. Arrêt du Conſeil & Lettres Patentes intervenuës ſur icelle , il ſera emprunté à conſtitution de
rentes au denier 20. les ſommes neceſſaires pour rembourſer ceux qui deſireroient recevoir leur rembourſement , ſi mieux n'aiment les Créanciers reduire leurs
rentes du denier 16. au denier 20, le tout juſqu'à concurrence de ladite ſomme de 480000. livres ; que pour
cet effet il ſera paſſé de nouveaux Contrats au profit de
ceux qui prêeront leurs deniers pour faire leſd. rembourſemens , à l'inſtant deſquels les deniers ſeront employez
auſdits rembourſemens avec les Déclarations neceſſaires
pour la ſubrogation aux droits & hypoteques de ceux qui
auront été rembourſez , le tout conformément auſdits
Déliberation , Arrêt du Conſeil & Lettres Patentes des
4. Fevrier , 26. Mars & 27. Avril 1708. & pour y parvenir , la préſente Déliberation ſera depoſée à Mᵉ. Louis
D   Notaire au Châtelet , ſur laquelle ſera fait mention des nouveaux emprunts & rembourſemens, qui ſeront faits en conformité d'icelle , dont les Contrats ſeront paſſez & ſignez par M   par deux de Meſſieurs
les Commiſſaires deputez de ladite Chambre , & par le
Syndic.

Fait & arrêté en l'Aſſemblée tenuë au Palais   par
M. & par Nous Deputez ſouſſignez cedit jour

Déliberation à l'effet d'emprunter pour se racheter envers le Clergé general, de sa quotepart du Don gratuit accordé au Roi à l'occasion du Dixiéme denier & de la Capitation.

Du   mil

LE Syndic a representé que par la Déliberation de l'Assemblée Generale du Clergé de France du 11. Avril 1710. autorisée par Arrêt du Conseil du 12. dudit mois, & homologuée par Lettres Patentes du même jour 12. Avril, registrées au Parlement le 14. dudit mois : & le Contrat passé en consequence entre le Roi & le Clergé le 5. Juillet 1710. il a été arrêté qu'il seroit fait un emprunt à constitution de rente au denier douze, de la somme de vingt-quatre millions de livres, pour employer au rachat & affranchissement à perpetuité des quatre millions de livres de subvention ou secours extraordinaire tenant lieu de la Capitation.

Que par autre Déliberation du 11. Juillet 1711. autorisée par Arrêt du Conseil du 28. dudit mois & homologuée par Lettres Patentes du 30. du même mois, registrées au Parlement le 12. Août suivant ; & le Contrat passé entre le Roi & le Clergé le 13. dudit mois de Juillet, il a été arrêté qu'il seroit fait un autre emprunt au nom dudit Clergé à constitution de rente au même denier douze, de la somme de huit millions de liv. pour fournir le don gratuit de pareille somme accordé au Roi par la Déliberation de l'Assemblée Generale du Clergé du 19. Juin precedent, à l'occasion du dixiéme denier.

Que par lesdites Déliberations, Arrêts, Lettres Patentes & Contrats, il est dit que pour faire le fonds des arrerages des rentes qui seroient constituées pour lesdits vingt-quatre millions d'une part, & huit millions d'autre ; même pourvoir au remboursement des principaux, afin que le Clergé en pût être acquitté en certain nombre d'années ; il seroit fait dans chaque Diocese des départemens d'année en année pour employer aufdits payemens & rembourſemens ; & que ſi aucuns Dioceſes deſiroient ſe racheter en particulier & amortir leur part & portion deſdites ſommes , ils pourroient le faire , & emprunter à cet effet les deniers neceſſaires au même denier douze ou autre plus avantageux , & hypotequer tous les biens compoſans les revenus des Benefices de chacun deſdits Dioceſes , ſans avoir beſoin d'autres Lettres Patentes que de celles qui auroient été données par Sa Majeſté au General du Clergé : à la charge par eux de rembourſer les Creanciers qui leur auroient prêté dans les termes , en la maniere & à la proportion portez aufdites Deliberations.

Que le Dioceſe ayant juſqu'à preſent contribué à raiſon du denier douze au payement des arterages deſdits emprunts ; ledit Syndic eſtime que l'on ſe trouveroit conſiderablement ſoulagé , Si Son Eminence et Messieurs de la Chambre jugeoient à propos de rembourſer à la Recette generale du Clergé ce qui reſte dû par le Dioceſe pour l'entier amortiſſement de ſa part deſdites ſubvention & don gratuit , ainſi que pluſieurs autres Dioceſes l'ont déja fait , & d'emprunter à cet effet les ſommes neceſſaires.

Que cet emprunt ſera d'autant plus facile qu'il ſe preſente pluſieurs particuliers qui offrent de prêter à des conditions avantageuſes & à un denier bien plus favorable ; & que d'ailleurs par le compte que le Syndic a fait avec le ſieur Brunet de Molan Commis à la Recette des Decîmes du Dioceſe , il paroît que des deux millions cent cinquante-neuf mille cinq cens quatorze livres ſix deniers à quoi monte le total du rachat des ſubventions dudit Dioceſe , il n'en reſte dû & à fournir que la ſomme de quatorze cent quarante mille livres ou environ , tant à cauſe des rachats particuliers qui ont été faits par quelques Beneficiers , Communautez & autres Eccleſiaſtiques de ce Dioceſe , qu'au moyen des diſtractions qui ſont à faire ſur les deniers portez à la Recette generale du Clergé à commencer de l'année 1710. pour le payement des impofitions annuelles , conformément aux Déliberations , Contrats , Arrêts & Lettres Patentes fufdattez , & ainfi qu'il eft juftifié par le Bordereau dudit compte mis fur le Bureau pour être examiné en la Chambre.

La matiere mife en déliberation , & ledit Bordereau examiné : LA CHAMBRE A ARRÊTÉ qu'il fera fait un emprunt à conftitution de rente au nom dudit Diocefe au denier vingt-deux ou autre plus avantageux de la fomme de *quatorze cens mille livres* : pour avec celle de *quarante mille livres* ou environ qui fera fournie des deniers particuliers dudit Diocefe faire la fufdite premiere de *quatorze cens quarante mille livres* ; laquelle conformément aux Déliberations & Contrats fufdattez fera portée à mefure dudit emprunt , à la Recette generale du Clergé pour l'amortiffement de ce qui refte dû par ledit Diocefe de fa part defdites fubventions : & les Contrats defdits emprunts feront fignez par Son Eminence Monfeigneur le Cardinal de Noailles , par deux de Meffieurs les Commiffaires députez de la Chambre, & par le Syndic ; & par iceux ils obligeront à la garantie des principaux des rentes qui feront conftituées & payement des arrerages d'icelles , tous les biens & revenus Ecclefiaftiques du general & des particuliers dudit Diocefe contribuables aufdites fubventions l'un pour l'autre folidairement fans divifion ni difcuffion.

Les deniers dudit emprunt à mefure qu'il fera fait, feront mis ès mains de Me. Paul Brunet de Molan, Commis à la Recette des Decimes dudit Diocefe qui s'en chargera par les Contrats de conftitution. Et en portant lefdits deniers à la Caiffe generale du Clergé, il en retirera quittance dans la forme prefcrite par lefdites Déliberations de l'Affemblée generale du Clergé des 11. Avril 1710. & 11. Juillet 1711. dans lefquelles quittances il fera fait mention defdits emprunts pour la fûreté des Prêteurs , à chacun defquels fera fourni extrait de ladite quittance contenant la Déclaration qui le concernera , & dont ledit fieur de Molan comptera en la Chambre en la maniere ordinaire.

Et pour parvenir à ce que deſſus, il ſera fait deux Expeditions originales en parchemin de la préſente Déiberation, ſignées de Son Eminence, & contre-ſignées par le ſieur Wilbault Greffier de la Chambre, leſquelles vaudront pour ſept cent mille livres chacune, & ſeront dépoſées ès mains de Maîtres François-Jean Dionis & Louis Durand, Notaires au Châtelet de Paris, ſur leſquelles ſera par eux à meſure fait mention deſdits emprunts, dont ils donneront leur certificat en la maniere ordinaire.

L'Acte de dépôt de ladite Déliberation ſera mis au bas de chacune deſdites Expeditions & ſigné par deux Notaires ; & lorſque l'emprunt porté par icelles ſera conſommé, il ſera enſuite mis par le Notaire dépoſitaire un Acte ſigné de lui & de ſon Confrere, portant que ladite Déliberation eſt remplie.

Et ſi par la ſuite quelqu'un deſire recevoir ſon rembourſement, il ſera pris à conſtitution de nouvelles rentes au même denier ou autres plus avantageux, les ſommes neceſſaires pour faire leſdits rembourſemens, avec déclarations & ſubrogations, & ſous les mêmes obligations portées ès Contrats qui ſeront rembourſez. Fait & arrêté en l'Aſſemblée tenuë au Palais Archiepiſcopal par Son Eminence, & nous Députez ſouſſignez les jour & an que deſſus. Signé † L. A. CARD. DE NOAILLES, AR. DE PARIS. De Brasseuses, Menguy, Thomassin, de Bourges, Bonnet, & Chevalier Syndic, avec paraphes.

Dépôt d'argent.

AUjourd'hui   de   mil ſept cens vingt   après midi, eſt comparu pardevant les Notaires au Châtelet de Paris, ſouſſignez en l'Etude de l'un d'iceux, ſieur Pierre D   Bourgeois de Paris, y demeurant ruë   Paroiſſe ſaint   Lequel a dit & déclaré, qu'étant debiteur de   livres   ſols, contenus

en une Lettre de change fur lui tirée par la Dame
payable à l'ordre de   dattée du   dernier , laquelle Lettre il a acceptée pour la payer à fon écheance qui
eft le   & comme fon argent eft prêt pour faire le
payement , & que le Porteur de ladite Lettre de change ne fe prefente point pour la recevoir , à caufe de la
diminution des efpeces, qui arrivera le jour de demain ,
& qu'il ne feroit pas jufte que cette diminution tombât
fur lui , il a remis & dépofé ladite fomme de   livres
          fols , ès mains dudit   Notaire , en efpeces au
cours de ce jour , qui font   le tout montant enfemble à ladite fomme, pour être delivrée du confentement
dudit fieur D   au Porteur de ladite Lettre de change , qui fe prefentera pour la recevoir , & ce en mêmes
efpeces ; proteftant ledit fieur D   que le retard dudit payement de ladite Lettre ne lui puiffe être imputé ,
& que la diminution qui arrivera demain fur lefdites efpeces tombe fur le Porteur de ladite Lettre ; dont Acte,
&c. Fait & paffé à Paris en l'Etude dudit   . Notaire ,
lefdits jour & an que deffus : Et a figné.

Dépôt d'un écrit en forme de Teftament.

AUjourd'hui eft comparu devant les Notaires à Paris fouffignez Mre. Jean D   Prêtre, Curé de
Diocefe de   y refidant ordinairement , étant de prefent à Paris , logé à l'Enfeigne de   chez le nommé
Aubergifte , ruë   Paroiffe   Lequel a dit & deéclа-
ré que le   jour d   de l'année derniere mil
étant lors Prêtre habitué en ladite Paroiffe de   il auroit adminiftré le Sacrement de Penitence au fieur Nicolas J   Greffier à la fuite & Sous-Secretaire de Meffieurs les Maréchaux de France, en une maifon fcife ruë
          fufdite Paroiffe , logé en chambre garnie , chez le
fieur   Maître Bourrelier où il étoit malade , de laquelle maladie il feroit decedé le   dudit mois d
Lequel fieur J   après la confeffion de fes pechez au-

dit sieur Comparant, lui auroit dit que desirant ses dettes être acquittées , il le requeroit de vouloir bien écrire ce qu'il devoit, & à qui afin d'en décharger sa conscience , ne pouvant ledit sieur J   écrire facilement à cause de sadite maladie , ce que ledit sieur Comparant auroit fait suivant l'écrit de sa main signé en   endroits dudit sieur J   & encore écrit de la main dudit sieur J ces mots (*Je veux & entends qu'il soit ajoûté foi à l'écriture d'autre part* , *comme si elle étoit de la mienne propre*) Lequel Ecrit ledit sieur Comparant a certifié veritable , & dit être l'intention & derniere volonté dudit sieur J   & l'a deposé à L   l'un desdits Notaires soussignez , pour être attaché à ces presentes , & être mis au rang de ses minutes , & en delivrer les expeditions ou extraits à qui il appartiendra , pour leur servir & valoir en tems & lieu ce que de raison, à lui octroyé , après qu'il a été observé qu'au bas de la   page recto sont écrits ces mots, *Payé à M.*   Lesquels sont rayez d'une barre : dont , &c. Acte , &c. Fait & passé à Paris en l'Etude dudit L   Notaire le   mil   Et a signé.

Dépôt de Testament Olographe.

AUjourd'hui est comparu pardevant les Conseillers du Roi, Notaires au Châtelet de Paris soussignez, le sieur Louis L   Bourgeois de Paris , y demeurant ruë   Paroisse saint   Lequel a deposé à   l'un desdits Notaires soussignez, l'original en papier du Testament Olographe de défunt le sieur Matthieu C aussi Bourgeois de Paris , qui l'auroit mis ès mains dudit sieur Comparant, comme Executeur d'icelui , pour être aussi-tôt le decès dudit sieur C   qui est arrivé ce jourd'hui deposé chez un Notaire , ledit Testament commençant par ces mots : Au nom du Pere , du Fils , & du Saint Esprit ; Je soussigné Matthieu C   & finissant par ceux-ci ; Fait à Paris le   qui est la datte

dudit Testament. Signé en fin Matthieu C   Pour
être icelui Testament mis au rang des minutes dudit
& en être par lui delivré toutes expeditions necessaires à
qui il appartiendra ; à l'effet de quoi il est demeuré annexé à ces présentes , pour y avoir recours , après avoir
été paraphé par ledit sieur Comparant , & par lesdits
Notaires soussignez à sa requisition : dont Acte requis
& octroyé. A Paris en l'Etude dudit   Notaire le
jour d   mil sept cent vingt   a   midi. Et a
signé.

N O T A. *Quand il y a quelques ratures qui ne sont point ap-*
prouvées , il faut en faire mention dans l'Acte de Dépôt ,
pour la décharge du Notaire , en ces termes : Après avoir
été observé qu'à la   ligne , de la   page il y a
mots rayez; à la   ligne   autres mots aussi rayez ; & au-
dessus   mots mis en interligne,& ainsi dès autres : de toutes lesquelles radiations n'a été faite aucune approbation
audit Testament : *Cette observation se met ordinairement de-*
vant: dont , &c. Acte ,&c. *ou bien à la fin du paraphé, qui*
se met sur le Testament, lequel paraphé se met en ces termes :
Paraphé au desir de l'Acte de depôt reçû par   l'un des
Notaires soussignez, ce jourd'hui   mil sept cent vingt.

Il faut faire pareilles observations à toutes les autres pieces
que l'on dépose,quand il y a de pareilles ratures non approuvées.

Désistement d'un Contrat de mariage , pour
mettre au bas d'icelui.

E T le   jour d   ensuivant , audit an mil   sont
comparus pardevant les Notaires à Paris soussignez ,
ledit sieur D   nommé au Contrat de mariage cy-dessus, & des autres parts écrit , d'une part. Et ladite Damoiselle veuve B   aussi nommée audit Contrat , d'autre part. Lesquels se sont par ces présentes volontairement & reciproquement desisté dudit Contrat de mariage passé entr'eux , consentant qu'il soit & demeure
nul en tout son contenu & sans aucun effet , comme
s'il

s'il n'eût pas été paſſé , & ſans aucuns dépens , dommages ni interêts prétendre de part ni d'autre : recon-
noiſſant ladite Damoiſelle veuve B   que ledit ſieur
D   lui a rendu & remis ès mains leſdits   livres ,
en argent comptant , linges & hardes qu'il avoit reconnu avoir reçûs d'elle par leditContrat de mariage , dont
elle le quitte & décharge , & reciproquement les Parties
ſe quittent de toutes prétentions & autres choſes generalement quelconques , juſqu'à ce jour ; conſentant en
outre que chacune d'elles ſe pourvoye par mariage ainſi
qu'elle aviſera bon être , ſans y pouvoir former directement ni indirectement aucun empêchement ; à peine ,
&c. Car ainſi , &c. promettant , &c. obligeant chacun en
droit ſoi , &c. renonçant , &c. Fait & paſſé à Paris ès
Etudes , &c. leſdits jour & an devant dits. Et ont ſigné.

Déſiſtement reſpectif par un Garçon & une
Fille , d'une promeſſe de mariage , lorſqu'il
eſt iſſu un enfant de la Fille provenant du
fait du Garçon.

FUrent préſens René M   Secretaire de   demeurant ruë   Paroiſſe   d'une part. Et Marguerite C   fille majeure uſante & joüiſſante de ſes
biens & droits , demeurante ruë   Paroiſſe ſaint
d'autre part. Leſquels ſe ſont par ces préſentes deſiſté
des promeſſes verbales qu'ils s'étoient reſpectivement
faites de s'épouſer ,ſous la foi deſquelles ſeroit iſſu d'eux
une fille baptiſée ſur les Fonts baptiſmaux de ladite Paroiſſe ſaint   où elle auroit été nommée Marie-Anne
M   préſentement âgée de   mois ou environ : Ce
faiſant conſentent reſpectivement que chacun d'eux ſe
pourvoye par mariage avec qui bon lui ſemblera , ſans
qu'aucun d'eux y puiſſe former aucun empêchement ;
& à l'égard dudit enfant s'en eſt ladite C   volontairement chargée , & promet le repréſenter audit M

M

toutes fois & quantes qu'il l'en requerera, à la charge par
ledit M   comme il s'y oblige de contribuer à la moitié des nourritures & entretiens dudit enfant , même de
lui fournir de ſes deniers , lorſqu'il ſera en état d'apprendre métier juſqu'à la ſomme de   livres , pour contribuer à ſon avancement : & où ladite fille mourroit ,
avant que d'être en état d'être miſe en apprentiſſage ,
ſera tenu ledit M   comme il s'oblige, de payer leſdits
        livres à ladite C   ſa mere , auſſi-tôt le decès
de ſadite fille arrivé , pour l'indemniſer des peines &
ſoins qu'elle prend après elle ; & ce en ſa demeure à Paris ou au porteur , &c. à peine , &c. lequel payement
de   livres , ne pourra néanmoins être éxigible , que
dans   ans d'hui prochains : éliſant ledit ſieur M
ſon domicile en ſa ſuſdite demeure ; auquel lieu , &c.
nonobſtant , &c. promettant , &c. obligeant chacun en
droit ſoi , &c. renonçant , &c. Fait & paſſé à Paris en
l'Etude , &c. le   mil   a   midi. Et ont ſigné.

Déſiſtement d'Alloué.

FUrent préſentes Damoiſelle Jeanne C   épouſe
du ſieur Jean L   Officier de M. le Marquis D
        elle ouvriere en linge, demeurante à Paris aux Ecu-
ries de M   ruë   Paroiſſe ſaint   d'une part. Et
Françoiſe M   ſon Allouée , demeurante avec elle ,
d'autre part. Leſquelles ſe ſont volontairement deſiſté
dudit Alloué paſſé pardevant   & ſon Confrere Notaires à Paris le   conſentant qu'il ſoit & demeure
nul , tant pour le tems qui en reſte à expirer , que pour
le reſtant du prix y porté , & pour toutes les autres
charges & conditions y contenues , s'en quittant leſdites Parties reciproquement l'une l'autre : Et attendu
que lors de la paſſation dudit Alloüé ladite Damoiſelle
L   a reçû   livres, en déduction des   livres,
à elle promis par ladite Allouée , qui depuis le tems
qu'elle eſt obligée avec elle ne lui a fait aucun profit quoi-

qu'elle ait pris beaucoup de peine à lui montrer à travailler même les nourritures qu'elle lui a fournies , defirant ladite Damoiſelle L   faire raiſon à ladite M
     de ladite ſomme de   livres par elle reçûe , com-
me dit eſt , en retenant par elle   livres , pour ſeſdites nourritures & ſoins qu'elle a pris auprès de ladite
Alloüée , qui n'eſt pas ſeulement de quoi payer ſeſdites
nourritures ; mais voulant bien du ſurplus faire grace
à ladite Alloüée , attendu la priere qu'elle lui en a faite ; c'eſt pourquoi elle lui a préſentement & à la vûë
des Notaires ſouſſignez , payé , compté & delivré la
ſomme de   livres , qui eſt le ſurplus deſdits
livres en louis d'argent & monnoye bons , dont ladite
M   ſe contente & l'en quitte & de toutes choſes generalement quelconques du paſſé juſqu'à ce jour , declarant ladite M   avoir fait ſçavoir à Antoinette A
     ſa mere , à preſent femme de Me. Etienne L
Procureur à   qu'elle étoit prête de paſſer ces préſentes avec ladite Damoiſelle L   & en avoir ſon conſentement , conſentant que des préſentes mention ſoit
faite ſur la minute dudit Alloué par tous Notaires requis , ſans qu'il ſoit beſoin de leurs préſences. Promettant , &c. obligeant , &c. renonçant , &c. Fait & paſſé
à Paris en l'Etude dudit   l'un deſdits Notaires ſouſſignez , le   mil   a.   midi. Et ont ſigné.

---

*Diſpoſition teſtamentaire par une veuve en
préſence de ſes enfans , qui en promettent
& conſentent l'execution.*

FUt préſente Jeanne E   veuve de Charles le F
Marchand Orphevre à Paris , y demeurante ruë
Paroiſſe   laquelle deſirant prevenir les differends &
conteſtations , qui pourroient ſurvenir après ſon decès
entre ſes enfans cy-après nommez au ſujet des avantages par elle faits à Louiſe-Charlotte le F   l'un deſdits

enfans, veuve d'Elye D   Receveur des Gabelles de la
Ville de   portez par son Contrat de mariage avec
sondit défunt mari, elle déclare par ces présentes, que
son intention est qu'après son decès arrivé, tous les biens
qui se trouveront lui appartenir & qu'elle délaissera soient
(sans avoir égard ausdits avantages par elle faits à l'une
de sesdites filles) après son decès partagez également entre sesdits enfans, qui sont ladite Louise-Charlotte le F
sus-nommée, demeurante   Brigitte L   femme de
Charles B   Marchand Orphevre à Paris, y demeurans ruë   Jeanne-Antoinette le F   fille majeure, demeurante avec sadite mere, & Pierre-Charles le F
Orphevre à Paris, y demeurant   à la charge par eux
de payer également entr'eux   livres   sols de rente à Jeanne-Therese le F   l'une de ses filles Religieuse
à l'Abbaye d   pendant son vivant seulement, ou de
lui déleguer pour le payement de ladite pension viagere
à compter du jour du decès de ladite veuve le F   pareils   livres   sols de rente à elle dûë au principal
de   livres, par les nommez Sebastien G   & Honoré D   Vignerons à   du jour du decès de laquelle Jeanne-Therese le F   Religieuse, ladite rente
retournera à sesdits enfans également comme dit est : **A**
ce faire étoient présens lesdits enfans sus-nommez, ladite Catherine le F   de sondit mari aussi à ce présent,
autorisée pour la validité des présentes ; Lesquels déclarent avoir l'intention de leurdite mere, & ces présentes
pour agréables, conformément ausquelles ils se soûmet-
tent après le decès de leurdite mere, de partager lesdits
biens qu'elle délaissera également entr'eux, sans avoir
égard ni faire tenir compte à ladite Louise-Charlotte le F
leur sœur, de ce qu'elle a reçû de sadite mere, lors & par
sond. Contrat de mariage, connoissant la charge qu'elle a &
l'état de ses affaires, s'obligeant en outre conformément
à l'intention de leurdite mere, de payer lesdits
livres   sols de pension viagere à ladite Jeanne-Therese le F   Religieuse, de la maniere & comme il est cy-devant dit, le tout que lesdits enfans sus-nommez promet-

tent & s'obligent executer & accomplir fous l'obligation & hypoteque de tous leurs biens , meubles & immeubles préfens & avenir, qu'ils en ont chacun en droit
foi , obligé & hypotequé : Car ainfi , &c. promettant ,
&c. obligeant chacun en droit foi , &c. renonçant, &c.
Fait & paffé à Paris en l'Etude de   l'un des Notaires fouffignez , le   jour d   mil   a   midi.
Et ont figné.

Donation réciproque entre mari & femme
fuivant la Coutume de Bourgogne.

FUrent préfens fieur François S   & Claudine B
fa femme qu'il autorife à l'effet des préfentes , demeurans ordinairement à Dijon en Bourgogne , étant
de préfent à Paris ruë   Paroiffe faint   Lefquels
ont dit , qu'encore bien qu'ils foient préfentement en
cette ville de Paris , ce n'eft que par occafion , & que
leur veritable domicile eft & a toujours été en ladite
ville de Dijon , dont ils font originaires , & où ils ont
été mariez , & qu'ils ont toujours entendu & entendent
encore fe conformer aux difpofitions de la Coutume de
Bourgogne , fuivant laquelle ils ont été mariez, & à laquelle ils ont voulu & veulent encore fe foûmettre , &
que comme les Conjoints peuvent dans ladite Coutume
fe donner leurs biens , quand ils s'en font refervé la faculté & la liberté par leur Contrat de mariage ; C'eft-
pourquoi ils déclarent par ces préfentes , qu'en conformité de ladite Coutume de Bourgogne , referve & ftipu-
lation portées & inferées dans leur Contrat de mariage ;
ils font par ces préfentes Donation entre-vifs mutuelle ,
égale,& reciproque au furvivant d'eux deux : Ce acceptant par led. furvivant, de tous & uns chacuns leurs biens,
meubles ,immeubles, acquêts, conquêts & propres, qui
leur appartiennent préfentement & qui pourront leur appartenir au jour du decès du premier mourant, de quelque nature qu'ils foient, fans referve, pour en joüir par le-

dit furvivant en toute proprieté & ufufruit du jour du
decès dud. premier mourant, fe tranfportant lefd. Parties
l'une à l'autre tous droits de proprieté qu'ils ont & peuvent avoir fur lefdits biens donnez , s'en défaififfant au
profit l'un de l'autre : Voulant , &c. Procureur le porteur , &c. donnant pouvoir , &c. Et où le droit de ladite proprieté fut contefté (ce que lefdits fieur & Damoifelle S   n'eftiment pas) ils déclarent , que comme ils n'ont point d'enfans , ils fe font du moins don
mutuel , égal & reciproque audit furvivant d'eux deux
ce acceptant par ledit furvivant de l'ufufruit & joüiffance de tous leurs biens , meubles & conquêts immeubles qui leur appartiennent de préfent , & qui pourront
leur appartenir au jour du decès dudit premier mourant
pour en joüir par ledit furvivant , fuivant & conformément à la Coutume de Paris , lequel don mutuel d'ufufruit n'aura lieu , comme dit eft , qu'au cas que le don
de la proprieté ne puiffe avoir lieu fuivant la Coutume
de Bourgogne ; Ces préfentes faites pour l'amitié particuliere , que lefdits Sieur & Damoifelle S   ont dit
fe porter , & parce que telle eft ainfi leur volonté : Et
pour faire infinuer ces préfentes au Greffe du Châtelet
de Paris , & partout ailleurs où befoin fera , les Parties ont fait & conftitué pour leur Procureur le porteur,
&c. lui en donnant pouvoir , &c. Car ainfi , &c. promettant, &c. obligeant , &c. renonçant , &c. Fait & paffé à Paris ès Etudes , &c. l'an mil fept cent vingt
le   jour d   a   midi. Et ont figné.

Emancipation d'une fille par son pere, en la Coutume de Montpellier.

AUjourd'hui est comparue pardevant les Conseillers du Roi, Notaires à Paris soussignez, Damoiselle Marguerite B   fille majeure du sieur François B   Marchand demeurant en la Ville de Montpellier, épouse de M. Jacques B   (*de telle qualité*) de lui se disante, autorisée à l'effet des présentes, demeurante audit Montpellier, étant de présent à Paris logée ruë Paroisse   Laquelle ayant la présence personnelle dudit sieur B   son pere, demeurant audit Montpellier de présent aussi à Paris logé dite ruë & Paroisse pour ce comparant, l'a très-humblement supplié & requis de la vouloir émanciper, & tirer de sa puissance paternelle, aux fins de joüir & exercer par ladite Damoiselle de ses biens, droits & actions, & de tout autrement disposer, ainsi qu'il avisera bon être ; & ce attendu qu'elle a acquis l'âge de majorité, & qu'elle est, comme dit est mariée, & sous la promesse qu'elle fait audit sieur son pere, de lui porter toûjours le respect & obéïssance filiale qu'elle lui doit, à quoi inclinant ledit sieur B   & voulant donner à ladite Damoiselle sa fille, la liberté de joüir & disposer de sesdits biens & l'ôter de dessous sa dépendance, après avoir pris les mains de sadite fille, & les avoir serrées dans les siennes, il lui a accordé, comme il lui accorde par ces présentes sadite Emancipation : Ce faisant, consent qu'elle joüisse, fasse & dispose de tous sesdits biens & droits, comme bon lui semblera, à la charge de conserver le respect qu'elle lui doit : Dont & de quoi lesdits Comparans ont requis & demandé Acte ausdits Notaires soussignez, qui leur ont octroyé le présent, pour servir & valoir à ladite Damoiselle ce que de raison, ès Etudes, &c. l'an mil   &c.

M iiij

Enoncé d'un Contrat de Constitution, au bas duquel énoncé on transcrit les Actes qui sont au pied dudit Contrat.

ENsuite de la minutte d'un Contrat passé devant L & son Confrere Notaires à Paris le mil par lequel Messieurs les Doyen & Syndics des Conseillers du Roy, Notaires au Châtelet de Paris, pour & au nom de leur Communauté, ont créé & constitué à Damoiselle Madelaine B fille majeure livres de Rente, moyennant livres, dont elle est demeurée rachetable, portant déclaration qu'elle étoit pour employer avec autres deniers empruntez au payement de la somme de que lesdits Notaires devoient porter au Tresor Royal, au désir de la Déclaration du Roy du dernier, pour le sort principal de livres de rente, qui devoit être constituée au profit de ladite Communauté, sur les Aides & Gabelles, est l'Acte de reduction de ladite Rente du denier 20. au denier 22. & la quittance de remboursement d'icelle, dont la teneur ensuit.

Extrait d'une Déclaration.

PAr déclaration passée pardevant L qui en a la minutte, & son Confrere, Notaires à Paris, le mil Appert le sieur Bertrand P Procureur Fiscal de & Jeanne T sa femme, de lui autorisée, s'être obligez solidairement d'acquitter, garantir & indemniser le sieur R tant du prix du transport de Bail, dont il leur a passé ladite déclaration, que des autres charges, clauses, reserves & conditions d'icelui, à peine d'y être contraints par les mêmes voyes que ledit sieur R pourroit en être tenu.

Ce que deſſus extrait par les Notaires à Paris , ſouſſignez ſur la minutte originale de ladite déclaration, étant
en la poſſeſſion de L   l'un d'iceux , ce jourd'hui
mil.

Extrait d'un Legs particulier.

DU Teſtament & Ordonnance de derniere volonté
de défunt Me Denis M   ancien Avocat
au Parlement , qui a nommé pour Executeur d'icelui ,
la perſonne de M^e. F   auſſi Avocat au Parlement , reçû par L   & le S   Notaires à Paris ,
le   mil   dont l'expedition d'icelui a été viſée au
Greffe des Inſinuations du Châtelet , à Paris le   en-
ſuivant , a été extrait ce qui ſuit :

Item. Donne & legue à la Cuiſiniere , de M. le C
dont il n'a pû indiquer le nom , la ſomme de   livres
une fois payée.

Faculté de rachat hors le Contrat
d'acquiſition.

FUrent preſens , Richard B   Ouvrier en la Monnoye du Roy à Paris , & du titre & ſerment de France , demeurant   étant ce jour à Paris , & François
S   étant auſſi de preſent à Paris , leſquels ont dit
que par Contrat paſſé pardevant   Greffier & Tabellion , en la Prévôté de M   reſidant à B   preſens
témoins le   inſinué ledit jour , ledit B   & Reine
Thereſe F   ſa femme qu'il a autoriſée , auroient ſolidairement baillé à titre de Rente fonciere de Bail d'heritage non rachetable audit S   & Françoiſe F   ſa
femme qu'il a pareillement autoriſée , une portion de
maiſon ſciſe   (*mettre les Situations*) faiſant partie
de celle appartenanre en commun , tant audit B
& ſa femme , qu'à Denis C   & Marie Françoiſe ſa

femme, pour les caufes portées audit Contrat ; fait en préfence & du confentement defdits C　　& fa femme, moyennant　　livres de Rente annuelle & perpetuelle fonciere de Bail d'heritage non rachetable, premiere & privilegiée après le cens ordinaire payé ; laquelle Rente lefdits S　　& fa femme, fe font obligez folidairement de payer aufdits B　　& fa femme, par chacun an, aux termes portez audit Contrat : & comme par icelui, il a été ftipulé, ainfi qu'il eft cy-devant expliqué, que ladite Rente fera non rachetable a toûjours ; ce qui empêcheroit lefdits S　　& fa femme, ou leurs ayans-caufe de fe liberer de ladite Rente par le rachat d'icelle, toutes fois & quantes qu'il aviferoit, icelui S　　tant pour lui que pour fa femme, dont il fe fait & porte fort, auroit requis ledit B　　de lui accorder par ces prefentes ladite faculté, de racheter ladite Rente de　　livres, laquelle requifition ledit B　　a eu pour agréable, & en confequence, a par ces prefentes confenti & accordé audit S　　& à fes ayans-caufe, ladite faculté de rachat de ladite Rente toutes fois & quantes, en rendant & payant audit B　　ou à fefdits-ayans caufe ; en un ou plufieurs payemens égaux, la fomme de　　pour le remdant & payant audit B　　ou à fefdits-ayans caufe ; en un ou plufieurs payemens égaux, la fomme de　　pour le remboursement du fort principal de ladite rente, avec les arrerages qui en feront lors dûs, tous frais & loyaux coûts, franche & quitte de tous droits quelconques, & fans au furplus déroger ni préjudicier en aucune façon aux autres claufes, conventions & ftipulations dudit Contrat fufdatté, qui demeure en fa même force & vertu ; car ainfi, &c. promettant, &c. obligeant, &c. Renonçant, &c. Fait & paffé à Paris ès Etudes, &c. l'an mil　　le　　&c.

Fin d'une groſſe d'Obligation , quand elle a été rapportée pour minute , & que les Notaires qui l'ont paſſée , ſont encore Notaires.

APrés avoir mis le ſtile , on dit : Et ont ſigné : ainſi ſigné A   B   avec C   & D   Notaires au Brevet des preſentes rapporté pour minute audit D   l'un des Notaires ſouſſignez, par ledit ſieur A   créancier y nommé ; à l'effet de lui délivrer la preſente Groſſe , ſuivant l'acte d'aport , étant au pied d'icelui , paſſé pardevant les Notaires ſouſſignez, ce jourd'hui   jour d   mil   Le tout de-meuré audit D   Notaire.

Fin d'une Copie de Piece annexée à la minute de l'Acte d'apport d'icelle , lorſqu'on ne tranſcrit point ledit Apport.

Après avoir mis au bas du certifié ou paraphé, ainſi ſigné tel & tel , avec L   & G   Notaires , avec paraphes : on finit en ces termes :

EN l'Original des preſentes dépoſé pour minute audit G   l'un des Notaires ſouſſignez par ledit ſieur *tel* de lui, & dudit *tel*   Bourgeois de Paris , certifié veritable , ſuivant ledit Acte d'apport de cedit jour d   mil

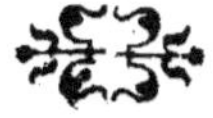

Indemnité à une Caution par les Débiteurs.

PArdevant les Conseillers du Roy, Notaires au Châtelet de Paris, soussignez, furent presens, Etienne
C   Maître Tailleur d'habits à Paris, & Jeanne le
S   à present sa femme, auparavant veuve de
vivant aussi Maître Tailleur d'habits de cette ville de
Paris, ladite le S   autorisée dudit C   son mari ;
à l'effet des presentes, demeurans à Paris, ruë   Paroisse saint   lesquels ont reconnu & déclaré que
ce n'est qu'à leur requête, priere, & pour leur faire
plaisir seulement, qu'Etienne V   Bourgeois de Paris,
s'est les   &   du present mois par le procès verbal
des mêmes jours, fait pardevant le Sieur Lieutenant
General Civil & Criminel de la Prévôté de l'Hôtel du
Roy & grande Prévôté de France, & acte de soûmission
fait en consequence au Greffe de ladite Prévôté de l Hôtel ledit jour   Juin, & en execution des Sentences
du même Juge du   dernier, intervenuës entre ledit
C   le sieur Baron de K   les Sieurs H   B
& autres, rendu & constitué caution & principal debiteur pour ledit C   tant envers ledit sieur Baron de
K   que lesdits sieurs H   de la somme de   livres   sols en principal interêts & dépens ; Partant,
promettent & s'obligent lesdits C   & sa femme, solidairement l'un pour l'autre, un seul pour le tout, sans
division, discussion ni fidejussion, garantir & indemniser envers & contre tous ledit sieur V   tant en principal, interêts, que frais & dépens dudit cautionnement ;
& faire ensorte que pour raison de ce, il ne souffre aucune perte ni dommage, ne lui en soit fait aucune poursuite ni demande, & n'en soit recherché ni inquieté en
quelque sorte & maniere que ce soit, à peine de tous dépens, dommages & interêts : à quoi lesdits C   & sa
femme solidairement comme dessus, ont obligé, affecté & hipotequé tous & chacuns leurs biens, meubles &

immeubles prefens & avenir, même ont confenti à l'e-
xecution des prefentes, être pourfuivis & contraints par
les mêmes voyes que ledit fieur V   pourroit être contraint, n'ayant icelui fieur V   comme dit eft , fait
ledit cautionnement qu'à leur priere , & pour leur faire
plaifir , élifans leur domicile folidaire & irrevocable en
leur fufdite demeure , auquel lieu, &c. nonobftant, &c.
promettant, &c. obligeant, &c. folidairement comme
deffus, renonçant, &c. Fait & paffé à Paris ès Etudes, &c.
l'an mil   le   jour de   a midi , & ont
figné.

Indemnité du droit du Dixiéme Denier du
revenu d'une Ferme par le Proprietaire
d'icelle à fon Fermier.

PArdevant les Confeillers du Roy, Notaires au Châtelet de Paris , fouffignez, fut prefent le fieur Jean
F   demeurant   Paroiffe   lequel en confideration du Bail qu'il a paffé ce jourd'hui devant les Notaires fouffignez, au profit du fieur R   des droits par
doublement fur les Boucheries de la Ville de N
pour   ans   mois commencez au premier   dernier , moyennant la fomme de   livres & Ferme par
chacun an. A par ces prefentes, promis garantir & indemnifer ledit fieur R   même payer en fon lieu &
place, le droit de Dixiéme Denier , du prix de ladite
Ferme des droits fur les Boucheries de N   en cas
qu'il lui fut demandé par Sa Majefté , pendant le cours
de fon Bail , fuivant la Declaration du Roy du 7. Octobre dernier 1710. fe refervant ledit fieur F   audit nom
fon recours, pour ledit droit de Dixiéme Denier du prix
de ladite Ferme , contre ledit fieur Proprietaire defdits
droits fur les Boucheries de la Generalité de Paris ; cette indemnité ne pouvant préjudicier audit fieur F
audit nom , ne l'ayant accordée audit fieur R   que

parceque ledit fieur R　　　n'auroit pas pris ladite Ferme
autrement.

A la charge que ces préfentes refteront en depôt ès
mains de C　　　l'un defdits Notaires fouffignez, fans
en délivrer d'expedition aux Parties, que dans le cas que
led. fieur R　　devra s'en fervir à l'encontre dudit fieur F
　　　audit nom, pour fe difpenfer de payer ledit droit
de Dixiéme denier, fuppofé qu'il lui fût demandé fur le
prix de fa ferme defdits droits fur les Boucheries de N
& non autrement : Car ainfi a été convenu entre les
Parties, qui pour l'execution des préfentes ont élû leurs
domiciles, &c.

Intitulé de l'Expedition de la Déclaration
 imprimée cy-devant page 147.

DAns le　　　Cahier des Déclarations paffées à
　　　par les Détempteurs & Proprietaires des maifons
& héritages qui en relevent devant L　　　& fon Confrere Notaires au Châtelet de Paris, eft comprife celle
dont la teneur enfuit.

Et le　　　mil　　　eft comparu　　　&c.

Intitulé d'une Quittance de ville, donnée
 par une veuve ès noms.

JEanne P　　　veuve de Nicolas C　　　Maître Doreur
　　　à Paris, tant en fon nom, à caufe de la Communauté de biens qui a été entr'elle, & ledit défunt fon mari,
& en conféquence du confentement à elle donné par
André H　　　Françoife C　　　fa femme, Nicolas L
　　　Marie C　　　fa femme, lefdites Françoife & Marie C　　　fœurs, filles dudit défunt C　　　& de ladite
P　　　fa veuve, feules enfans & uniques héritieres dudit défunt C　　　leur pere, a reconnu avoir reçû de
la fomme de　　　&c.

Intitulé d'une Quittance de Rente viagere constituée sur les Aydes & Gabelles.

SIeur Leon P   Bourgeois de Paris , ayant droit de joüir de la rente cy-après sur la tête & vie de Charlotte P   sa fille , à présent Pensionnaire au Couvent des Dames Religieuses de   Ladite Charlotte P actuellement vivante , suivant qu'il est justifié par un Acte d'attestation desdites Dames Religieuses dudit Couvent, passé pardevant les Notaires au Duché de   le Juin dernier , l'original duquel dûment contrôlé , legalisé & certifié veritable par ledit sieur P   lui a été à l'instant rendu. A audit nom reconnu avoir reçû de   la somme de

Intitulé de l'Expedition d'une Déliberation de Créanciers , tirée d'un Registre.

DU Registre des Déliberations des sieurs & Dames Créanciers de Claude D   Marchand Me à Paris , & de Marie M   sa femme , étant en la possession de C   l'un des Notaires soussignez , Successeur de M. Antoine B   cy-devant Notaire , commencé le   Avril   en a été extrait ce qui suit.

Déclaration pour équipoler Inventaire.

AUjourdhui est comparue pardevant les Conseillers du Roi , Notaires au Châtelet de Paris soussignez Dame Marie-Anne B   veuve de Messire François D   Chevalier , Marquis de   & autres lieux , d'avec lequel elle étoit séparée de biens par Sentence contradictoirement rendue audit Châtelet le   demeurante ruë   Paroiſſe   Laquelle a déclaré qu'au jour du decès dudit ſieur Marquis d   ſon époux, arrivé en cette Ville le   en la maiſon du ſieur C oncle de ladite Dame, ſciſe ruë   il n'a laiſſé aucuns meubles & effets mobiliers, ſinon quelque peu de linge & un habit complet de drap noir, perruque, chapeau, bas & ſouliers, qu'elle a donnez tant à ſes domeſtiques, qu'employez à faire prier Dieu pour lui; & quant aux meubles, tapiſſerie, vaiſſelle d'argent, linges & autres meubles meublans dudit défunt, & qui dépendoient de ſa Communauté avec ladite Dame, ils lui ont été adjugez en execution de laditeSentence de ſéparation, par le procès verbal de vente d'iceux, fait par Chriſtophe R   Huiſſier-Priſeur audit Châtelet du   A l'égard des titres & papiers concernans ſes biens immeubles, ladite Dame Comparante a appris qu'ils ſont ès mains de   affirmant par ſerment par elle fait & prêté ès mains de   l'un deſdits Notaires ſouſſignez, n'avoir aucuns autres meubles que ceux portez audit procès verbal, & que le contenu cy-deſſus eſt veritable, proteſtant que lorſqu'elle pourra retirer leſdits titres & papiers, & recouvrer quelques effets, ſi aucuns ſe trouvent de ladite ſucceſſion, d'en faire les déclarations & deſcriptions telles qui ſeront neceſſaires, ſans préjudice de ſes créances, pour raiſon de ſes dot, doüaire & autres conventions matrimoniales, deüil, frais de maladie & funeraires dudit défunt par elle payez de ſes deniers, dont & de ce que deſſus ladite Dame Marquiſe D a requis & demandé Acte auſdits Notaires ſouſſignez, qui lui ont octroyé le préſent, pour lui ſervir & valoir, ce que de raiſon en l'Etude dudit   l'un d'iceux le mil   a   midi. Et a ſigné.

Déclaration

Déclaration d'une Veuve, comme son mari n'a laissé que fort peu d'effets aprés son decés.

AUjourd'hui est comparuë pardevant les Conseillers du Roi, Notaires au Châtelet de Paris soussignez, Dame Marie Anne B   Veuve de Messire François de P   Chevalier, Marquis de P   & autres lieux, d'avec lequel elle étoit separée de biens par Sentence contradictoirement renduë entr'eux audit Châtelet le dernier, demeurante à Paris ruë   Paroisse saint laquelle a par ces présentes, dit & déclaré, qu'au jour du decès dudit sieur Marquis de P   son époux, arrivé en cette Ville le   aussi dernier, en la maison du sieur du C   oncle de ladite Dame, scise ruë   près   il n'a laissé aucuns biens meubles & effets mobiliers, sinon quelque peu de linge & un habit complet de drap noir, perruque, chapeau, bas & souliers, qu'elle a donné, tant à ses domestiques, qu'employez à faire prier Dieu pour lui, & quant aux meubles, tapisseries, vaisselle d'argent, linge & autres meubles meublans dudit défunt, & qui dépendoit de sa Communauté & de ladite Dame comparante son épouse, ils lui ont été adjugez en execution de ladite Sentence de separation par le Procès verbal de vente d'iceux, fait par Christophe R   Huissier-Priseur audit Châtelet du   dudit mois de   à l'égard des Titres & papiers, concernant ses biens immeubles ; ladite Dame a appris, qu'ils sont ès mains de Me. L   Notaire audit Châtelet, affirmant par serment par elle fait & prêté ès mains de N   l'un desdits Notaires soussignez, n'en avoir aucuns pardevers elle, ni autres meubles que ceux portez audit procès verbal ; & que le contenu cy-dessus est veritable : Promettant que lorsqu'elle pourra retirer lesdits titres & papiers, & recouvré quel-

N

ques effets , fi aucuns fe trouvent de ladite fucceffion ,
d'en faire les declarations & defcriptions, telles qu'elles
feront nceeffaires , fans préjudice de fes créances pour fes
dot , doüaire & conventions matrimoniales , deüil , frais
de maladie & funeraires dudit défunt par elle payez de
fes deniers : dont & de ce que deffus , ladite Dame
Marquife de P   a requis & demandé acte aufdits Notaires fouffignez , qui lui ont octroyé le préfent , pour
lui fervir & valoir en tems & lieu , ce que de raifon , en
l'Etude dudit N   Notaire , le   mil fept cent
vingt   a   midy , & a figné.

Intitulé d'Inventaire.

L'An mil   le   jour d   a   midi , à la Re-
quéte d'Efther P   fille majeure , ufante & joüiffante de fes biens & droits , demeurante   Donataire
univerfelle de défunte Marguerite B   au jour de fon
decès , veuve de Pierre P   vivant, faifeur de Battoirs,
en la préfence de Nicolas L   auffi Faifeur de Battoirs
à Paris , y demeurant ruë   Paroiffe   habile à fe
dire & porter heritier de ladite défunte , & en préfence
de Me. Pierre J   Avocat en Parlement & premier
Subftitut de Monfieur le Procureur du Roi audit Châtelet de Paris , pour l'abfence d'Etienne P   frere defdits fufnommez , auffi habile à fe dire & porter heritier
de ladite défunte , pour la confervation des droits des
Parties , & de qui il appartiendra , par les Confeillers
du Roi , Notaires Gardenotes & Gardes-fcel au Châtelet de Paris fouffignez : A été fait Inventaire & defcrip-
tion de tous & chacuns les biens meubles & effets demeurez après le decès de ladite défunte P   trouvez
& étant dans   dépendans de la maifon , où elle eft
decedée , faifant face à   reprefentez par ladite Efther
P   & Louis R   Garçon , Faifeur de Battoirs , demeurant en ladite maifon , comme Gardien des fcellez
appofez fur lefdits biens , après ferment par chacun d'eux

faitès mains defdits Notaires fouffignez , qu'ils n'en ont
rien caché ni detourné fous les peines de droit en tel
cas introduites , à eux expliquées & données à entendre
par l'un defdits Notaires en préfence de l'autre : lefdits
biens meubles prifez & eftimez par Daniel D   Huiffier-Prifeur audit Châtelet , ayant été au préalable les
fcellez , levez & ôtez par Mᶜ.Michel M   Confeiller du Roi, Commiffaire Enquêteur & Examinateur audit Châtelet , lequel les avoit appofez , & ce en vertu
de l'Ordonnance de Monfieur le Lieutenant Civil du
      étant au bas de la Requête à lui préfentée, demeu-
rée annexée à fon procès verbal , le tout aux proteffa-
tions faites refpectivement par les Parties énoncées audit
procès verbal dudit fieur Commiffaire : Ladite Efther
P   a declaré ne fçavoir écrire ni figner , de ce interpellée : & les autres ont figné.

Extrait d'Intitulé d'Inventaire pour mettre en
tête de la Procuration d'un héritier d'un dé-
funt à fon Coheritier , &c. pour juftifier du-
dit Inventaire , & à la Requête de qui il a
été fait. Cette Procuration eft imprimée
cy-après au rang des Procurations.

L'Inventaire des biens & effets de la fucceffion de défunt Nicolas G   fieur D   a été fait par L
l'un des Notaires fouffignez & fon Confrere , en datte
au commencement du   à la Requête de Dame Geneviéve G   veuve du fieur François S   Bourgeois
de Paris , & de François M   Ecuyer , Confeiller,
Secretaire du Roi , Maifon-Couronne de France & de
fes finances , au nom & comme conjointement Executeur du Teftament & Ordonnance de derniere volonté
dudit fieur D   leur frere & oncle , & en qualité d'habiles à fe dire & porter heritiers chacun pour moitié

N ij

dudit défunt fieur D   comme il est plus au long mentionné audit Inventaire, dont ledit L   a la minute.

Extrait d'une clôture de vacation d'un Inven-
taire fait après le decès d'un défunt, à la
Requête des Héritiers de fa fucceffion, pour
juftifier que les Parties ont confenti la vente
des effets ; & que fur le produit d'icelle,
l'Huiffier paye au principal Locataire de la
maifon, où étoient les meubles & effets, la
fomme à laquelle ils font convenus à l'a-
miable.

PAr la clôture de la Vacation du   mil   à midi
fonné, en l'Inventaire fait après le decès de défunt
Jacques L   · Ecuyer fieur D   en datte au commencement du   par C   l'un des Notaires fouffignez,
& fon Confrere, à la Requête de Meffire François L
Prevôt de l'Eglife Collegiale de   & de Dame Marie
Anne L   veuve de Meffire Jacques D   Ecuyer,
Seigneur D   & autres lieux, frere & fœur dudit
défunt.

Appert lefdites Parties avoir confenti que le fieur R
      Huiffier-Prifeur, qui a prifé les meubles mention-
nez audit Inventaire en faffe la vente, & que fur le prix
d'icelle, il paye au fieur Gabriel L   Marchand Frui-
tier, principal Locataire de la maifon où il demeure
      livres, dont il eft convenu avec les Parties par ac-
commodement, tant pour le loyer des lieux qu'il a prêté pour ferrer les meubles dudit défunt, que pour l'appartement qu'il lui avoit loué pour entrer audit jour
ayant toutes les Parties confenti que ledit L   difpofe
dès à préfent defdits lieux, & auffi pour l'embarras qu'il
a eu dans le cours dudit Inventaire, & celui de la vente qui fe fera comme dit eft, & l'ont les mêmes Parties

dechargé à pur & à plein de tous lefdits meubles & de toutes chofes generalement quelconques.

Ce que deffus, pris, extrait & collationné par les Confeillers du Roi, Notaires à Paris fouffignez, fur la minute dudit inventaire étant en la poffeffion dudit C
l'un d'iceux, le

Etat & Mémoire en forme d'Inventaire fous feings-privez à l'amiable des biens meubles & autres effets de la fucceffion d'un défunt par fa veuve & héritiers.

NOus fouffignez Catherine P.   veuve du fieur Rolland Q   vivant Bourgeois de Paris, habile à me porter commune en biens avec lui, fauf à y renoncer cy-après, fi je le juge à propos; d'une part. Et nous Jacques & François Q   enfans dudit défunt Rolland Q   & de ladite Catherine P   à préfent fa veuve, habiles à nous dire & porter héritiers chacun pour moitié de notredit pere, fauf cy-après à renoncer à fa fucceffion, fi nous le jugeons à propos par confeil d'autre part. Ce jourd'hui   jour d   mil fept cens vingt   fommes convenus enfemble de ce qui enfuit.

C'eft à fçavoir, que moi veuve Q   ayant témoigné à mefdits enfans que pour fatisfaire à la coutume & diffoudre la Communauté de biens, qui a été entre mondit défunt mari & moi; mon deffein étoit de faire faire en Juftice par les Notaires & Huiffier du Châtelet en la maniere accoutumée, un Inventaire des biens qui étoient communs entre mondit défunt mari & moi, & le faire clore dans le tems porté par ladite Coutume; mefdits enfans m'ont remontré, qu'étant majeurs, n'y ayant pas eu de fcellé après le decès de mondit mari, fes meubles n'ayant pas été executez, & ne paroiffant aucun Créancier de leurdit pere, il étoit très-inutile de faire faire un Inventaire en Justice, qui ne produiroit que de grands frais, lesquels consommeroient une bonne partie du peu de biens délaissé par leurdit défunt pere, & qu'il suffiroit de faire entre nous à l'amiable sous nos seings privez un Etat & Mémoire de la consistance desdits biens & effets, & la prisée d'iceux à l'amiable, & qu'ils consentoient qu'au moyen de ce ladite Communauté demeurera dissolue ; ce que moi veuve Q ai bien voulu accorder à mesdits enfans ; sans préjudice néanmoins à moi de me pourvoir pour la repetition, tant de mes droits à moi acquis par mon Contrat de mariage, qu'autrement, contre qui & ainsi que j'aviserai bon être ; & en conséquence desquels nos consentemens reciproques, nousdites veuve & enfans dudit sieur Q avons procedé à la prisée & estimation à l'amiable desdits meubles & effets à leur juste valeur & sans cruë, ainsi qu'il ensuit.

Premiérement, dans *tel endroit, telle chose*, prisée, *tant*, cy

Item. *Telle chose, &c. Et ainsi continuer jusqu'à la fin, qu'il faut signer triple.*

Licitation d'une Maison entre des héritiers.

FUrent presens Claude L   Jardinier, demeurant à   étant ce jour à Paris : Gabriel L   aussi Jardinier, demeurant audit   étant aussi ce jour à Paris   Pierre S   Cocher de Monsieur C   Conseiller au Parlement, Genévieve L   sa femme, de lui autorisée, à l'effet des présentes, demeurant à Paris, ruë   Paroisse saint   Et Marie L   fille majeure usante & jouïssante de ses biens & droits, demeurante audit lieu de   étant ce jourd'hui à Paris, lesdits L   freres & sœurs, enfans & heritiers chacun pour un quart de défunts Claude L   Vigneron audit   & Anne F   sa femme, leur pere & mere.

Lesquelles parties, ont dit que de tous les biens im-

meubles de la succession dudit défunt Claude L
leur pere, il ne reste plus à partager enrr'eux qu'une
Maison scituée audit   au-dessous du Cimetiere, divisée en deux Corps de logis, appliquez à caves, chambres, grenier, cour, pressoir, jardin derriere, enclos de
murs, le tout contenant un arpent six perches de terre
ou environ, tenant d'une part à   d'autre à   d'un
bon sur la ruelle   & d'autre sur la ruë dudit Cimetiere, couvert de thuiles ; lesquels deux corps de logis,
cour & jardin, lesdits heritiers n'ont pû partager commodement entr'eux, veu la nature & qualité desdits
biens, qui ne se peuvent diviser en differentes portions ;
& comme lesdits biens sont chargez de cinq parties de
rentes cy-après déclarées, ils n'ont pû trouver des acquereurs, quoiqu'ils ayent fait publier au Prône de la
paroisse dudit   que lesdits biens étoient à vendre ;
& s'étant écoulé plusieurs années sans que les arrerages
de quelques-unes desdites parties de rentes, ayent été
payez, il s'en trouve aujourd'hui une somme considera-
rable dûë, laquelle jointe aux principaux desdites rentes, & les deniers qu'il conviendra débourser pour les
reparations à faire ausd. corps de logis ; tout cela a empêché les acquereurs de se présenter ; ensorte que lesdits
heritiers auroient resolu de faire une Licitation à l'a-
miable entr'eux desdits biens, puisqu'ils ne peuvent les
partager, ils se feroient transportez à plusieurs fois èsdits corps de logis, cour & jardin, avec personnes à ce
connoissans, de l'avis desquelles ils ont chacun porté
leurs encheres en la forme & maniere qui ensuit, après
avoir fait état desdites dettes en principaux ou accessoi-
res, consistans premierement en   livres   sols
deniers de rente au principal de   vres constituez
par lesdits deffunts Claude L   & Anne F   sa femme, au profit de Denis L   par Contrat passé pardevant P   Tabellion audit   présens témoins le
ladite rente appartenant aujourd'hui aux Enfans mineurs de Claude L   Marchand de Vin à Paris, fils
aîné dudit Denis L   desquels mineurs, Jeanne H

leur Mere , & Jean G   fon mari en fecondes Nôces,
fon Tuteurs, conjointement, cy   livres   fols
denier.

Plus la fomme de   livres   fols   deniers,
pour   années d'arrerages de ladite rente échuë le
        jour d   dernier, cy   livres   fols
deniers.

Plus   livres   fols de rente au principal de
livres conftituez auffi par lefdits Claude L   & Anne
F   fa femme , au profit de Michel B   par Contrat
paffé pardevant ledit P   Le   appartenant préfentement à Jean L   Marchand de Vin à Paris , comme
heritier dudit Denis L   fon pere , auquel elle avoit
été tranfportée par lefdits B   & fa femme , par Contrat paffé pardevant   Tabellion à   le   cy
        Plus, &c.

Total defdites dettes , la fomme de   livres   fols
        deniers , cy

Et après avoir ainfi établi la nature & qualité des dettes
& charges qui font à prendre fur lefd. biens, a été paffé à
la reception des encheres defdits biens, pour parvenir à
l'Adjudication par Licitation d'iceux en la maifon de
        l'un des Notaires fouffignez , ainfi qu'il enfuit.

1. . Sçavoir par ledit Claude L   à la fomme de
        livres.
2.   Par ledit Gabriel L   à   livres.
3.   Par lefdits Sieurs   & fa femme à   livres.
4.   Par Marie L   à   livres.
        Plus continuant lefdites Encheres.
1.   Ledit Claude L   auroit porté ledit prix à
        livres.
2.   Ledit Gabriël L   à   livres.
3.   Lefdits Sieur   & fa femme à   livres.
4.   Et ladite Marie L   à   livres.
        Et pour trois fois continüer lefdites Encheres.
1.   Ledit Claude L   auroit porté ledit prix jufqu'à
        la fomme de   livres , & a requis l'adjudica-
        tion.

Et parce qu'outre & par deſſus ledit Claude L   perſonne n'a voulu encherir, après avoir attendu les délais
ſuffiſans ; ladite maiſon cy-deſſus déclarée, diviſée en
deux corps de logis, bâtiment & dépendances, cour,
preſſoir, jardin enclos de murs ſcituez à   ſera &
demeurera par forme de Licitation ou de partage & à
tel autre titre que ce puiſſe être, audit Claude L
pour par lui ſes hoirs, & ayans-cauſe jouir, faire & diſpoſer du tout, tant en fonds que fruits du   , en
avant, & ce pour & moyennant ladite ſomme de
livres, qui eſt la valeur de ſon enchere, comme plus
offrant & dernier Encheriſſeur ; en déduction de laquelle
ſomme de   livres, ledit Claude L   s'eſt chargé
& ſe charge par ces préſentes des dettes cy-deſſus déclarées, montant tant en principaux qu'acceſſoires à la
ſomme de   livres   ſols   deniers, & en ſe faiſant, promet & s'oblige de payer leſdites rentes de
livres   ſols   deniers par année auſdits·   &c.
    livres audit   &c. faiſant leſdites   parties de
rentes enſemble   livres   deniers de rente par année envers leſdits   & ainſi continuer d'année en année, le payement des arrerages deſdites rentes & tant
d'iceux que de leurs principaux, acquitter ſeſdits coheritiers ; comme auſſi il ſe charge & promet de payer auſdits   & ſa femme, ladite ſomme de   livres
ſols   deniers, pour arrerages échûs de leur rente,
plus celle de   audit Jean L   pour même cauſe,
& enfin celle de   livres, à tous leſdits heritiers, Denis L   dans le terme, & comme le porte ladite tranſaction du   Enſorte que ſeſdits coheritiers n'en ſoient
dans la ſuite pourſuivis, inquietez ni recherchez, à peine de tous dépens, dommages & interêts. Faiſant le payement deſquelles ſommes & le rembourſement deſdites
rentes, ledit Claude L   ſe fera ſubroger, ſi bon lui
ſemble, comme leſdits coheritiers le conſentent, aux
droits, privileges & hypotheques deſdits Créanciers,
pour ſa plus grande ſûreté de la préſente acquiſition ;
Et à l'égard du ſurplus du prix de ladite adjudication,

montant à la somme de   livres   sols   deniers,
qui étant divisée entre lesdits coheritiers, revient à
livres   sols   deniers , pour chacun d'eux ; le
quart afferant audit Claude L   demeure confus en sa
perfonne , & pour les trois autres quarts afferants à chacun defdits coheritiers, icelui Claude L   s'oblige de
les payer à chacun d'eux dans un an d'huy prochain , &
fans interêts , dont chacun defdits coheritiers le décharge : aufquels payemens defdits trois quarts & continuation defdites rentes, garantie de leurs principaux & payement des autres fommes mentionnées cy-deffus , lefdits
biens , auffi cy-deffus adjugez & licitez, demeurent par
privilege primitif , obligez & hypotequez , y obligeant
& hypotequant en outre ledit Claude L   fes autres
biens, meubles & immeubles , préfens & avenir , une
obligation ne dérogeant à l'autre ; tranfportant par lefdits Gabriel L   André & Claude L   tous droits
de proprieté , deffaififfant , &c. voulant , &c. Procureur,
le porteur , &c. donnant , &c. pouvoir , &c. Reconnoiffant ledit Claude L   avoir pardevers lui les Titres de proprieté defdits biens, dont il eft content ; & en
confequence des préfentes, toutes les difficultez qui auroient pû naître entre lefdits heritiers , au fujet du partage defdits biens , font finis , & ne fubfiftent plus :
car ainfi a été convenu & accordé entre les Parties, qui
pour l'execution des préfentes , ont élû leurs domiciles
ès maifons où elles demeurent, cy-devant déclarées ,
Aufquels lieux , &c. nonobftant , &c. promettant , &c.
obligeant chacun en droit foi, renonçant, &c. Fait &
paffé à Paris , en la maifon dudit   Notaire , l'an mil
fept cent vingt   le   jour d   a   midi : Et
ont figné.

Marché de Maçonnerie au rabais.

DEvis des Ouvrages de maçonnerie à faire pour la reconstruction à neuf, de   boutiques & appartement au-deffus, fur une place fcife en cette Ville fur le Quay   appartenante à M. F.   pour un fixiéme, & à Damoifelle Anne-Michelle F   fa fille, pour cinq fixiémes, le tout fuivant les plans & élevations cy-joints, & de la qualité des materiaux cy-après déclarez.

PREMIEREMENT.

Sera fait, &c.
Plus fera pareillement fait, &c.

CONSTRUCTION.

Seront faits, &c.
Plus fera fait, &c.
Tous lefquels Ouvrages énoncez au prefent Devis, feront faits & parfaits, fuivant l'Art, fujets à vifite & reception enfin d'iceux ; par Experts & gens à ce connoiffans, fuivant & conformement aux plans & élevations qui en ont été faits, fignez & paraphez des Parties pour être joints au prefent Devis & marché.

AUJOURD'HUY   mil   heures de relevée, eft comparu pardevant les Confeillers du Roy, Notaires au Châtelet de Paris fouffignez, en l'Etude de L   l'un d'iceux, Philippes F   Confeiller demeurant à Paris   proprietaire pour un fixiéme, d'une place mentionnée au devis cy-deffus & des autres parts, en fon nom, en ladite qualité ; & encore au nom & comme Tuteur *ad hoc* de Damoifelle Anne Michelle F   fa fille, proprietaire des cinq autres fixiémes, élû en ladite qualité par l'avis des fes parens & amis homologuez par Sentence du Châtelet de Paris, du   jour   dernier, étant au Regiftre de T   Greffier, lequel èſdits noms, a dit, qu'il a fait afficher au Bureau de la Maſſonnerie, en pluſieurs endroits de cette Ville, le marché au rabais qu'il convient faire des Ouvrages de maſſonnerie, pour la reconſtruction à neuf de Boutiques & appartements au-deſſus, ſiſe en cette Ville ſur le quay de　ſuivant les plans & élevations qui en ont été faits, à ce que tous Entrepreneurs de Bâtimens, ſoient reçûs en ladite Etude, pour mettre au rabais leſdits Ouvrages, & au moins prenant à faire marché d'iceux, conformément au devis qui eſt en tête des préſentes, & aux autres charges & conditions, qui ſeront expliquées par ledit marché; & a ſigné.

Eſt auſſi comparu Jacques J　Entrepreneur de Bâtimens, demeurant à Paris, ruë　Paroiſſe Lequel après avoir pris communication dudit devis, plans & élevation, a dit qu'il offroit d'entreprendre les Ouvrages y contenus, à raiſon ſçavoir, *tant* pour *telle choſe, tant* pour *telle autre*　& a ſigné.

Et de même à toutes les autres Comparutions que l'on met enſuite les unes des autres. Enſuite de la derniere d'icelles, on met. Et après avoir par ledit ſieur F attendu en ladite Etude, depuis ladite heure de　juſqu'à celle de　ſonnées, ſans qu'il ſe ſoit préſenté autres Entrepreneurs, ni autres qui faſſent les conditions meilleures que ledit ſieur Pierre B　ledit ſieur F　lui a èſdits noms fait l'adjudication deſdits Ouvrages, pour le prix qu'il les a portez au rabais; en conſequence, ledit ſieur B　s'eſt obligé de faire faire tous leſdits Ouvrages, conformement auſdits devis, plans & élevation d'iceux, qui ſont demeurez cy-annexez, pour y avoir recours, après avoir été deſdits ſieurs F　& B　paraphez, *ne varietur*, & à leur requiſition des Notaires ſouſſignez; & à cet effet, promet led. ſieur B　de fournir de tous materiaux neceſſaires de la qualité portée audit devis, peines d'Ouvriers, équipages, échafaudages, & generalement toutes choſes quelconques, pour la perfection d'iceux ouvrages, à commencer à y travailler dès demain, avec nombre d'Ou-

vriers suffisant , pour que ladite maison soit en état d'ê-
tre loüée pour le terme de   prochain , en rendant
place nette de tous immondices & gravois; à peine , &c.
& de supporter la diminution du prix des Loyers, pourvû toutesfois que le retardement provienne de son fait.
Tous lesquels Ouvrages seront toisez aux Us & Coûtu-
mes de Paris ; & dès à present ledit sieur F   en déduction du prix d'iceux, a presentement payé audit
sieur B   en loüis d'argent & monnoye , bons &
ayans cours, la somme de   livres, dont quittance.
Et en déduction du surplus, promet & s'oblige ledit
sieur F   èsdits noms & solidairement , de payer aud.
sieur B   en sa demeure à Paris, où au porteur; sçavoir,   livres à la Saint   prochain ,   livres, au
premier   aussi prochain , &   livres, lorsque led.
bâtiment sera fait & parfait ; & le restant de ce à quoi se
trouveront monter lesdits Ouvrages après le toisé & reception qui en sera fait à l'amiable par Experts ; & que
lesdits Ouvrages seront reçûs en Justice; ledit sieur B
le prendra sur les loyers de ladite maison , & en billets
de monnoye , & pour l'éxecution des présentes, lesdits
sieurs F   èsdits noms , & B   élisent leurs domiciles où ils demeurent , devant déclarez ; ausquels
lieux , &c. nonobstant , &c. promettant , &c. obligeant , &c. chacun endroit soi , renonçant , &c. Fait
& passé, à Paris ès Etudes   le   l'an mil sept
cent   Et ont signé.

Mention sur une Piece.

LEs   livres mentionnées en l'obligation cy en
droit , ont été payées & acquittées par le sieur
audit sieur   pour & en l'acquit desdits sieur & Damoiselle   débiteurs , suivant la quittance de payement passée devant L   & son Confrere Notaires le
          Juillet mil   portant subrogation de droits, en
faveur dudit sieur   par ledit sieur   & pouvoir de faire

la préfente mention, laquelle a été faite ce jourd'hui
mil

Mention de payement à mettre au pied d'un compte d'execution teftamentaire.

IL paroît par le Certificat donné par le R. P. F
Prêtre de   le   mil   étant enfuite d'une
quittance fous fignature privée du   précedent, donnée par Reverende Dame Marie-Agnès D   Supe-
rieure du Monaftere de   de la fomme de   livres,
pour partie de la dot de Sœur Marie   en faveur de
fa Profeffion audit Monaftere, qu'il eft entré en ladite
fomme celle de   livres, que M. B   Payeur des
rentes a fait remettre audit R. P. F   pour fervir à la
dot de ladite Damoifelle Ch   & par autre quittance
du   mil   donnée par Reverende Dame, fœur Marie
Armande D   Prieure du Prieuré de Notre-Dame de
        Ordre de faint Benoît à   lès Paris; il paroît que
ledit fieur B   payeur des rentes a payé à ladite Dame
en qualité d'Executrice teftamentaire de M. Charles
la fomme de   livres, en confideration de la Profeffion de Damoifelle Elizabeth-Françoife de Ch   lefdi=
tes deux quittances dépofées par ledit fieur B   à C
l'un des Notaires fouffignez par Acte de ce jourd'hui
        mil   en vertu duquel & defdites quittances,
les Notaires fouffignez ont fait la préfente mention, autant de laquelle a été mife fur la minute du préfent
compte d'execution teftamentaire étant en la poffeffion
dudit C   Notaire.

Mention d'une Quittance de rachat portant subrogation de droits en faveur d'un tiers, pour mettre en marge de la minute & groſſe d'un titre nouvel.

LA rente énoncée au préſent titre nouvel a été rem-bourſée, & les arrerages qui en étoient dûs, payez par J B entre les mains du ſieur C B des deniers déclarez en la quittance dudit rembourſement paſſée devant les Notaires ſouſſignez, ce jourd'hui mil ſept dont C l'un d'eux a la minute, por-tant pouvoir de faire la préſente mention & ſubrogation des droits, privileges & hypoteques du ſieur B en faveur de R B & de ſieur F

Mention d'un Rembourſement, pour mettre en marge de la minute & groſſe d'un Bail à rente.

LEs de rente de Bail d'heritages cy-endroit men-tionnée, ont été rembourſées par leſdits A & ſa femme, auſdites Dames Religieuſes, & les arrerages qui en étoient dûs du paſſé juſqu'au jour ſaint Martin d'hiver dernier payez, & à l'égard de ceux échûs depuis juſqu'à ce jour, ledit A a promis les payer de la maniere expliquée en la quittance paſſée devant les No-taires ſouſſignez ce jourd'hui mil portant pouvoir de faire la préſente Mention.

Obligation portant délégation.

FUt préfent Meffire François D   demeurant à Paris , ruë   Paroiffe faint   Lequel a reconnu
devoir légitimement à M. Pierre R   demeurant ruë
faint   Paroiffe faint   à ce préfent & acceptant la
fomme de   livres , pour pur & loyal prêt d'argent par
lui fait audit Seigneur D   en louis d'argent & monnoye bons & ayans cours qu'il lui a comptez nombrez &
délivrez à la vûë des Notaires fouffignez, pour employer
en fes affaires dont il eft content, promet & s'oblige de
lui rendre & payer ladite fomme de   en fa demeure
à Paris , ou au porteur , &c. à fa volonté & premiere demande , à peine , &c. & pour lui en faciliter le payement ledit Seigneur D   lui a delegué pareille fomme
de   livres à recevoir de qui il appartiendra fur celle
de   livres , faifant partie du prix de l'Hôtel de
par ledit fieur D   vendu à M   dont il fait audit
fieur R   jufqu'à cette concurrence toute ceffion &
tranfport neceffaires avec garantie; même auffi pour plus
grande fûreté ledit Seigneur D   cede & tranfporte avec
même garantie audit fieur R   ce acceptant pareille
fomme de   liv. auffi à recevoir de qui il appartiendra
pour fa penfion de la préfente année   à lui accordée
en fa qualité de Secretaire du Cabinet de Sa Majefté , de
laquelle il lui a fourni fon blanc-feing fur parchemin ,
& fans que lefdits tranfports puiffent empêcher l'execution de ladite Obligation , une voye n'empêchant l'autre , & fi elle eft par ledit Seigneur D   acquittée il lui
fera fait toutes retroceffions & remife du blanc-feing de
fadite penfion , & a élû fon domicile pour l'execution
des préfentes où il demeure : auquel lieu , &c. promettant , &c. obligeant , &c. renonçant. Fait & paffé à Paris en l'Hôtel dudit Seigneur D   l'an mil   le
a   midi. Et ont figné.

Paraphe

Paraphe Ne varietur.

PAraphé (*ne varietur*) au defir de l'Acte de depôt paffé devant nous Confeillers du Roi , Notaires Gardenotes & Gardes-fcel au Châtelet de Paris fouffignez , ce jourd'hui   d   mil

Partage fuccint.

FUrent préfens Louis P   Maître Paticier à Paris , & Marie-Anne B   fa femme, qu'il autorife à l'effet des préfentes , demeurans ruë   Paroiffe faint d'une part. Et René M   Maître Fondeur à Paris , y demeurant ruë   fufdite Paroiffe faint   au nom & comme Tuteur de Sebaftien âgé de neuf ans , Marie âgée de cinq ans , & de Louis M   âgé de trois ans le tout ou environ, fes enfans mineurs , & de défunte Catherine Jacques B   fa femme , élû à ladite charge de l'avis des parens & amis defdits mineurs , homologué par Sentence du Châtelet du   dernier étant au Regiftre de   Greffier de la Chambre Civile, laquelle charge il a accepté par Acte du   dudit mois , étant enfuite de ladite Sentence laquelle a nommé ledit fieur P fubrogé Tuteur defdits mineurs , qui a accepté pareillement cette charge le même jour   dernier , ladite Marie-Anne B   de fon chef , & lefdits mineurs par reprefentation de ladite défunte Catherine Jacques B leur mere , heritiers chacun pour moitié de défunts Sebaftien B   Maître Boulanger à Paris , & de Marie M   fa femme pere & mere de ladite Marie-Anne B ayeuls defdits mineurs , d'autre part. Lefquels ont dit qu'après le decès de ladite Marie M   arrivé après celui dudit Sebaftien B   fon mari , ils ont fait faire à leur Requête, Inventaire des effets demeurez après leur decès par   & fon Confrere , Notaires fouffignez ce

O

jourd'hui, qui confiſtent en quelques meubles & uſtenciles de ménage. Leſquels leſdits P   & ſa femme &
ledit M   audit nom reconnoiſſent avoir partagé entr'eux également & par moitié à l'inſtant de la confec-
tion dudit Inventaire, dont ils ſont contens : au moyen
de quoi ils ſe trouvent égalez l'un à l'autre dans les biens
deſdites ſucceſſions. Promettant, &c. obligeant, &c.
ledit M   audit nom, renonçant, &c. Fait & paſſé à
Paris en l'Etude dudit   Notaire, l'an mil ſept cens
vingt   le   après midi. Et ont ſigné.

Partage entre des Héritiers & Donataires de deux maiſons à eux appartenant eſdites qualitez.

FUrent préſens Jacques B   demeurant   Paroiſſe ſaint   Richard B   demeurant   Paroiſſe
ſaint   Claude B   demeurant   Paroiſſe ſaint
& Magdelaine B   femme de Laurent P   Laboureur à   de lui pour ce préſent autoriſée à l'effet des
préſentes, étant tous ce jour à Paris, héritiers chacun
pour un quart de Claude B   leur pere, & encore,
comme Donataires de Marie le B   leur mere, veuve dudit Claude B   par Acte portant abandonnement
& partage paſſé pardevant R   & V   Notaires à
Paris le   mil   par lequel ladite veuve B   leur
mere leur auroit abandonné tous ſes biens ſans aucune
reſerve, à la charge d'une penſion ſa vie durant, lors
duquel Acte leſdits heritiers B   auroient partagé entr'eux les terres ſituées audit A   énoncées audit Acte d'abandonnement, & à l'égard des deux maiſons ſituées audit   l'une ruë de   & l'autre ruë du
ils en auroient joüi en commun depuis ledit jour
& deſirant leſdites Parties partager leſdites deux maiſons, & joüir à part & divis des portions qui leur écheront, a été préſentement fait quatre Lots du conſentement deſdites Parties en la maniere ſuivante.

Premier Lot.

Le premier Lot aura & lui appartiendra dès maintenant & à toujours, c'est à sçavoir, une salle basse tenant à la porte chartiere d'un côté, & de l'autre à la maison des heritiers de Jacques le B   le pignon commun, d'un côté sur la ruë de   & d'autre à la cour commune, la chambre étant au-dessus de ladite grande porte cy-dessus ; ladite salle & le grenier au dessus couvert de thuiles, le pignon depuis ladite chambre commun avec le second Lot. Plus une grange tenante ausdits heritiers de Jacques le B   & aux peres de L couverte de thuiles, une écurie & grenier au-dessus aussi couverte de thuiles, tenans ausdits heritiers d'un côté & d'autre au second Lot. Plus cinq perches de jardin à prendre sur la largeur du grand jardin tenant à ledit premier Lot estimé entre les Parties, la somme de   livres, cy   oo livres.

Second Lot.

Le second Lot aura & lui appartiendra dès maintenant & à toujours ; c'est à sçavoir, une salle basse d'un côté tenant à ladite grande porte chartiere, & d'autre au jardin, d'un bout par haut sur la rue de Paris, & d'autre au troisiéme Lot cy-après énoncé. Plus la chambre & le grenier au-dessus couvert de thuilles, la goute lui servant au troisiéme Lot de pignon commun avec le present Lot, la cave dessous ladite salle. Plus une écurie tenant à celle dudit premier Lot, d'un côté & d'autre à celle du troisiéme Lot, & le grenier au-dessus couvert de thuiles. Plus cinq perches de jardin à prendre dans ledit grand jardin du côté de la rue de   estimé entre les Parties la somme de   livres, cy   oo livres.

Troisiéme Lot.

Le troisiéme Lot aura & lui appartiendra dès maintenant & à toujours ; c'est à sçavoir, un Hangard tenant d'un côté à la salle du second Lot, d'autre au fournil. Plus la chambre & grenier au-dessus couvert de thuiles, le fournil tenant audit Hangard & le grenier au-dessus de l'écurie tenant d'un côté & d'autre ausdits peres de L

& cinq perches de jardin à prendre dans le grand jardin tenant aufdits héritiers de Jacques le B   eftimé entre les Parties la fomme de   cy   oo. livres.

Q U A T R I É M E L o t.

Le quatriéme & dernier Lot aura & lui appartiendra dès maintenant & à toujours ; c'eft à fçavoir, un Bas de maifon , fis ruë du M   tenant d'un côté à Jacques B   d'autre aufdits peres de L   la cave de deffous la chambre & le grenier deffus couvert de thuiles , un grenier au-deffus d'une chambre dudit Jacques B couvert de thuiles , une écurie tenant d'un côté aufdits Peres de L   & d'autre à Jacques B   leur oncle , un grenier au-deffus couvert de chaume. Plus une place à bâtir tenant des deux côtez audit B   Plus une étable à vaches , tenant auffi d'un côté audit Jacques B & d'autre à la cour commune , & cinq perches de jardin , tenant d'un côté à   & d'autre à   d'un bout audit B   & d'autre à   eftimé entre les Parties , la fomme de   livres , cy   oo. livres.

Et attendu qu'il eft dû   livres de rente au principal de   livres , à prendre fur lefdites deux maifons , en deux parties , fçavoir l'une de   livres de rente au principal de   livres , dûë aux héritiers de feu M & l'autre de   livres de rente au principal de livres dûë aux héritiers de

A été convenu entre les Parties que ledit deuxiéme Lot eft plus fort que le troifiéme Lot, de   il fera tenu de payer & continuer lefdits   de rente au jour qu'elle eft payable aux héritiers dudit feu fieur à commencer de ce jourd'hui ; & à l'égard defdits premier & quatriéme Lots plus forts que le troifiéme Lot de   livres , chacun compofant   livres , ils feront tenus & chargez de payer & continuer lefdits livres de rente au principal de   aux héritiers dudit fieur   à commencer auffi de ce jourd'hui , & defdites rentes en acquitter ledit troifiéme Lot. De la compofition defquels Lots cy-deffus , lefdits   Partageans ont dit être contens pour être de pareille valeur , & les

plus égaux qu'il a été possible : Ce fait , a été taillé quatre petits morceaux de papier de même maniere , sur l'un
desquels a été écrit premier Lot , sur un autre deuxiéme
Lot ; sur un autre , troisiéme Lot ; & sur un autre , quatriéme Lot , & ensuite roulez & mis dans le chapeau
d'un jeune garçon passant par la rue saint Denis , au devant de l'Etude de C   l'un des Notaires soussignez ,
qui a dit se nommer   non connu ausdits Partageans ,
lequel après les avoir remuez & brouillez plusieurs fois
dans sondit chapeau , en auroit donné un audit Richard
B   dans lequel il se seroit trouvé écrit troisiéme Lot ,
ensuite en avoir donné un autre audit Jacques B
dans lequel se seroit trouvé écrit après l'ouverture d'icelui , premier Lot ; & après en avoir donné un autre audit Claude B   où se seroit trouvé écrit après l'ouverture d'icelui , second Lot ; & auroit donné l'autre ausdits P   & sa femme , dans lequel se seroit trouvé
écrit aprés l'ouverture d'icelui , quatriéme & dernier
Lot ; desquels jets à sort lesdits Partageans se seroient
contentez , au moyen de quoi le premier Lot appartiendra audit Jacques B   le deuxiéme Lot appartiendra audit Claude B   le troisiéme Lot appartiendra audit
Richard B   & le quatriéme appartiendra à ladite
Madelaine B   femme P   pour par chacun d'eux
joüir , faire & disposer desdites portions de maisons
compris , en son Lot , en pleine proprieté à sa volonté ,
comme de chose à lui appartenant , au moyen des présentes à compter de ce jourd'hui , se transportans lesdites
Parties , l'une d'elles à l'autre tous droits de proprieté ,
qu'ils ont & peuvent avoir sur lesdites portions de maisons , se désaissant , &c. voulant , &c. Procureur le porteur , &c. donnant pouvoir. Seront lesdits Lots garands
les uns des autres , comme il est accoutumé entre Co-
partageans , demeureront lesdits Partageans chargez des
cens & droits seigneuriaux , dont lesdites maisons sont
tenuës chacun à leur égard , & payeront aussi en commun les arrerages desdites deux parties de rentes cy-
dessus énoncées échuës du passé jusqu'audit jour. A été

convenu qu'il fera fait un efcalier dans la cour attenant
la falle dudit premier Lot, de dix pieds & demi de long
ou environ fur fix de large, fans pouvoir demander aucune autre chofe par lefdites Parties, & à l'égard du puits
& de la cour refteront entre lefd. Partageans en commun,
car ainfi a été convenu & accordé entre les Parties : élifans lefdits furnommez leurs domiciles en leurs demeures audit   promettant, &c. obligeant, &c. chacun en droit foi renonçant, &c. Fait & paffé à Paris
en l'Etude de C   l'an mil fept, &c.

Pour mettre au bas d'un Extrait d'Acte ou Contrat.

CE que deffus extrait & collationné fur   en
par nous Confeillers du Roi, Notaires à Paris
fouffignez : Ce fait rendu le   jour d   mil

Prifée & Eftimation par Experts.

AUjourd'hui font comparus pardevant les Confeillers du Roy, Notaires au Châtelet de Paris fouffignez *tels & tels*, Tous Marchands Joüaillers, Bijou-
tiers à Paris, y demeurant ; fçavoir, ledit *tel*, ruë
Paroiffe faint   & lefdits, &c.   Lefquels ont dit &
déclaré (qu'aprés avoir vû & examiné un collier de per-
les fines, qui leur a été reprefenté par le fieur Louis
C   demeurant ruë   Paroiffe faint   à ce prefent & comparant, qu'il a dit avoir acheté d'Abraham
V   demeurant à Mantoüie, la fomme de   Loüis
d'or neufs, avoir prifé & eftimé ledit collier, la fomme
de   livres, qui eft tout ce qu'il peut valoir, laquelle prifée & eftimation, ils déclarent faire en leurs ames
& confciences, dont & dequoi ils ont requis & demandé acte aufdits Notaires fouffignez, pour fervir & valoir audit fieur C   qui a par ces mêmes préfentes

protesté (attendu ladite prisée & estimation) de ren-
voyer ledit collier audit V   en ladite Ville de Mantouë, pour être par lui repris & rendre lesdits   Loüis
d'or neufs audit sieur C   en conformité de la promesse faite par ledit V   devant Monsieur D   Bri-
gadier des Armées du Roy , Commandant en ladite
ville de Mantouë , le   dernier ; de reprendre ledit
collier, & rendre lesdits   Loüis d'or neufs audit sieur
C   en cas que ledit collier, ne se trouvât valoir ladite
somme par l'estimation qui en seroit faite par gens à ce
connoissans, & ce dans l'espace de   mois à compter
du jour dudit Billet , & de se pourvoir à l'encontre
dudit V   par les Voyer selon & ainsi qu'il avisera
bon être , dont & de quoi il a aussi requis & demandé
acte ausdits Notaires soussignez , qui lui ont octroyé
le present , en l'Etude de L   l'un d'iceux , l'an mil
le   jour de   Et ont signé.

Procuration pour l'enterinement de Lettres
d'Emancipation & pour l'élection de Cura-
teurs honoraires & oneraires d'un Mineur.

FUrent présens , *un , deux , trois , quatre , cinq , six ,*
& sept.
Tous parens paternels & maternels de Messire Maximilien D   Chevalier Seigneur de B   & autres
lieux , fils mineur de feus Messire Maximilien D
Chevalier Seigneur de B   & autres lieux , & de Dame Anne C   son épouse. Lesquels ont fait & constitué pour leur Procureur general & special Me. Robert
G   Procureur au Châtelet de Paris , auquel ils ont
donné & donnent pouvoir , de comparoir pour eux devant M. le Lieutenant Civil en l'Assemblée des parens
dudit sieur mineur convoquée pour donner leurs avis
sur l'enterinement des Lettres d'émancipation qu'il a
obtenuës le   dernier, & sur la nomination d'un Cu-

rateur à ses causes & actions ; & là dire que lesdits sieur,
Constituans connoissant l'importance de l'Emancipation
demandée , ledit sieur mineur ayant   à   livres
de rente , étant très-jeune , n'ayant que   ans
mois , ils sont d'avis de l'enterinement desdites Lettres ,
aux conditions qui suivent , qu'ils croyent très-justes ,
très utiles & très-necessaires à l'éducation dudit sieur
mineur , & à la conservation de ses biens & droits.

Premiérement, pour ce qui concerne la personne dudit sieur mineur, sont d'avis qu'il soit mis à l'Académie
pour y faire & apprendre ses exercices, qu'il ait un Gouverneur, un Valet de chambre & un Laquais.

Plus, qu'il lui soit élû deux Curateurs honoraires ,
nommant à cet effet Messire François-Louis D   son
oncle paternel , & cousin germain maternel , & Messire
Philippe H   son oncle , à la mode de Bretagne paternel & maternel.

Plus , qu'il lui soit élû un Curateur oneraire , nommant à cet effet Me. J   Avocat au Parlement , à ladite Curatelle , aux gages de   livres par an , conformément à l'Acte de tutelle ; que ledit Curateur hono-
raire fera rendre compte à Monsieur l'Abbé B   des
sommes qu'il a reçuës des effets de la succession de feu
Messire R   comme son Executeur testamentaire , &
que le reliquat soit employé à acquitter les dettes du
sieur R.   si aucunes y a , & le surplus à payer les dettes dudit sieur mineur , comme héritier des sieur & Dame ses pere & mere.

Plus , que le sieur T   rendra compte de la tutelle
oneraire qu'il a administrée , n'en ayant point rendu ni
donné d'Etat depuis   ans qu'il est Tuteur , à l'effet
seulement duquel compte les Curateurs honoraires demeureront Tuteurs.

Plus , que le reliquat dudit compte , sera aussi employé à payer les dettes dudit sieur mineur.

Plus , que ledit sieur Emancipé ni son Curateur oneraire ne pourront intenter aucune instance , ni procès , en demandant ou défendant pour quelques causes

& occasions que ce soit ; que par l'avis de Monsieur l'Abbé P   Conseiller en la Grand'Chambre , qui est de la famille , n'étant pas juste de nommer Messire M
     aussi Conseiller en la Grand'Chambre , qui n'est point parent ni ami , & est cousin germain de Monsieur l'Abbé B   qui doit un compte audit mineur de l'execution testamentaire de Monsieur R

Plus , que ledit sieur J   demeurera Tuteur oneraire , à l'effet de recevoir les remboursemens des rentes duës audit sieur mineur, s'il en est offert ; & néanmoins ne pourra recevoir lesdits remboursemens, qu'en la préfence des sieurs Curateurs honoraires , pour être les remplois faits par avis de parens en la maniere accoutumée.

Plus , que ledit sieur J   sera aussi Tuteur oneraire dudit sieur mineur , à l'effet des liquidations & partages des biens de la succession dudit sieur R   duquel ledit sieur mineur est legataire universel , qui sont à faire avec M   héritier des propres dudit sieur R   aufquels partages & liquidations les Curateurs honoraires dudit mineur pourront assister pour la conservation de ses droits , fans frais.

Que sur les revenus dudit sieur mineur , il soit pris   livres, pour les pensions , nourritures & logemens dudit mineur , appointemens de son Gouverneur & gages de ses domestiques , qui feront reglez par les Curateurs honoraires , & fera le Gouverneur choisi par M. le Marechal de   s'il a agreable de s'en donner la peine, sinon par les Curateurs honoraires , n'étant pas juste d'en laisser le choix audit sieur mineur , attendu la foiblesse de son âge , & l'importance de lui donner bonne éducation.

Que ce qui excede des revenus dudit mineur au par-dessus des   livres cy-dessus , fera à l'instant qu'il aura été reçû, mis ès mains d'un Notaire pour en être fait emploi , & que le Curateur oneraire rendra compte de ce qu'il aura reçû de six mois en six mois par bref état aux Curateurs honoraires,

Plus, & que les titres & papiers de la succession de
feu Monsieur R   qui sont en la possession de M. l'Abbé B   qui en est chargé par le *finitò* de l'Inventaire,
seront déposez ès mains de   Notaire, qui s'en chargera, & ce pour la sureté desd. titres & papiers, consentir
l'homologation du présent avis, faire le serment en tel
cas requis, & generalement faire pour raison de tout ce
que dessus, ce qu'il conviendra ; promettant, &c. obligeant, &c. Fait & passé à Paris, &c.

Procuration au sujet de l'Exploitation d'une Terre & Seigneurie.

FUt présent Matthieu R   Bourgeois de Paris, &
Receveur General de la Terre & Seigneurie deSaint
C   ses appartenances & dépendances, suivant le
transport de Bail qui lui en a été fait pour   années,
qui commenceront à avoir cours au premier Janvier mil
    demeurant à Paris ruë   Paroisse saint   Lequel en ladite qualité a fait & constitué pour son Procureur general & special le sieur Bertrand P   Procureur Fiscal dudit Saint C   auquel il donne pouvoir
& puissance de pour lui & en son nom, & esdites qualitez faire la regie & exploitation de ladite Terre & Seigneurie de Saint C   ses appartenances & dépendances ; Ce faisant recevoir toutes & chacunes les sommes
de deniers qui sont & pourront être düës cy-après audit
sieur R   pendant tout le cours dudit transport de
Bail, soit pour arrerages de rentes, loyers de maisons,
Baux à fermes ou emphiteotiques, droits de battelages,
de voiries, garennes, greves, droits de places, marchez,
de rivieres, cens, lots & ventes & les casuels, à cause
des acquisitions qui pourront être faites dans l'étenduë
de ladite Seigneurie de Saint C   & generalement tous
autres droits, qui se perçoivent par le Fermier de ladite
Seigneurie, & qu'il peut avoir droit de demander.

Plus, faire faire le terrier des maisons & héritages relevans de ladite Seigneurie, ou le continuer s'il eſt commencé, faire tous Baux à loyers ou à ferme de partie des héritages ou droits dépendans de ladite Seigneurie à telles perſonnes, & pour tels tems, prix, charges, clauſes, reſerves & conditions que ledit ſieur ſon Procureur aviſera, en recevoir pareillement les loyers ou fermages, faire faire toutes les groſſes & menues réparations, qui ſeront neceſſaires à faire, tant aux bâtimens dépendans de ladite Seigneurie, qu'aux édifices, en paſſer marché, promettre de payer le prix dans les tems qui ſeront convenus, faire labourer, fumer, cultiver & enſemencer toutes les terres dépendantes de ladite Seigneurie, & ce par ſolles & ſaiſons convenables, ſans les deſſoler ni déſaiſonner, faire échalaſſer les vignes de ladite Seigneurie, faire faire la fauche des prez, & enſuite en faire faire la recolte dans les tems ordinaires & accoutumez, percevoir la dixme tant des bleds, ſeigles, froment ou vins qu'autrement, ſi aucunes ſont dûës, faire exercer & adminiſtrer bien & dûment la Juſtice dudit ſieur C par les Officiers d'icelle tant en civil que criminel, conduire même & ramener les priſonniers criminels appellans, faire executer les Sentences & Arrêts ; faire faire les procès aux délinquans, ſuivre les apaux des condamnez, & faire en ſorte qu'en fin du ſuſdit tranſport de Bail, icelle Juſtice ſoit nette & acquittée de tous abus, ainſi que deſdits apaux, dépens, dommages & interêts ; pourſuivre tous procès en tous Tribunaux & Juſtices, même toutes inſtances, qui pourroient cy-après être faites audit ſieur R juſqu'à Sentences ou Arrêts diffinitifs, ou bien en tranſiger, remettre & compoſer à telles ſommes & ſous telles conditions que ledit ſieur Procureur jugera bon être, les recevoir pareillement, en donner quittances ainſi que de tout ce que ledit ſieur Procureur pourra recevoir, & au refus de payement par aucun des debiteurs de ladite Terre & Seigneurie de Saint C ou autres ſes redevables, faire toutes les pourſuites, contraintes & diligences neceſſaires ; plaider, &c. oppoſer, &c. appeller, &c. éli-

re domicile, fubftituer en tout ou partie du préfent pouvoir un ou plufieurs Procureurs, les revoquer, en conftituer d'autres en leur lieu & place, mettre toutes les
Sentences ou Arrêts que ledit fieur Procureur obtiendra
à leur entiere execution, par ventes de meubles defdits
Débiteurs, ou par faifies réelles de leurs immeubles,
en pourfuivre les ventes & adjudications, commettre
pour cet effet un Commiffaire ou Gardien aufdites faifies réelles, & enfuite s'en mettre en poffeffion, faire
annuller leurs Baux au cas qu'ils en tiennent dudit fieur
Conftituant, les pourfuivre pareillement par emprifon-
nemens de leurs perfonnes, & generalement paffer au
fujet que deffus tous compromis, tranfactions & autres
Actes neceffaires, prêter & donner tels confentemens,
élargiffemens, quittances & main-levées requifes, ledit fieur Conftituant paffant ledit pouvoir audit fieur
Procureur, fans borner ni limiter en façon quelconque
icelui ; & vaudra la préfente Procuration, nonobftant
toutes furannations, & fans être fujette à révocation
pendant tout le tems defdites   années, promettant en outre ledit fieur R   avoir le tout pour agreable, & le ratifier lorfqu'il en fera requis, à peine, &c.
obligeant, &c. Fait & paffé à Paris   l'an mil fept
cens, &c.

Procuration à l'effet de faire la regie & recette d'un droit affermé.

PArdevant les Confeillers du Roy, Notaires au Châtelet de Paris, fouffignez : Furent prefens Jean Nicolas G   Bourgeois de Paris, y demeurant ruë
Paroiffe faint   Fermier des droits, qui fe perçoivent
en vertu de l'Edit du mois de Juin 1709. fur les Bœufs,
Vaches, Veaux, Moutons, Brebis & Chevres, dans la
Generalité de Paris, à l'exception de la Ville, fuivant le
Bail qui lui en a été fait pour huit années, qui ont commencé au premier du mois d'Octobre dernier, par le

fieur Pierre Lel   Adjudicataire defdits droits , par
Arreſt du Conſeil du 22. Avril dernier , paſſé devant les
Notaires fouffignez , ce jourd'hui. Lequel a fait & conſtitué ſon Procureur general & ſpecial, fieur Jean F
intereſſé aux affaires du Roy , auquel il donne pouvoir
de pour lui & en ſon nom , faire la regie, recette & direction de ladite Ferme ; & à cet effet, établir des Commis neceſſaires dans les Villes , Bourgs & endroits de
ladite Generalité ; que ledit ſieur Procureur jugera à
propos pour faire la Recette defdits droits , comme auſſi
pour faire les viſites neceſſaires chez les Bouchers & autres , pour connoître s'ils ne tuent point en fraude; &
s'ils en découvrent aucuns , en dreſſer des Procès verbaux, & pourſuivre les Contrevenans pardevant les Ju-
ges , qui en doivent connoître ; faire compter leſdits
Commis de leurs recette & maniemens , clore & arrêter
leurs Comptes , en recevoir les reliquats , en donner
quittances ; affermer le tout ou partie defdits droits , à
telle perſonne , moyennant les prix , charges , clauſes
& conditions , & pour les tems que ledit Procureur aviſera , lequel tems ne pourra exceder leſdites 8. années,
faire tous abonnemens defdits droits , que ledit Procureur trouvera à propos du prix d'iceux, & defdits fermages , en donner quittances , à défaut ou réfus de payement par leſdits Fermiers , commis & abonnez ; les
pourſuivre , & les y faire contraindre par les voyes , &
comme il eſt accoûtumé pour les deniers & affaires du
Roy , décerner toutes contraintes , faire toutes ſaiſies,
Arreſts , Executions , & empriſonnemens neceſſaires ,
& conſentir toutes main-levées & élargiſſemens , traiter
& tranſiger ſur les Contraventions , ſi aucunes arrivent ;
& faire à ce ſujet tous accommodemens neceſſaires , plaider &c. oppoſer &c. appeller &c. élire domicile, ſubſtituer
un ou pluſieurs Procureurs , en tout ou en partie du preſent pouvoir , les revoquer & conſtituer d'autres en leur
lieu & place; ces préſentes demeurant toûjours valables ;
& generalement faire pour l'entiere regie de ladite Ferme , tout ce que beſoin ſera : Promettant, &c. obli-

geant, &c. Fait & paſſé à Paris ès Etudes, &c. l'an mil
le   jour de   Et a ſigné.

Procuration d'une Communauté, à l'effet d'em-
prunter à conſtitution ou obligation au nom
de ladite Communauté.

PArdevant les Notaires à Paris, ſouſſignez : Furent
preſens Nobles hommes Jean A   demeurant ruë
     Michel R   demeurant ruë, &c. Tous Conſeil-
lers du Roy, Receveurs generaux & Payeurs des Rentes
de l'Hôtel de cette Ville de Paris, aſſemblez au Convent
des Religieux Benedictins ruë de Paradis ; Leſquels ont
dit que le Roy par ſon Edit du mois de Novembre dernier, enregiſtré où beſoin a été, auroit attribué auſdits
Sieurs Payeurs les deux tiers d'un denier pour livre de
Taxations de leur maniement, avec l'option de les lever fixes ou caſuelles ; Et depuis par Arreſt du Conſeil
dudit   du preſent mois, ordonné qu'en
payant par leſdits Sieurs Payeurs, la ſomme de Dix mille
livres pour chacun Office, ils joüiroient ſur le pied du
denier douze de Huit cens trente-trois livres ſix ſols huit
deniers de Taxations fixes & hereditaires ; ce qui monte
pour leſdits Quatre-vingt-dix-huit Offices à la ſomme
de Neuf cens quatre-vingt mille livres ; & que le plus
commode moyen qu'il y avoit pour fournir promptement ladite ſomme, étoit de payer de leurs deniers celle de Trois cens vingt-ſix mille ſix cens ſoixante ſix livres ſix ſols huit deniers, & de faire Emprunt ſolidaire
du ſurplus montant à Six cens cinquante - trois mille
trois cens trente-trois livres treize ſols quatre deniers;
Et pour y parvenir, ont fait & conſtitué leurs Procureurs
leſdits Sieurs R   G   L   B   & D   auſquels ils donnent pouvoir de pour eux & en leurs noms
emprunter à conſtitution de Rente ou par Obligation,
ladite ſomme de Six cens cinquante-trois mille trois cens

trente-trois livres treize fols quatre deniers, la recevoir
de ceux qui en feront le Preſt & l'employer avec leſdits
Trois cens vingt-ſix mille ſix cens ſoixante ſix livres ſix
fols huit deniers, qu'ils fourniront de leurs deniers chacun à proportion de leurs Offices, au payement de lad.
ſomme de Neuf cens quatre-vingt mille livres ; de faire
declaration dudit Emprunt par les Quittances du payement, pour attribuer aux Preſteurs privilege ſur leſdites
Taxations, dont ſera expedié des Quittances particulieres pour chacun Office, & à la garantie des Rentes qui
ſeront conſtituées & reſtitution des ſommes qui ſeront
empruntées, par Obligation, y obliger ſpecialement &
par privilege le principal & revenu deſdites Taxations
hereditaires, à l'excluſion de tous autres Créanciers,
même du Roy, pour les ſommes dont ils pourront être
redevables par l'arrêté de leurs Comptes & autrement,
des années de leurs exercices & maniement & de celles
de leurs auteurs, conformément audit Edit : Plus, leſdits Quatre-vingt-dix-huit Offices de Payeurs des Rentes dont ils ſont joüiſſans, le tout ſolidairement ſans diviſion ni diſcuſſion, renonçans aux Benefices deſdits
droits & de fidejuſſion, ſans que les autres biens deſdits
Sieurs Payeurs des Rentes puiſſent être aucunement tenus ni obligez auſdits emprunts, & à meſure de la paſſation des Contrats & Obligations, il en ſera fait mention ſur la Minute des Preſentes, & ſtipulé par les Contrats & Obligations les clauſes & conditions qui ſeront
trouvées raiſonnables, & fournir aux Preſteurs les Pieces
neceſſaires pour l'établiſſement de leurs privileges ; Leſdits Sieurs Payeurs des Rentes, ne pourront vendre leurs
Offices, qu'à la charge par ceux en faveur deſquels ils
en diſpoſeront d'entrer dans l'Obligation contractée par
ces Preſentes, & pour tout ce qui ſera fait en conſequence : Et moyennant l'Obligation des nouveaux Pourvûs,
ceux à la place deſquels ils ſeront entrez, leurs Veuves,
Enfans & Heritiers, demeureront déchargez de toutes
Obligations au ſujet deſdits Emprunts ; & leſdits Créanciers ne pourront former aucune oppoſition ſur leſdits

Offices de Payeurs des Rentes au Sceau des Provisions qui en seront obtenuës, à moins qu'il ne leur fût dû plus d'une année d'arrerages, parceque les Ventes ne pourront être faites qu'à la charge d'entrer par le nouveau Titulaire dans lesdites dettes ; élire domicile pour l'execution des Contrats & Actes qui seront passez. Pourront même lesdits Sieurs Procureurs constituez, pour la facilité des Créanciers qui desireroient leur remboursement, emprunter de nouveau d'autres Particuliers pour rembourser lesdits Créanciers, avec les declarations & subrogations necessaires, & faire à ce sujet tout ce que besoin sera, que lesdits Sieurs Constituans promettent entretenir, sans qu'il soit besoin d'autre pouvoir ni ratification. Et quoique les Emprunts soient faits en differens tems, tous les Créanciers auront sur lesdites Taxations un égal privilege, & sur lesdits Offices même hipoteque & Obligation solidaire de la même maniere que si tous les Emprunts étoient faits dans un même instant, & sans qu'ils puissent prétendre aucune préference ni anteriorité les uns aux autres : Et par ces mêmes Presentes ledit Sieur D   a été nommé pour être Dépositaire tant de ladite somme de Trois cens vingt-six mille six cens soixante-six livres six sols huit deniers, que des Six cens cinquante - trois mille trois cens trente-trois livres treize sols quatre deniers, qui seront empruntez en vertu de la présente Procuration, pour être lesdites sommes employées par ledit Sieur D   ce acceptant, aux fins portées par ladite Procuration : Et generalement promettant, &c. Obligeant, &c. Fait & passé à Paris audit Convent des Benedictins, où ils s'étoient assemblez à cet effet, le   jour de   mil sept cent après midi : Et ont signé la Minute des présentes demeurée à B   Notaire, qui a délivré ces Presentes ce jourd'hui   Janvier mil sept cent   Signé, R   & B

Procuration

Procuration en forme de Déliberation, portant pouvoir d'emprunter.

FUrent prefens M^res François B   & Charles A   Confeillers du Roy , & Préfidens en la troifiéme Chambre des Enqueftes du Parlement , Meffires *tels & tels* , Tous Confeillers diftribuez en ladite troifiéme Chambre des Enqueftes ; affemblez pour faire & paffer ce qui enfuit. Lefquels pour plus facilement fournir au Roy , la fomme de   livres , pour laquelle la Cour a trouvé à propos , de prendre & lever aux revenus cafuels de Sa Majefté   livres d'augmentations de Gages effectifs par chacun an , faifant partie d'un million de livres auffi effectifs d'augmentations de Gages , créez par Edit de Sa Majefté , verifié le   du prefent mois de   Ont refolu & arrêté , même donné plein pouvoir & puiffance à mefdits Sieurs   conjointement , l'un d'eux , en l'abfence ou féparement des autres , d'emprunter au nom de tous lefdits fieurs Comparans & Conftituans , de telles perfonnes qui fe prefenteront jufques à ladite fomme de   livres , & en conftituer rentes au denier   fous l'affectation , privilege & préference defdits   d'augmentation de Gages des Offices defdits fieurs Comparans , conformément audit Edit de Création d'un million d'augmentations de Gages , jufqu'à la concurrence du droit annuel de leurs Offices ; enfemble fous l'affectation & obligation generale de tous & chacuns leurs autres biens meubles & immeubles prefens & avenir , folidairement l'un pour l'autre , fans divifion , difcuffion ni fidejuffion , à quoi ils renoncent , lefquelles obligations & affectations fubfifteront contre lefdits fieurs Conftituans , tant qu'ils demeureront revêtus defdits Offices , ou qu'ils demeureront dans ladite Chambre , aux promeffes que lefdits fieurs Procureurs , ou l'un d'eux , fera employer les fommes

qui feront empruntées au payement de ladite Finance
de   livres, principal defd.   livres d'augmentations de Gages, dont fera fait mention dans les quittances qui en feront expediées ; à l'effet d'operer ledit privilege & préference. Promettront auffi lefdits fieurs
Procureurs audit nom, de faire obliger au payement,
cours & continuation des rentes qui feront conftituées
en principaux & arrerages, frais & loyaux coufts, Meffieurs les Préfidens & Confeillers, qui entreront à la place de ceux à prefent pourvûs, quinze jours après leurs
diftributions en ladite Chambre; moyennant laquelle
obligation & foumiffion qui fera fournie en bonne forme aux Créanciers, lefdits fieurs Comparans, leurs veuves, enfans, heritiers, offices, biens meubles, & immeubles, demeureront quittes, libres & déchargez defdites Obligations qui auront été contractées pour eux,
en vertu des préfentes & leurs fucceffions, au cas de decès ou refignations, ou qu'ils paffent en une autre Chambre ; fans auffi que lefdits Créanciers puiffent former
aucunes oppofitions au Sceau des provifions defdits offices, ventes & decrets des immeubles defd. fieurs Comparans, étant ponctuellement payez de leurfdits arrerages ; Pour plus grande fûreté de l'acquit & payement,
defquels arrerages lefdits fieurs Procureurs, feront tranfport, ceffion & délegation aufdits Créanciers defdits
arrerages, d'augmentations de Gages, fi bon leur femble, pour être par eux touchez par & fur les Quittances d'iceux Créanciers des Payeurs defdits Créanciers
ou de M. le Tréforier de la Chambre ; donner & accorder aufdits Créanciers, telles autres fûretez & affuran-
ces ; ftipuler toutes claufes & conditions que lefdits
fieurs Procureurs jugeront à propos, paffer & figner
les Contrats & Actes neceffaires, élire domicile en la
maifon du Greffier de ladite Chambre, & generalement
faire tout ce qui fera befoin; de même que feroient lefd.
fieurs Comparans en perfonne, ayant dès à prefent le
tout agréable, fans qu'il foit befoin d'aucune autre approbation ni ratification de l'Emprunt. De laquelle fom-

me de   livres ou de partie d'icelle , fera fait mention fur la préfente Déliberation & Procuration , à mefure de la paffation des Contrats, fur les Groffes de chacun d'iceux , pour la dépenfe , frais & gratifications , defquels & de tout ce qui regardera le prefent pouvoir ; lefdits fieurs Procureurs regleront & arrêteront ce qu'ils jugeront raifonnable : Promettant , &c. obligeant folidairement comme deffus , &c. Fait & paffé en la troifiéme Chambre des Enqueftes du Parlement , l'an mil   le   jour d   a   midi : Et ont figné.

Procuration pour recevoir les arrerages d'une Rente fur la Ville.

FUt prefent Sieur Claude le R   Bourgeois de Paris , y demeurant ruë faint   Paroiffe faint
Lequel a fait & conftitué fon Procureur general & fpecial , Me Paul le N   auffi Bourgeois de Paris, auquel il donne pouvoir de pour lui & en fon nom , recevoir de Meffieurs les Receveurs & Payeurs des Rentes de cette Ville , ou d'autres qu'il appartiendra , les arrerages échûs & qui écheront à l'avenir de   livres de Rentes à lui conftituez fur les Aydes & Gabelles le   Decembre mil   du reçû en donner quittances & décharges valables, & au refus de payement , faire par ledit fieur Procureur, tout ce qu'il jugera à propos & neceffaire à ce fujet ; & generalement promettant , &c. obligeant , &c. Fait & paffé à Paris en l'Etude de R   Notaire , le   mil fept cent   : Et afigné,

Procuration d'un Heritier d'un défunt à son Coheritier , à l'effet de faire le Recouvrement des dettes actives de la succession dudit défunt : à mettre au pied de l'Extrait d'Intitulé d'Inventaire , imprimé cy-devant , page 195.

PArdevant les Conseillers du Roy, Notaires à Paris soussignez : Fut presente Dame Geneviéve G veuve de M. François S   Bourgeois de Paris , y demeurante , ruë   Paroisse saint   heritiere beneficiaire pour moitié de défunt Nicolas G   Sieur de son pere ; laquelle a fait & constitué son Procureur general & special François M   Ecuyer-Conseiller , Secretaire du Roy , Maison , Couronne de France & de ses Finances , aussi heritier beneficiaire pour l'autre moitié dudit défunt sieur d   Auquel elle donne pouvoir de pour eux èsdits noms , recevoir toutes les sommes de deniers, qui seront & se trouveront dûës à la succession dudit feu sieur d   à cause des Fermes & affaires extraordinaires , dans lesquelles il a été interessé , soit pour remboursement d'avances , interêts , droits de présences ou benefices ; faire compter les Caissiers desdites Fermes & affaires extraordinaires , & arrêter les Comptes de Societé ; émarger à cet effet , tous Etats de repartitions , & donner les quittances & décharges valables , comme aussi renouveller ou continuer les Baux des Maisons de ladite succession,& en recevoir les loyers ; dont & du tout ledit sieur Procureur comptera à lad. Dame S   & s'il est besoin , faire toutes saisies , arrêts & executions , en donner main-levées , s'il le juge à propos , plaider , &c. opposer , &c. appeller , &c. élire domicile , &c. substituer , &c. & generalement , &c. promettant , &c. obligeant , &c. Fait & passé à Paris

en la Maison de ladite Dame constituante, sus-designée,
l'an mil   le   jour d   Et a signé.

---

*Protestation pour n'être point tenu de la dimi-
nution d'Especes envers une personne à qui
on a accepté une Lettre de change.*

AUjourd'hui est comparu pardevant les Notaires
à Paris, soussignez en l'Etude de   l'un d'iceux
François Louis B   Marchand Epicier à Paris, y demeurant Cloître & Paroisse saint   tant pour lui que
pour Charles D   son Associé : Lequel a dit, qu'ayant
été tiré une Lettre de change sur eux , par le sieur Michel C   Marchand à Orleans, le   dernier, payable à   Usances , de la somme de   livres , suivant
l'acceptation qu'ils ont faite de ladite Lettre ; & attendu
que le tems auquel elle doit être payée , est plus qu'expiré
& que personne ne se presente pour en recevoir le contenu ; ce qui a obligé lesdits B   & son Associé , de tenir toûjours la valeur de ladite Lettre de change en argent , comme ils l'ont actuellement ; ainsi qu'il est apparu ausdits Notaires soussignez , par l'exhibition réelle
presentement faite par ledit sieur Comparant de pareille
somme de   livres , en écus de   livres , au cours
de ce jour ; & pour se disculper & garantir de la tare &
diminution , qui doit arriver demain sur lesdites Especes , suivant la Déclaration du Roy du   dernier , il
a par ces présentes protesté , qu'il ne sera aucunement
tenu de la susdite Diminution, qui doit être supportée
par le Porteur de ladite Lettre de change : ce fait ledit
Comparant , a remporté ladite somme cy-dessus exhi-
bée , dont & du tout , il a requis Acte ausdits Notaires
soussignez , qui lui ont octroyé le present pour lui servir & valoir ce que de raison. Fait & passé à Paris en
ladite Etude de   Notaire , le trente-uniéme & dernier jour d   mil   Et a signé.

Protestation contre une Quittance & un Billet.

AUjourd'hui eft comparu pardevant les Confeillers du Roy, Notaires au Châtelet de Paris fouffignez, Noël B   Marchand Forain, de prefent à Paris, logé, ruë & Paroiffe faint   à l'enfeigne   Lequel a dit & déclaré, qu'il fort prefentement des Prifons du grand Châtelet de cette Ville, où il avoit été arrêté à la Requê-te de Loüis S   Marchand de Tabac, demeurant au coin de la ruë   en vertu d'une Sentence furprife par défaut par ledit S   contre ledit B   aux Con-fuls de Paris, pour raifon du Compte qui étoit à faire entr'eux des Marchandifes que ledit B   lui avoit fournies, defquelles il prétend être quitte au moyen dudit Compte; que cependant ledit S   n'ayant vou-lu confentir fon élargiffement hors defdites prifons, qu'en lui payant non-feulement la fomme de   livres, qu'il lui a payée ce jourd'huy par quittance paffée de-vant   & fon Confrere Notaires, a exigé encore de lui un Billet payable au Porteur de la fomme de   livres, qu'il lui a fait écrire ce jourd'hui & datter du   fans qu'il ait mis de qui il en a reçû la valeur; c'eft pourquoi & attendu que ledit Comparant n'a fait ledit Billet payable au Porteur, & payé ladite fomme portée en ladite quittance, que pour parvenir à fa li-berté & à fa fortie hors defdites Prifons, où fa déten-tion lui faifoit perdre toutes fes affaires, & lui caufoit un tort très-confiderable; attendu qu'il ne croit pas de-voir aucune chofe audit S   a par ces prefentes pro-tefté de nullité de ladite quittance & dudit billet; & de fe pourvoir, pour s'en faire relever & décharger par les voyes, felon & ainfi qu'il avifera bon être, proteftant en outre de tout ce qui eft à protefter en cette partie: Promettant, &c. obligeant, &c. renonçant, &c. Fait

& passé à Paris ès Etudes, &c. l'an mil   le
Et a signé.

Protestation contre un Arrest avant la Passation
d'un Acte subsequent.

AUjourd'hui est comparu pardevant les Notaires
au Châtelet de Paris soussignez, Damoiselle Marie de L   fille majeure, usante & joüissante de ses
biens & droits, demeurante à Paris ruë & Paroisse
Laquelle a dit & declaré, qu'elle a cy-devant fait des Offres verbales à Dame Marguerite O   Epouse & procuratrice de Guillaume François M   Sieur D
& de Jacques B   Sieur du H   de lui payer en deniers comptans, la somme de   livres   sols
deniers, à laquelle ont été reglez à l'amiable ; les dépens ausquels ledit sieur du H   a été condamné par
Arrest du Conseil du   dernier, tant envers lesdits
sieur & Dame D   qu'envers le sieur E   Procureur du Roy, au Bailliage de   & que comme ladite
Damoiselle comparante, entend se reserver par la quittance qu'elle en espere retirer ce jourd'hui pour ledit
sieur du H   de se pourvoir contre ledit Arrest par les
voyes de droit, même de repeter lesdits dépens, contre
lesdits sieur & Dame D   & dans la crainte qu'elle a
que ladite Damoiselle D   ne voulût souffrir ladite
reserve dans ladite quittance, laquelle n'auroit été passée sans icelle, étant dans la vûë de revenir contre ledit
Arrest, en vertu duquel elle fera ledit payement, a par
ces présentes protesté, qu'au cas qu'elle ne fît ladite reserve, qu'elle entend se pourvoir contre ledit Arrest,
par les voyes & comme bon lui semblera, & comme si
ladite reserve étoit énoncée par ladite quittance. Dont
acte octroyé à ladite Damoiselle comparante, & qu'elle
promet réïterer après la passation de ladite quittance ; &
ce en l'Etude de   l'un desdits Notaires soussignez,
l'an mil sept cent vingt   le   avant midi. Et a signé.

Réïteration de ladite Protestation, après la passation dudit Acte.

ET le lendemain　　　desdits mois & an, est comparue devant lesdits Notaires soussignez, ladite Damoiselle de L　nommée de l'autre part. Laquelle a déclaré avoir fait ledit payement de la somme de　　　livres　　　sols　　　deniers à ladite Dame D　　　esdits noms par quittance passée pardevant　　　& son Confrere, Notaires à Paris, le jour d'hier après midi, dans laquelle quittance ladite Damoiselle Comparante n'a pû inferer la reserve mentionnée en l'Acte de l'autre part : ce qui ne l'a pas empêché de faire ledit payement, pour éviter les frais de taxe, & autres frais qui auroient été faits pour raison de ce ; c'est pourquoi elle réïtere ladite Protestation de se pourvoir contre le susdit Arrêt par les voyes, & comme ledit sieur du H　　　avisera bon être, sans laquelle reserve ledit payement n'auroit été fait : dont Acte octroyé à Paris en l'Etude dudit　　　Notaire, les jour & an devant dits : & ont signé.

Protestation d'une femme non commune en biens d'avec son mari, contre quelque Ecrit qu'il lui auroit forcé de signer.

AUjourd'hui est comparue, &c.　　　Damoiselle Catherine J　　　épouse séparée quant aux biens du sieur Joseph A　　　interessé dans les affaires du Roi, à présent prisonnier ès prisons du grand Châtelet de cette Ville, elle demeurante ruë　　　Paroisse saint　　　Laquelle a dit que ledit sieur son époux l'ayant envoyé querir ce jourd'hui, sur les　　　heures d　　　elle se seroit transportée à ladite heure esdites prisons du grand Châtelet, où étant ledit sieur son époux l'auroit conduit &

fait entrer entre les deux guichets desdites prisons , & là
par menaces l'auroit contrainte à signer deux écrits separez , dont elle n'est point mémorative , n'en sçachant
point la teneur , & comme elle a lieu de craindre que
ce ne soit quelques Actes ou Contrats obligatoires, qui
entraîneroient la perte de ses biens , où dans cette occasion un mari ne fait guere d'attention ; elle a été conseillée de protester , comme elle proteste de nullité par
ces présentes contre toutes obligations , transports ,
constitutions , ventes ou autres écrits qui se pourroient
trouver signez de sondit mari & d'elle ce jourd'hui comme forcez : Pour quoi elle proteste aussi de se pourvoir
en Justice, pour en obtenir sa décharge, & en outre proteste de tout ce qu'elle peut & doit protester en ce rencontre : Dont & de tout ce que dessus ladite Dame a requis le présent Acte , à elle octroyé par lesdits Notaires
soussignez , pour lui servir & valoir en tems & lieu , ce
que de raison ; en l'Etude de L   l'un d'iceux , l'an
mil   le   jour de   sur les   heures. Et a
signé.

Protestation contre & avant l'Arrêté d'un Compte.

AUjourd'hui est comparu pardevant les Conseillers
du Roi , Notaires Gardenotes au Châtelet de Paris soussignez, Etienne V   Marchand de bois , demeurant ordinairement à   étant de présent en cette Ville
prisonnier ès prisons du grand Châtelet , mis entre les
deux guichets d'icelle , comme lieu de liberté , pour
faire & passer ces présentes. Lequel a dit que le sieur
Etienne S   Marchand de bois à   l'auroit fait arrêter prisonnier dès le   du present mois , pour le payement d'une prétendue somme de   pour laquelle il
auroit obtenu Sentence contre lui , & depuis l'auroit
obligé de passer un Acte de reconnoissance de ladite somme , auquel il a fait intervenir & obliger sa femme , sur

laquelle ſomme il a fait pluſieurs payemens , dont ledit
S   ne lui veut point tenir compte , ſe prévalant in-
juſtement de ſa détention , pour éxiger de lui ce qu'il
ne lui doit point , en ſorte que pour parvenir à ſa liberté , il eſt obligé de reconnoître un compte à lui préſenté
par ledit S   en la maniere qu'il ſouhaitte de lui , par ce-
qu'autrement ledit S   ne veut point lui donner d'élargiſſement ; c'eſt pourquoi il proteſte de nullité contre l'arrêté dudit compte , & qu'il ne pourra lui faire aucun tort
perte ni dommages , ſe reſervant à ſe pourvoir contre ,
& d'en expliquer ſes raiſons toutes fois & quantes : dont
& de quoi il a requis Acte auſdits Notaires , qui lui ont
octroyé le préſent entre les deux guichets deſdites priſons , l'an mil   le   a   midi. Et a ſigné.

---

*Réiteration de ladite Proteſtation après l'arrêté
du compte y mentionné.*

ET le   mil   a   midi eſt comparu pardevant leſdits Notaires en l'Etude de L   l'un
d'iceux , ledit ſieur Etienne V   à préſent , logé
rue   à l'Hôtel d   Paroiſſe ſaint   Lequel a dit
que le jour d'hier après midi ſur les   heures , il fut
obligé d'acquieſcer à un compte , dont il eſt fait mention par les Proteſtations cy-deſſus , en la maniere qu'il
lui a été préſenté , quoiqu'il eût propoſé les diminutions
qui lui devoient être faites , & qu'il juſtifiera en tems &
lieu , parce qu'autrement led. ſieur S   refuſoit toujours
de conſentir à ſon élargiſſement , ſi vrai qu'il ne fait aucune mention par l'arrêté dudit compte qu'il ait été fait
dans les priſons , quoiqu'il y fût encore actuellement ;
c'eſt pourquoi il réïtere ladite Proteſtation de l'autre
part , & proteſte encore de nouveau , que l'arrêté dudit
compte ne lui pourra nuire ni préjudicier de la part dudit S   & de repeter contre lui toutes pertes , dépens , dommages & interêts pour raiſon dudit empri-
ſonnement , dont & de quoi il a requis Acte auſdits Notaires , qui lui ont octroyé le préſent en l'Etude dudit

L   les jour & an que dessus. Et a signé.

Quittance des Officiers de chez le Roi &
Messieurs les Princes & Princesses
à leurs Trésoriers.

EN présence des Notaires au Châtelet de Paris soussignez, François B   *de telle qualité*, a confessé
avoir reçû de Messire Alexis D   la somme de
livres à lui ordonné pour ses gages, à cause de sadite
Charge, (*quand ce n'est pas une Charge, on met*) à cause
de sadite qualité, pendant le quartier de J   F
& M   de l'année : Dont, &c. Quittance, &c. Fait
& passé à, &c.

Nota. *Si ce sont des Officiers de Messeigneurs les Ducs
de Bourgogne & de Berry, il faut mettre* (pour ses gages
& nourritures.)

*Quand ce sont des Pages ou Valets de pieds, pour leurs
chapeaux, souliers & autres choses semblables,* on met : Pour
leur petite Oye de la seconde *ou* premiere livrée de l'année mil

*Il faut que toutes les Quittances à Messieurs les Trésoriers
comptables à la Chambre des Comptes soient en parchemin,
& celles aux Trésoriers non Comptables à la Chambre des
Comptes soient simplement en papier.*

Quittance de Rachat & Remboursement
d'une Rente.

EN la présence des Notaires du Roi à Paris, soussignez, Louis Q   Bourgeois de Paris, y demeurant rue   Paroisse saint   a reconnu & confessé
avoir eu & reçû de Gilles D   demeurant rue saint
        Paroisse sainte   à ce présent, qui a audit Q
baillé & payé en louis d'or & d'argent & autres mon-

noyes ayant cours , à la vûe des Notaires souffignez , la
fomme de   livres , pour le rachat & rembourfement
de   fols de rente créez & conftituez originairement
par ledit Q   audit D   par Contrat paffé devant
A   & B   Notaires , le   de   mil   de laquelle fomme de   livres , ledit Q   eft content &
en décharge ledit D   duquel il reconnoît avoir été
payé des arrerages de ladite rente échûs de tout le paffé
jufqu'à préfent , & auquel il a rendu la groffe dudit Contrat , fur laquelle groffe de Contrat & minute d'icelui ,
il confent que des préfentes mention foit faite , fans que
fa préfence y foit neceffaire : Promettant , &c. obligeant ,
&c. renonçant , &c. Fait & paffé à Paris en l'Etude de
R   l'un defdits Notaires souffignez , le   mil fept
cens   Et ont figné.

Quittance de Remboursement de la Constitu-
tion imprimée cy-devant , page 88. portant
qu'icelui remboursement est fait de deniers
empruntez à cet effet de differentes personnes
nes , en faveur desquelles la personne rem-
boursée a consenti qu'elles soient & demeu-
rent subrogées en son lieu & place , &c.

EN la préfence des Notaires &c.   Adrian M
Bourgeois de Paris , y demeurant   au nom &
comme Procureur de Dame Marie-Marguerite le B
denommée au Contrat , dont la minute eft des autres
parts , veuve de Meffire   par Procuration paffée devant   préfens témoins le   contrôlée à   par
d   le   en laquelle Procuration ladite Dame a ftipulé tant en fon nom , que comme Tutrice des nobles
enfans mineurs dudit défunt Seigneur fon mari , & d'elle , feuls héritiers dudit Seigneur leur pere , & à la fuite
d'icelle eft un Acte paffé pardevant ledit   préfens

témoins le   Septembre auſſi dernier contrôlé le
par ledit   par lequel Meſſire Alexandre C   Chevalier   & Damoiſelle   tous deux majeurs d'ans,
ſuivant la Coutume de   & ſeuls enfans & héritiers
dudit feu Seigneur de   ont ratifié ladite Procuration
& donné pouvoir audit ſieur M   de conſentir que ladite Dame leur mere reçoive le principal & les arrerages de la rente à eux appartenante, ſuivant ledit Contrat, des autres parts, leſdites procuration & pouvoir legaliſez par le ſieur   le   par
Acte en ſuite, portant que les ſignatures y appoſées par
les Parties, Notaires & Adjoints ſont veritables, & que
leſdits ſieur & Damoiſelle de S   ſont majeurs, ſuivant la Coutume de   & en état de diſpoſer de leurs
biens, le tout certifié veritable, avec copie collationnée
du procès verbal, qui avoit inſtitué ladite Dame Tutrice auſdits ſieur & Damoiſelle ſes enfans, juſtifiant qu'ils
ne ſont qu'eux deux, & dépoſé pour minute à M
l'un des Notaires souſſignez, ledit ſieur M   ſuivant
l'Acte étant au pied de ladite légaliſation de ce jour-
d'hui. A ledit ſieur M   en vertu & en conſequence
deſdites procuration & ratification d'icelle & conſentement qu'il donne par ces préſentes, en conformité dudit pouvoir deſdits ſieur & Damoiſelle   frere & ſœur,
reconnu & confeſſé avoir reçû de Me. Paul B
demeurant   Commis à la Recette des decimes & autres ſubventions du Clergé du Dioceſe de   en execution de la deliberation arrêtée en la Chambre Eccle-
ſiaſtique dudit Dioceſe le   à la décharge dudit Dioceſe, demeurant ledit ſieur D   au Bureau de ladite
Recette à ce préſent & comparant, qui a audit ſieur M
audit nom préſentement compté, nombré & délivré en
louis d'or & d'argent bons & ayans cours, à la vûë deſd.
Notaires souſſignez, la ſomme de   livres, pour le
rachat, ſort principal & amortiſſement des
livres de rente conſtituée au profit de ladite Dame
de   au nom & comme lors Tutrice deſdits
ſieur & Damoiſelle ſes enfans par ledit Contrat, des au-

tres parts, dont & de laquelle somme de   livres, qui
a été cy-devant employée suivant la destination portée
audit Contrat ledit sieur M   audit nom se tient content & satisfait & en quitte ledit Diocese , ledit sieur D
      & tous autres , ayant ledit M   été payé & satis-
fait de ce qui restoit dû des arrerages de ladite rente ,
dont il a donné sa quittance particuliere , qui ne servira
avec le présent énoncé , que d'une seule & même chose , lequel sieur D   a déclaré que ladite somme
de   livres , provient des emprunts que ledit Clergé
du Diocese de   en a fait à constitutions de rentes au
denier 20. en execution de ladite déliberation du
sçavoir   livres d'Antoine   par Contrat passé devant
      & son Confrere , Notaires à   le   li-
vres de Damoiselle Anne   par autre Contrat passé
devant ledit D   l'un desdits Notaires soussignez , le
            livres , empruntées de l'Oeuvre de   par
autre Contrat passé devant   & son Confrere , Notaires à Paris , le   &   livres , faisant partie de
livres empruntées de M ·   par autre Contrat passé devant   & son Confrere , Notaires à   le   aussi
dernier , aux fins desquels Contrats ledit sieur D
fait la présente déclaration , & à sa requisition ledit sieur
M   audit nom a mis & subrogé lesdits sieur & Damoiselle susnommez , & ladite Oeuvre & Fabrique chacun en droit soi & jusqu'à concurrence des sommes par
chacun d'eux prêtées , au lieu & place , droits & hypoteques desdits sieur & Damoiselle de S   resultant
dudit Contrat de Constitution des autres parts , sans
néanmoins aucune garantie , restitution de deniers , ni
recours quelconques en quelque sorte & maniere que ce
soit : Ce faisant ledit sieur M   a présentement fourni & délivré audit sieur D   expedition desdites procuration & pouvoir , & extrait du procès verbal susmen-
tionnez ; & à l'égard de la grosse originale dudit Contrat , elle est demeurée annexée à la présente minute
comme pieces communes aux personnes subrogées ,
après mention sommaire faite sur icelle, qu'elle ne sub-

siste que pour hypoteque & piece de subrogation ausdites personnes , par les Notaires soussignez : Promettant ,
&c. obligeant , &c. renonçant , &c. Fait & passé à Paris
au Bureau dudit sieur D   le   a   midi. Et ont
signé.

Quittance d'un Remboursement fait par Sa Majesté à un Particulier d'une rente sur la Ville.

EN la présence des Notaires à Paris soussignez , Jean
D   demeurant ruë   a reconnu avoir reçû
comptant , à la décharge de Sa Majesté, de Messire Jean
de Turmenyes de Nointel , Garde de son Tresor Royal,
la somme de   livres , pour le remboursement de
de rente constituez sur les Aydes & Gabelles par Messieurs les Prevôts des Marchands & Echevins de cette
Ville , à Damoiselle Marie G   lors veuve du sieur
Claude A   par Contrat passé pardevant J   & G
      Notaires à Paris , le   mil   appartenant au-
dit D   au moyen de la vente , qui lui en a été faite
par Pierre Ro   & ladite Damoiselle G   son épouse , suivant le Contrat passé pardevant S   & D   l'un
des Notaires soussignez , le   sur lequel ledit sieur D   a
obtenu en Chancellerie Lettres de ratification scellées sans
oppositions , le   de laquelle somme de   livres , ledit
sieur D   quitte Sa Majesté & ledit sieur de Turmenyes
de Nointel, auquel il a délivré la grosse dudit Contrat de
constitution , l'expedition de celui de ladite vente & lesdites Lettres de ratification , après que sur lesdites pieces les Notaires soussignez ont fait mention du présent ,
& a consenti qu'il en soit fait mention sur la minute dudit Contrat de constitution & quittance de finance y annexée , & sur toutes autres pieces necessaires : Promettant , &c. obligeant , &c. renonçant , &c. Fait & passé
à Paris ès Etudes , &c. l'an mil   le   & a signé ces

préſentes, & la minute d'icelles étant en la poſſeſſion dudit D l'un des Notaires ſouſſignez.

Nota. *On obſerve toujours de faire ſigner l'expedition de ſemblable Quittance par la Partie prenante avec ſa minute, & ce pour operer une plus valable décharge du Treſorier à la Chambre des Comptes, qui a preſcrit cet uſage.*

Quittance d'un Billet perdu.

FUt préſente Louiſe E fille majeure demeurante rue Paroiſſe Laquelle confeſſe avoir reçû de Jean M Marchand Bourgeois de Paris la ſomme de livres contenuë en un Billet qu'il lui avoit fait pour argent qu'elle lui avoit prêté par icelui en datte du Juillet mil lequel Billet elle a déclaré avoir perdu, & adiré, & ſi elle le retrouve elle promet lui rendre comme acquitté au moyen des préſentes, & de laquelle dite ſomme elle quitte & décharge ledit ſieur M & de toutes autres choſes generalement quelconques. Fait & paſſé à Paris ès Etudes, &c. l'an mil ſept cens le Et a ſigné.

Quittance du Dépôt porté en l'Acte de Comparution imprimée cy-devant page 37. & Mainlevée en conſéquence.

ET le lendemain deſdits mois & an ladite Perine L femme ſéparée quant aux biens dudit Etienne C a reconnu & confeſſé avoir reçû dudit Notaire, ès préſences de ſes Confreres eſdites eſpeces, la ſomme de livres pour les ſix & ſeptiéme termes, échus au dernier, de la ſomme de livres, dont eſt queſtion, deſquels deux termes elle quitte leſdits C & ſa femme, ledit Notaire dépoſitaire, & tous autres, ſans préjudice du reſtant dudit principal, interêts, frais

&

& dépens , & a fait dès à préfent mainlevée de la faifie
qu'elle avoit fait faire fur eux , entre les mains du nommé D   & de toutes autres faifies , confent qu'elles
demeurent nulles comme non faites , & que leurs débiteurs les payent: Promettant , &c. obligeant , &c. renonçant , &c. Fait & paffé à Paris en l'Etude dudit
Notaire , lefdits jour & an. Et ont figné.

Quittance que l'on fait quand on ne veut point
faire de Contrat de mariage ; par laquelle
une fille & fon futur époux reconnoiffent
avoir reçû la valeur d'une fomme , pour la
dot de la Fiancée , tant en habits , qu'uften-
ciles de ménage , foit fur la fucceffion de fon
pere , foit en avancement d'hoirie fur celle
future de fa mere.

EN la préfence des Notaires au Châtelet de Paris ,
fouffignez, Pierre F   Tailleur d'habits à
étant de préfent à Paris , & Marie M   fille majeure ,
ufante & joüiffante de fes biens & droits fa fiancée , de
lui autorifée autant que faire le peut : ont reconnu &
confeffé que Marie D   veuve de Claude M   Jardinier , demeurante   Paroiffe   mere de ladite
fiancée à ce préfente , leur a baillé & fourni , & d'elle
reconnoiffent avoir reçû la valeur de   livres en meubles meublans , linges & uftenciles de ménage , tant
pour les droits fucceffifs mobiliers & immobiliers en
fonds & fruits avenus à ladite Marie M   par le decès
dudit défunt Claude M   fon pere , fi tant fe montent , finon le furplus , fi furplus y a , en avancement
d'hoirie fur la fucceffion future de ladite veuve fa mere; de la délivrance defquels effets, lefdits F   & Marie M   fe contentent & en quittent & déchargent ladite veuve M   & ledit F   en quitte ladite Marie

M   ſa fiancée. Fait & paſſé à Paris ès Etudes, &c.
le   mil ſept cens vingt   Et ont ſigné.

Ratification à mettre au pied de la Délibera-
tion, imprimée cy-devant **page 155.**

ET le   dudit mois de   audit an, mil
ſont comparus pardevant les Notaires ſouſſignez,
Damoiſelles Marie-Françoiſe, & Catherine - Françoiſe
D   filles majeures, tant en leurs noms, que comme
Procuratrices conjointement de Gabriel D   leur frere,
héritiers chacun pour un tiers de défunt Jean D
leur pere cy-devant Mouleur de bois, Marie B   veuve de Robert C   auſſi cy-devant Mouleur de bois,
elle proprietaire de l'Office dudit défunt, au moyen du
compte qu'elle a rendu à ſes enfans, Damoiſelle Helene
E   veuve du ſieur Jean R   auſſi Mouleur de bois,
tant en ſon nom, que comme ſtipulant pour la ſucceſſion dudit défunt ſieur ſon mari eſdites qualitez, Proprietaire de l'Office de Mouleur de bois, dont eſt pourvû Jean R   ſon fils, Marie P   femme & Procuratrice, autoriſée d'Olivier J   auſſi Mouleur de bois,
ſuivant ſa procuration paſſée devant G   & ſon Confrere Notaires, le   jour d   dernier, & Françoiſe C
veuve de Richard V   cy-devant Mouleur de bois, Proprietaire dudit Office, au moyen des avantages qu'elle
a faits à ſes enfans : Leſquels après avoir pris communication, & que lecture leur a été faite par l'un des Notaires ſouſſignez, en préſence de l'autre, de la déliberà-
tion & pouvoir des autres parts écrits, l'ont volontairement ratifié & conſentent qu'elle ſoit executée ſelon
ſa forme & teneur : Ce faiſant ont obligé & hypotequé
leſdits nouveaux droits & les Offices de ceux qu'ils re-
preſentent conjointement avec ceux deſdits ſieurs Commiſſaires & Contrôleurs Jurez Mouleurs de bois, nommez dans ladite déliberation au payement, cours &
continuation des rentes, qui ſont & ſeront conſtituées

en vertu d'icelle en principal & arrerages , & ont promis d'obliger ceux au profit de qui ils difpoferont defdits Offices à en faire leur foumiffion auffi-tôt leur reception aufdits Offices , approuvant l'élection de domicile portée en icelle déliberation : Fait & paffé audit Bureau lefdits jour & an que deffus. Et ont figné.

Ratification & approbation par un Donateur
de tout ce que fes Donataires ont pû faire
depuis le jour de la Donation jufqu'à celui
de la Renonciation qu'ils ont faite à icelle
pour la geftion & adminiftration des chofes
données , enfemble de tous Actes qu'ils au-
roient pû faire & paffer en confequence ,
& pour raifon de ladite Donation.

FUt prefente Dame Madelaine D   Veuve de défunt Pierre M   Ecuyer , Capitaine au Regiment
de   demeurante ruë   Paroiffe faint   Laquelle
en confequence de la déclaration & renonciation faite
par le fieur Nicolas P   Bourgeois de Paris , & Damoifelle Henriette M   fon époufe , à la donation
faite par ladite Dame M   à ladite Damoifelle P
fa fille , de tout generalement fes biens meubles & immeubles , prefens & avenir , à la charge d'une penfion
viagere de   livres par année , icelle donation paffée
devant L   & fon Confrere Notaires à Paris le
dûment infinuée , où il a été befoin ; ladite déclaration
& renonciation à ladite donation faite par acte fous
fignatures privées du   acceptée par lad. Dame veuve M   & dépofée par ledit fieur P   pour minute
audit L   Notaire le   audit an ; & en approuvant
& ratifiant d'abondant par ces préfentes ledit acte de
déclaration & renonciation , a par cefdites préfentes ,
déclaré qu'elle approuve & ratifie pareillement tout ce

que lefdits fieur & Damoifelle P   ont pû faire depuis
ledit mois de   mil   jufques au tems de la renonciation à icelle donation , concernant & pour la geftion
& adminiftration defdites chofes données , & notamment la tranfaction paffée devant   Notaire Royal
a   le   faite entre lefdits fieur & Damoifelle P
en ladite qualité de donataires, les Sieurs   & autres :
plus le titre nouvel & reconnoiffance , fait devant
& fon Confrere Notaires à Paris , le   accepté par lefdits fieur & Damoifelle P   en leurfdites qualitez ,
lors donataires par René B   d'une rente de
livres au principal de   livres : Plus le payement fait
aufdits fieur & Damoifelle P   par ledit Titre nouvel
de la fomme de   livres ; Plus la ratification par lefdits fieur & Damoifelle P   faite en leurfdites qualitez de donataires le   Plus du Bail fait à M   de la
Ferme dudit   & tous autres actes, que lefdits fieur &
Damoifelle P   auroient pû faire en confequence de
ladite donation , confentant que le tout forte fon plein
& entier effet ; & foit executé felon fa forme & teneur,
reconnoiffant que lefdits fieur & Damoifelle P   lui
ont mis entre les mains les Expeditions de ladite Tranfaction , Baux , Titre nouvel & autres Actes & Pieces
qu'ils avoient en leurs mains , refultans de ladite donation ; déclarant en outre ladite Damoifelle comparante,
que lefdits fieur & Damoifelle P   lui ont payé plus
de   livres pour fes penfions & entretiens depuis leur
mariage, quoiqu'ils n'ayent reçû que les arrerages de la
rente dûë par le fieur   n'ayant pû recevoir aucune
autre chofe , à caufe des faifies faites fur lefdits biens
donnez , par les Créanciers de ladite Dame comparante, n'entendant ladite Dame comparante , que ladite renonciation faite par lefdits fieur & Damoifelle P
ni le prefent acte puiffent difpenfer iceux , fieur & Damoifelle P   fes gendre & fille, de la nourrir & entretenir , ni de l'aider , comme ils ont coûtume de faire
dans les procès & differends qui lui pourroient furvenir
pour la défenfe de fes biens & droits ; confentant en ou-

tre que du contenu en ces préſentes, il en ſoit fait mention ſur la minute & expedition de ladite donation &
ſur toutes autres Pieces qu'il appartiendra par tous Notaires requis en ſon abſence : Promettant, &c. obligeant,
&c. renonçant , &c. Fait & paſſé à Paris , &c.

---

*Ratification en forme de Titre nouvel de la
Tranſaction paſſée entre une Belle-mere &
ſon gendre , au ſujet de la ſucceſſion de leur
fille & femme décedée ſans enfans , imprimée ci-après au rang des Tranſactions.*

ET le   jour de   mil   eſt comparuë devant
les Notaires à Paris ſouſſignez , Claude M   à
preſent , femme dudit P   Maître Fondeur à Paris,
nommé en l'acte cy-deſſus & de l'autre part , pour ce
preſent qu'il autoriſe , à l'effet des preſentes , demeurans ruë   Paroiſſe ſaint   Laquelle après avoir pris
communication , & que lecture lui a été preſentement
faite par l'un des Notaires ſouſſignez , l'autre preſent
dudit acte cy-deſſus & de l'autre part , qu'elle a dit bien
entendre & ſçavoir , volontairement s'eſt obligée & oblige pour & avec ſondit mari ; elle ſeule pour le tout, ſans
diviſion, diſcution , ni fidejuſſion ; à quoi elle renonce
envers Marie C   femme de Ciprien le B   Compagnon Maſſon , ladite C   ſeule & unique heritiere
de ladite Anne G   Veuve en premieres nôces , de
Samſon C   & en dernieres de Jean A   ſa Mere, de
la ſomme de   reſtant à payer de celle de   payable dans les termes & pour les cauſes énoncées audit
acte , en faiſant de ladite dette ſon propre fait & dette,
comme principale debitrice ſolidairement avec ſondit
mari ; éliſant leur domicile en leur demeure ſuſdite :
Auquel lieu , &c. nonobſtant , &c. promettant , &c.
obligeant , &c. ſolidairement comme deſſus : renonçant , &c. Fait & paſſé à Paris ès Etudes leſdits jour &

an que deſſus, ledit P   a déclaré ne ſçavoir écrire
ni ſigner de ce interpellé ; & ladite femme a ſigné.

---

*Ratification par une femme , du Contrat de
Conſtitution , imprimé ci-devant , page 75.*

Na. *Quand celui ou celle qui paſſe une ratification , ſe
trouve éloigné du lieu où s'eſt paſſé le Contrat , qui doit être
ratifié , ou tranſcrit ſur du papier timbré du lieu où ſe doit
faire la ratification ; Copie tout au long dudit Contrat , enſuite de laquelle Copie dudit Contrat , on met ladite ratification , qui doit être conçûë en ces termes.*

AUjourd'hui &c.   eſt comparuë Damoiſelle
Epouſe du ſieur Pierre D   de lui ſpecialement
autoriſée par le Contrat, dont la Copie eſt cy-deſſus &
des autres parts, pour faire & paſſer le preſent acte , demeurant ladite Damoiſelle, ordinairement à   étant ce
jour en cette Ville de   laquelle après avoir pris communication du Contrat de Conſtitution de   livres
de rente au principal de   paſſé par ledit ſieur ſon
Epoux au ſieur Jean V   pardevant D   & ſon Confrere Notaires à Paris, dont la Copie eſt cy-deſſus tranſcrite , & de toutes les clauſes, conditions, certifications
& affirmations y contenuës ; le tout qu'elle a dit bien
ſçavoir , a déclaré qu'elle a ledit Contrat pour agréable,
le ratifie & approuve , en conſent l'execution en tout
ſon contenu, & ſelon ſa teneur ; ce faiſant , elle s'oblige
d'abondant & ſolidairement ſans diviſion ni diſcution,
avec ledit ſieur D   à la garantie du principal payement & continuation des arrerages de ladite rente, à
l'emploi promis par icelui , à l'execution de toutes leſdites conditions y contenuës; & elle fait les mêmes certifications & affirmations , que ledit ſieur ſon mari a
faites par icelui ſous les mêmes peines que celles y portées; qu'elle a dit bien ſçavoir & entendre, faiſant élection de domicile en la Ville de Paris , en leur maiſon,

ruë ſaint   pour y être faits tous Exploits : Promettant , &c. obligeant , &c. ſolidairement avec ſon
mari ; renonçant , &c. Fait , &c.

Na. Cet acte ſe paſſe ordinairement par devant les Notai-
res Royaux du lieu, où le contractant ſe trouve alors réſidant.
Il doit être datté, ſcellé, controllé & légaliſé.

Reconnoiſſance & Décharge à un Gardien des choſes à lui données en dépôt, & deſquelles il s'étoit chargé par la clôture d'une vacation d'Inventaire.

Pardevant les Conſeillers du Roy, Notaires au Châtelet de Paris ſouſſignez : Furent preſens haut & puiſſant Seigneur , Meſſire Loüis , Marquis D   Comte
de   Baron de   & autres lieux, Chevalier de l'Ordre de ſaint Loüis, Maréchal des Camps & Armées du
Roy, & haute & puiſſante Dame, Dame- Anne Charlotte V   ſon épouſe qu'il autoriſe , à l'effet des préſentes, demeurans en leur Hôtel , ruë   Paroiſſe ſaint
Leſquels reconnoiſſent , que Loüis L   Me. d'Hôtel
de feu haut & puiſſant Seigneur , Mre. Emmanuël Henri
V   Marquis de   Lieutenant General au Gouvernement de   frere de madite Dame Marquiſe
D   pour ce preſent, demeurant ruë   Paroiſſe
ſaint   leur a mis entre les mains, la Vaiſſelle d'argent, dont il s'eſt entr'autres choſes chargé par la
vacation de l'Inventaire , fait après le decès dudit feu
Seigneur , Marquis D   par L   & ſon Confrere
Notaires à Paris, datté au commencement du   de
laquelle Vaiſſelle d'argent, leſdits Seigneur & Dame
D   ſe chargent & en déchargent ledit L   & promettent ſolidairement , l'en faire tenir quitte & valablement déchargé envers & contre tous : Promettant,
&c. obligeant, &c. ſolidairement, renonçant, &c. Fait

& passé à Paris, en leur Hôtel sus-declaré, l'an mil
le　　　　Et ont signé.

---

*Renonciation à une succession en consequence
de l'autorisation imprimée ci-devant, page 25. & pour mettre au pied d'icelle.*

ET à l'instant ladite Marie V　　　en qualité de femme séparée, quant aux biens d'avec ledit sieur D
　　　son mari, & en consequence de l'acte d'autorisation cy-dessus ; a déclaré qu'elle renonce à la succession dudit défunt sieur Josse V　　　　son pere, pour lui
être plus onereuse que profitable, se tenant aux avantages qu'elle en a reçû, en faveur de Mariage, affirmant
ne s'être aucunement immiscée en ladite succession, pris
ni profité des biens d'icelle, dont acte, &c. & pour
faire insinuer ces présentes au Greffe du Châtelet de Paris & par tout ailleurs, où besoin sera, ladite Damoiselle
D　　　a fait & constitué pour son Procureur le porteur
&c. donnant, &c. pouvoir, &c.　Fait & passé à Paris ès
Etudes, &c. lesdits jour & an : Et a signé.

---

*Renonciation à l'execution d'un Testament, par
l'Executeur nommé par icelui, & acceptation en partie de ladite éxécution, par le
seul & unique heritier de la personne défunte.*

PArdevant les Notaires à Paris soussignez, fut present
M. Nicolas C　　　Prêtre habitué en l'Eglise de
Lequel a déclaré qu'il ne peut par ses occupations spiri-
tuelles, s'immiscer en l'execution du Testament & or-
donnance de derniere volonté de défunte Damoiselle
Elisabeth G　　　D.　　　fille majeure, reçû par Maîtres

L   & de V   Notaires le   Juillet mil
Pourquoi il y a par ces préſentes renoncé; ce qui a été
accepté par Mre Charles D   *de telle qualité*, demeurant ruë   Paroiſſe ſaint   à ce preſent ſeul & unique heritier de ladite défunte ſa Couſine germaine , &
chargé de tous les effets de ſa ſucceſſion , par l'Inventaire qu'il en a fait faire par ledit L   & ſon Collegue
Notaires , datté au commencement du   Mars mil

      Lequel s'eſt chargé de ladite execution teſtamen-
taire , en ce qui regarde les Legs pieux, ſans approuver
les autres legs , ni le legs univerſel , porté audit Teſtament , contre lequel il ſe reſerve de ſe pourvoir , pour
faire reduire leſdites diſpoſitions , parcequ'elle n'a pû
diſpoſer que de ſes meubles & acquêts , & du quint de
ſes propres, ſuivant la Coûtume, & auſſi ſe reſerve ſes autres droits & actions : Promettant , &c. obligeant , &c.
renonçant , &c. Fait & paſſé à Paris en l'Étude de L
    Notaire , l'an mil   le   jour de
a   midi : Et ont ſigné.

Répondant d'un Domeſtique.

FUt preſent Jacques L   Me. Cordonnier à Paris,
y demeurant ruë   Paroiſſe ſaint   Lequel a ré-
pondu à Mr. Claude N   Conſeiller en Parlement, de
la fidelité de Loüis D   âgé de   ou environ, natif
de   fils de Noël D   & de défunte Marie- Anne G
    ſes pere & mere , ce jourd'hui entré au Service
dudit ſieur N   pour le ſervir en qualité de dome-
ſtique & laquais; promettant ledit L   en cas que ledit
D   faſſe aucun tort audit ſieur N   pendant le tems
qu'il ſera à ſon ſervice, de lui rendre & reſtituer led. tort
incontinent le cas arrivé; à peine de tous dépens, dommages & interêts, même le repreſenter ; & a élû ſon domicile irrevocable en ſadite demeure ſus-déclarée: Auquel lieu , &c. nonobſtant , &c. promettant , &c. obligeant , &c. renonçant , &c. Fait & paſſé à Paris ès Etudes, &c. le   mil ſept cent   Et a ſigné.

Sauf - conduit.

FUrent prefens *tels & tels.* Tous Créanciers d'Arnoul V ancien Maître d'Hôtel de & Controlleur general de la Maifon de Lefquels fur ce qui leur a été remontré par ledit fieur V que les Sieurs auffi du nombre de fes Créanciers, pour la fomme de livres , voulant exercer contre lui la contrainte par corps qu'ils ont obtenuë par Sentences de M^rs les Juge & Con-fuls des Marchands à Paris; quoiqu'il ne foit engagé dans cette dette que par Débiteurs de ladite fomme de livres , lui empêche de vacquer à fes affaires & de faire le Recouvrement de ce qui lui eft dû ; ce qui le met hors d'état de les fatisfaire , comme il a toujours fait avec honneur, que s'ils vouloient lui accorder fauf-conduit & liberté de fa perfonne pour quelque tems, cela lui donneroit le moyen de recouvrer fes dettes & de les fatisfaire tous ; Sur quoi lefdits Créanciers com-parans , ayant refléchi & reconnu la fincerité de ce qu'expofe ledit fieur V Ils lui ont par ces préfentes accordé terme & délai de pour les payer chacun, de ce qu'il leur doit en principaux , interêts, frais & dépens , pendant lequel tems ils ont chacun fufpendu les Contraintes , tant par corps qu'autrement , qu'ils ont contre lui , pour aller par lui librement à fes affaires , & lui faciliter le Recouvrement de fes dettes actives; & empêcher le déperiffement d'icelles , à la charge par lui de les payer à l'échéance dudit tems , fauf à eux , faute d'y fatisfaire , & icelui paffé , de remettre leurfdites Contraintes contre lui à execution , pourquoi & pour leurs payemens , ils fe font refervez leurs droits , actions & hypotheques refultans de leurs titres & pieces , & pour faire homologuer ces préfentes en la Jurifdiction confulaire & par tout ailleurs où befoin fera contre les Créanciers , refufans de les figner & confentir ; iceux Comparans ont fait & conftitué pour leur Procureur, le

porteur d'icelles auquel ils en donnent pouvoir & d'en
obtenir toutes Sentences & Jugemens neceſſaires : Promettant , &c. obligeant , &c. renonçant, &c. Fait &
paſſé à Paris en l'Etude de L   l'un des Notaires ſouſſignez , l'an mil ſept cens vingt   le   jour d
Et ont ſigné.

Séparation de corps & de biens.

FUrent preſens Jean C   Compagnon Serrurier,
demeurant à Paris , ruë   Paroiſſe ſaint   d'u-
ne part. Et Catherine S   ſa femme, qu'il autoriſe
pour l'effet des préſentes , d'autre part. Leſquels ont
dit que depuis   ans ou environ qu'ils ſont mariez ,
les contrarietez de leurs humeurs , n'ont pû compatir ;
& ont cauſé le deſordre dans leur mariage , à quoi voulant apporter remede, pour éviter les ſuites fâcheuſes
qui pourroient s'enſuivre, juſqu'à ce qu'il plaiſe à Dieu
de les réünir , ils ſont convenus de ce qui enſuit.

C'eſt à ſçavoir, que ledit C   conſent & veut bien
ſe retirer en ſon particulier & faire ménage à part ; conſent auſſi que ladite S   ſa femme , faſſe auſſi ménage
en ſon particulier ; promettant de ne l'y point troubler,
lui laiſſant ſous ſa garde & pour ſon uſage les meubles
meublans, qui enſuivent; ſçavoir &c.   à l'effet dequoi
ils ſe ſont volontairement ſéparez de corps & de biens;
& pour agir par ladite S   librement de ſes affaires,
ſoit dans ſon commerce de Boutonniere ou autrement,
emprunter toutes ſommes de deniers, dont elle pourroit
avoir beſoin ; ſondit mari l'a par ces préſentes autoriſée
& autoriſe irrévocablement ; & pour faire homologuer
& inſinuer ces préſentes , ſi beſoin eſt en juſtice, les Parties ont conſtitué leur Procureur , le porteur d'icelles,
auquel elles en donnent pouvoir, & d'en requerir les
actes & jugemens neceſſaires : Promettant, &c. obligeant chacun en droit ſoi , &c. renonçant, &c. Fait &
paſſé à Paris en l'Etude de   l'un des Notaires ſouſſi-

gnez le   mil   a   midi, ladite S   a déclaré ne sçavoir écrire ni signer : Et ledit C   a signé.

Souffrance ou Servitude.

FUt present le sieur Benoît D   Bourgeois de Paris, y demeurant ruë   Paroisse saint   d'une part, Et Damoiselle Madelaine S   Veuve du sieur Michel M   aussi Bourgeois de Paris, y demeurante ruë   Paroisse saint   d'autre part. Lesquels ont dit & déclaré qu'ils sont proprietaires chacun pour son fait & regard de deux Pieces de Terres en marais, joignantes l'une à l'autre, scituées au terroir de   contenant chaque piece un arpent & plus, separée l'une de l'autre par une haye vive, qui regne en toute sa longueur ; Et voulant ledit sieur D   faire plaisir à ladite Damoiselle veuve M   il a consenti & consent par ces présentes qu'elle prenne son passage pour sa personne & ses gens pardessus l'heritage dudit sieur D   pour aller & venir à la Piece de marais, appartenante à ladite Damoiselle veuve M   & à la Maison qui est bâtie dessus, sans qu'elle ni ses gens, soient tenus de lui en payer aucune chose, pour en jouir par ladite veuve M   & ses gens par souffrance, purement & simplement, tant que bon semblera audit sieur D   à la volonté duquel ladite souffrance aura lieu, sans que ladite Damoiselle veuve M   ni ses gens, puissent l'étendre plus avant, de laquelle souffrance elle le remercie ; & promettent chacun à leur égard, de contribuer également & par moitié à l'entretien de ladite haye vive, laquelle est mitoyenne entr'eux : Promettant, &c. obligeant, &c. renonçant, &c. Fait & passé à Paris en l'Etude de   Notaire, l'an mil sept cent-vingt   le   a midi : Et ont signé.

STILES POUR METTRE

en grosses & formes executoires, les
Contrats & Actes qui se passent par
les Notaires du Châtelet de Paris.

Stile pour toutes sortes de Contrats &
Actes en general.

Au commencement on met ainsi.

A Tous ceux qui ces présentes Lettres verront : (*Ici*
on met les noms & qualitez de Monsieur le Prevôt
de Paris) Prevôt, Juge & Garde de la Ville, Prevôté
& Vicomté de Paris (*Et quand le Siege de ladite Prevôté*
est vacant, on met les noms & qualitez de Monsieur le
Procureur General.) Le Siege vacant : Salut, sçavoir faisons, que pardevant Mes. Jacques D   & Nicolas
L   Conseillers du Roi, Notaires, Gardenotes &
Gardes-scel au Châtelet de Paris soussignez, furent présens, &c.

   Suivre le reste du Contrat.
   Et quand dans le corps se trouvent les mots cy à côté.
   On met ainsi.

   A peine de tous dépens, dommages & interêts.

   Transportant audit Acquereur tous droits de proprieté qu'il a & peut avoir ausdits héritages susvendus, au
profit duquel il s'en est dessaisi, demis & devêtu, consentant qu'il en soit saisi, & mis en bonne possession
& saisine par qui & ainsi qu'il appartiendra, constituant
à cette fin pour son Procureur le porteur desdites présentes, auquel il en donne tout pouvoir.

   Quand c'est dans un Bail, à ce mot, pour en joüir,
&c. on met ainsi.

A peine, &c.
Transpor-
tant, &c.
Dessaisissant,
&c.
Voulant Pro-
cureur, &c.
Le porteur
&c.
donnant, &c.
Pouvoir, &c.

Pour en joüir, &c.

Pour en joüir audit titre ledit tems durant.

Et à la fin jusqu'à , car ainsi , &c. que l'on met ainsi.

Car ainsi , &c.

Car ainsi , le tout a été convenu & accordé entre les Parties qui pour l'execution des présentes , ont élû leurs domiciles , &c.

Après l'élection de domicile à , ausquels lieux , &c. On met ainsi.

Ausquels lieux, &c.

Ausquels lieux ils veulent , consentent & accordent que tous Actes & Exploits de Justice , qui y seront faits soient aussi valables que s'ils étoient faits & donnez en parlant à leurs propres personnes & vrais domiciles ordinaires.

Nonobstant , &c.

Nonobstant changement de demeures.

Ce Nonobstant , &c. se met nonseulement après ausquels lieux , &c. à la fin d'un Contrat ; mais encore quelquefois dans le corps , & alors on met : Nonobstant toutes choses à ce contraires.

Promettant , &c.

Promirent en outre rendre , payer & rembourser tous frais , mises d'executions , loyaux-coûts , dépens , dommages & interêts , qui seroient faits & encourus sur eux , faute de l'entier accomplissement du contenu en ces présentes.

Obligeant , &c.

Sous l'obligation & hypoteque speciale , primitive & privilegiée de tous & chacuns leursdits biens , meubles , & immeubles, présens & avenir, qu'ils ont pour ce chacun en droit soi , lesdits   &   solidairement comme dessus soumis à la Justice & Jurisdiction dudit Châtelet de cette Ville , Prevôté & Vicomté de Paris , & partout ailleurs qu'il appartiendra , & où sçûs & trouvez seront.

Quand c'est un Bail à ferme d'immeubles situez en campagne , outre ce que dessus , on ajoûte.

Même leurs corps à mettre & tenir ès prisons fermées dudit Châtelet , & partout ailleurs où il appartiendra , tant & si longuement qu'il plaira à Justice, attendu qu'il s'agit de fermage de la Campagne.

Renonçant , &c.

Et ont renoncé , en ce faisant , à toutes choses à ces présentes Lettres contraires : En témoin de quoi , Nous

Prevôt , Juge & Garde fufdits , à la relation defdits Notaires fouffignez , avons par ledit L   l'un d'eux fait
fceller cefdites préfentes , qui furent faites & paffées à
Paris , &c.

*Quand il y a un autre Acte à tranfcrire en fuite d'une
groffe , pour qu'il foit dans la même force ; on met.*

Plus (*ou*) comme auffi, falut, fçavoir faifons, que pardevant lefdits Notaires fouffignez , font comparus (*ou*)
que le   jour d   mil fept cens vingt   ledit
Thomas R   &c.

Et aux endroits neceffaires obferver le Stile cy-devant.

---

*Autre Stile que l'on met à la fin d'une premiere
groffe de Contrat ou Acte , lorfque le Notaire en premier , qui en a paffé & figné la minute , n'eft plus Notaire , & que celui qui l'a
figné en fecond , l'eft encore.*

Après le Stile ordinaire.

EN témoin de quoi nous Prevôt fufdit , après que fut
la repréfentation qui nous a été faite de la minute
des préfentes par M^e. Gabriel-René M   Confeiller du Roi , Notaire , Gardenotes & du fcel au Châtelet de Paris , fouffigné , comme Succeffeur dudit M^e.
D   il eft apparu à M^e. Louis-Adrian G
Confeiller du Roi , Garde-fcel des Decrets & des Regiftres des Immatricules , *Ita eft* , des Officiers dudit Châtelet , ces préfentes être veritables & avoir été groffoyées
& mifes en cette fforme par ledit Me. L   Notaire , ce jourd'hui   mil & de lui feul fignées , avec
ledit G   attendu qu'à cedit jour & avant icelui ledit
M^e. D   n'étoit plus Notaire : Avons par ledit Me.
L   Notaire , fait fceller cefdites préfentes , qui
furent faites & paffées à Paris en l'Etude dudit D
Notaire , l'an mil fept cens vingt   le   jour d

a   midi. Et ont leſdites Parties ſignées en la minut:
deſdites préſentes demeurée en la garde & poſſeſſion dudit M   comme ſubrogé à l'Office & Pratique dudit
D   cy-devant Notaire.

*Après quoi ledit Succeſſeur ſigne au milieu, comme repre-
ſentant la minute, & le Notaire qui l'a ſignée en ſecond, ſigne pour lors en premier ladite groſſe & la ſcelle, comme l'ayant fait mettre en cette forme, & ledit Garde des
Decrets la ſigne en ſecond.*

---

*Autre Stile, quand c'eſt un Acte en Brevet,
rapporté au Succeſſeur du Notaire, qui l'a
paſſé, pour être groſſoyé, & que les deux
Notaires qui l'ont ſigné, ſont decedés, ou ne
ſont plus Notaires.*

EN témoin de quoi Nous après que par l'inſpection
du Brevet original des préſentes, il eſt apparu à
Me. Claude Q   Avocat enParlement, Conſeiller du
Roi, Garde des Immatricules des Officiers dudit Châtelet les choſes ſuſdites être veritables, & avoir été ainſi
faites & paſſées pardevant leſdits M   & L   cy-devant Notaires : Avons par Me. Robert-François B
Conſeiller du Roi, Notaire, Gardenotes & du ſcel audit Châtelet fait mettre & appoſer le ſcel de ladite Prevôté & Vicomté de Paris à ceſdites préſentes, qui ont
été groſſoyées & miſes en cette forme par ledit Me.
B   de lui ſeul & dudit Q   ſignées, ce jourd'hui
      mil   d'autant qu'à cedit jour leſdits Mes. M
& L   n'étoient plus Notaires. Ce fut ainſi fait &
paſſé à Paris en l'Etude dudit L   Notaire, l'an mil
      le   Et ont ſigné ; ainſi ſigné A   & F   avec
M   & L   Notaires avec paraphes, au Brevet original
des préſentes rapporté audit B   Notaire, pour être
mis en cette forme par ledit ſieur F   ſuivant l'Acte
d'apport, qui en eſt à la marge du   jour d

                                                mil

mil   étant en conséquence reſté en minute audit B
Notaire.

Autre Stile , quand c'eſt une ſeconde groſſe
délivrée par le Succeſſeur du Notaire
qui a paſſé l'Acte.

EN témoin de quoi Nous , après que par l'inſpection
de la minute des préſentes , il eſt apparu à Me. Claude Q   Conſeiller du Roi , Garde des Immatricules , *Ita eſt* , audit Châtelet , les choſes ſuſdites être
veritables , & avoir été ainſi faites & paſſées pardevant
leſdits Notaires , l'an mil ſept cens vingt   le
jour d   a   midi , & avoir été ſignées ; ainſi ſigné
D   & C   Notaires avec paraphes , ainſi qu'il
eſt dit au Brevet des préſentes : Avons par Me. Rollin
P   Conſeiller du Roi , Notaire , Gardenotes & Gar-
de-ſcel audit Châtelet , fait ſceller ces préſentes , qui
ont été groſſoyées & miſes en cette forme , & d'icelui
ſignées avec ledit Me. Q   ce jourd'hui   mil ſept
cens vingt   attendu que leſdits D   & C
étoient decedez , & ce pour ſeconde groſſe en vertu de
la permiſſion de Monſieur le Lieutenant Civil audit Châtelet du   dernier , étant au bas de la Requête à
lui preſentée à cette fin par ledit ſieur M   Créancier ,
& en conſéquence de la ſommation faite audit ſieur J
     Débiteur , par exploit de Nicolas V   Huiſſier
à verge audit Châtelet le   auſſi dernier , & de l'Acte de comparution dudit ſieur M   à ladite ſommation , portant défaut contre ledit ſieur J   reçûë par
ledit Me. P   & ſon Confrere , Notaires ledit jour
mil ſept cens vingt   le tout annexé à la minute de la
preſente ſeconde groſſe.

     Enſuite de ce on tranſcrit ladite Requête , Ordonnance ,
Sommation & Comparution.

R

Stile qui ſe met à la fin d'une copie de Piece annexée à la minute d'un Acte d'Apport, lorſqu'on ne tranſcrit point ledit Acte d'Apport.

EN l'original des préſentes demeuré annexé à la minute de l'Acte d'Apport fait d'icelles par Louis B y nommé, paſſé pardevant leſdits Notaires cedit jour, le tout demeuré à L l'un des Notaires souſſignez.

Subſtitution qui ſe fait enſuite d'une Procuration, portant pouvoir au fondé de Procuration de ſubſtituer en ſon lieu.

PArdevant, &c. fut préſent ſieur Jean S intereſ-ſé dans les affaires du Roi, demeurant à Paris ruë Paroiſſe ſaint Lequel en vertu du pouvoir de ſubſtituer à lui donné par la Procuration cy-deſſus & des autres parts tranſcrite, a fait & ſubſtitué pour ſon Procureur & dudit ſieur G Me. Edme de la auquel il donne pouvoir de faire la direction & regie de la Fer-me du doublement des Boucheries de la Generalité de Paris, d'établir à cet effet des Commis pour la percep-tion deſdits droits, dans tous les lieux où il en jugera neceſſaire, faire les viſites chez les Bouchers dans les Villes & lieux de ladite Generalité, ſujets auſdits droits, pour connoître s'ils ne tuent pas leurs beſtiaux en fraude deſdits droits, & en cas qu'ils ſoient trouvez en contra-vention, en dreſſer des procès verbaux pardevant les ſieurs Subdeleguez de Monſieur l'Intendant, faire re-mettre les deniers provenans de la Recette deſdits droits entre les mains des Commis qu'il établira, ou de ceux qui

font présentement établis par ledit G   faire represen-
ter aux Commis des Inspecteurs leurs Registres conformément à l'Ordonnance de Monsieur l'Intendant du
Juin dernier , & en cas de refus de la part desdits Commis , les faire assigner devant lesdits sieurs Subdeleguez
de mondit sieur l'Intendant , pour les y faire contraindre , & à défaut de payement poursuivre & contraindre
lesdits Bouchers par toutes voyes dûës & raisonnables ,
& generalement faire par ledit sieur Procureur substitué
tout ce qui sera avantageux à ladite ferme : Promettant,
&c. obligeant , &c. Fait & passé , &c.

---

*Traité au sujet d'un Remboursement de Finan-
ce & acquisition d'Offices en commun.*

FUt présent Charles A   sieur D   demeurant à
Paris ruë   Paroisse   Proprietaire & pourvû de
deux Offices de Contrôleurs de l'Econome sequestre,
l'une du Diocese de   & l'autre de   créez Héredi-
taires par Edit du mois d'Octobre mil sept cens trois ,
au moyen des Finances qu'il en a payées aux Parties ca-
suelles , dont les quittances lui en ont été expediées le
        dernier, & sur icelles obtenu les provisions en Chan-
cellerie le   aussi dernier : Lequel en vertu de la faculté à lui accordée en ladite qualité de Proprietaire
desdits deux Offices par ledit Edit de création d'iceux, de
rembourser si bon lui semble les Proprietaires desdits
Offices d'Economes sequestres desdits Dioceses de
& de   créez par autre Edit du mois de Decembre ,
mil six cens quatre-vingt-onze, faute par eux d'avoir levé
& réuni à leursdits Offices ceux de Contrôleurs de l'E-
conome sequestre desdits Dioceses , dont ledit sieur D
        est , comme dit est , pourvû dans le tems & de la
maniere portez audit Edit de création susdatté , ce qui
a été confirmé par la Déclaration de Sa Majesté du six
Mai mil sept cens quatre , & en consequence de joüir
des gages , droits , fruits , profits, revenus, émolumens

aufdits Offices appartenans , le tout en conformité de ladite Déclaration du Roi ; & defirant jouir dudit benefice , il s'eft addreffé pour y parvenir au fieur Gafpard
C   Bourgeois de Paris, y demeurant ruë   Paroiffe faint   à ce préfent , à qui il auroit propofé de lui
fournir deniers fuffifans , pour rembourfer lefdits Offices , & les acquerir en commun & par moitié entr'eux ,
defquels ledit fieur D   feroit néanmoins Titulaire ,
& recevroit ledit fieur C   les gages en entier attribuez aufdits Offices, à quoi qu'ils fe puiffent monter, fur
& en déduction des interêts des fommes qu'il fourniroit
pour faire lefdits rembourfemens ; & que fi lefdits gages ne fuffifoient pour fournir lefdits interêts fur le pied
du denier vingt , ce qui s'en défaudroit feroit pris par
ledit fieur C   annuellement & par préference fur les
deniers que produiront les taxations & droits cafuels attribuez aufdits Offices ; aprés quoi il feroit par ledit fieur
D   prélevé   livres par années , auffi fur lefdites taxations & droits cafuels , pour en quelque façon l'indemnifer des peines & foins qu'il prendra dans l'exercice defdits Offices , & enfuite partageront par moitié entr'eux
le furplus defdites taxations & droits cafuels que pro-
duira l'exercice defdits Offices , tant qu'ils feront Proprietaires d'iceux ; ce qu'ayant été entendu par ledit
fieur C   qui defirant faciliter lefdits rembourfemens
& acquifition defdits Offices , a par ces préfentes volontairement fourni & délivré audit fieur D   en louis
d'or , d'argent & monnoye bons & ayant cours , réellement comptant à la vûë des Notaires fouffignez , la fomme de   livres , ainfi qu'icelui fieur D   le reconnoît & l'en quitte & décharge , & promet employer icelle fomme aux payemens qu'il conviendra faire , tant
pour les rembourfemens & acquifitions defdits Offices
d'Economes fequeftres defdits Diocefes de   & de
à ceux qui s'en trouveront pourvûs, que des autres payemens qu'il conviendra faire jufqu'à fa reception à iceux ,
foit pour confirmation d'heredité , rembourfement de
frais de reception , préfent de fommes confiderables à

faire à gens qu'on ne peut nommer, pour faciliter &
parvenir auſdits rembourſemens & receptions auſdits
Offices qu'autrement, ſans que ledit ſieur D   ſoit
tenu de juſtifier de l'emploi entier deſdits   livres,
ni de rendre aucun compte d'icelle ſomme audit ſieur
C   dans leſquelles quittances qu'icelui ſieur D
retirera des payemens qu'il fera aux Titulaires deſdits
Offices, du rembourſement d'iceux, s'oblige néanmoins
de déclarer que les deniers feront provenus, & feront
partie de ceux à lui préſentement fournis par ledit ſieur
C   pour ſon privilege & entiere execution des préſentes, les originaux deſquelles quittances qui contiendront leſdites déclarations & ſubrogations, avec les proviſions que ledit ſieur D   obtiendra deſdits Offices,
& autres pieces ce concernant, il promet mettre ès mains
dudit ſieur C   qui s'en chargera incontinent après
leſdites proviſions obtenuës pour ſureté de ladite ſomme préſentement fournie, & au plûtard dans   à
peine de reſtitution deſdits   livres, au moyen duquel préſent payement ledit ſieur C   demeurera,
comme le conſent ledit ſieur D   Proprietaire incom-
mutable de la moitié deſdits Offices, leſquels ledit ſieur
D   ne pourra vendre ni diſpoſer, ſans ſon exprès conſentement & préſence, pour ſur le prix deſdits Offices
(en cas de vente) être d'abord ledit ſieur C   rembourſé deſdits   livres préſentement par lui payez audit ſieur D   ou de   livres ſeulement ſi avant ce
tems ledit ſieur D   lui avoit rembourſé la moitié deſdits   livres, ce qu'il pourra faire quand bon lui ſemblera, & à l'égard des autres   livres ne pourront être
rembourſées par ledit ſieur D   audit ſieur C
ſans le vouloir & conſentement exprès dudit ſieur C
& après, le ſurplus deſdites ventes, ſi aucune y a, partagé entre leſdits ſieurs D   & C   également & par
moitié, juſqu'à laquelle vente recevra ledit ſieur C
les gages attribuez auſdits Offices, tant comme Proprietaire de la moitié d'iceux, qu'à cauſe de l'avance par lui
faite pour ledit ſieur D   de l'autre moitié, & ce ſur

R iij

les quittances d'icelui fieur D   qu'il s'oblige lui fournir aux écheances , ou lui en payer la valeur en fa demeure à Paris ou au porteur , comme auffi lui payer
par préference , comme dit eft , des deniers provenans
defdites taxations & cafuels , comme ledit fieur D
s'y oblige par ces préfentes, l'excedant de ce qui s'en défaudroit après lefdits gages reçûs jufqu'à concurrence
de   livres par année , que lui doit produire l'interêt defdits   livres par lui cy-deffus payez , & ce
annuellement dans les tems & lors du payement defdits
gages , & au cas que ledit fieur D   rembourfât ledit
fieur C   de la moitié defdits   livres , du jour dudit
rembourfement, lefdits   livres d'interêts defdits
livres leur appartiendront en commun & par moitié , &
quant au furplus defdites taxations & cafuels que produiront lefdits Offices , fera partagé également & par
moitié entr'eux, lefdits   livres par année dudit fieur
D   préalablement pris , comme il eft cy-devant dit ,
les frais de regie & autres déduits & également fuppor-
tez , pour à quoi parvenir fera par ledit fieur D   tenu un Regiftre de ce qu'il recevra , dont les feuillets feront paraphez par ledit fieur C   & en cas de decès
de l'un defdits fieurs D   & C   le préfent Traité
fera executé entre leurs enfans & héritiers , & aura le furvivant par préference à tous autres pour l'acquifition de
la moitié du decedé , & à l'execution de tout le contenu en ces préfentes, pour raifon de quoi ont les Parties
obligé & hypotequé tous leurs biens , meubles & immeubles , préfens & avenir , & ont élû leurs domiciles
en leurs fufdites demeures : Aufquels lieux , &c. nonobftant, &c. promettant , &c. obligeant chacun en droit
foi , &c. renonçant , &c. Fait & paffé à Paris en l'Etude
de L   l'un defdits Notaires fouffignez , l'an mil fept
cens vingt   le   jour d   a   midi. Et ont
figné.

---

*Tranfaction entre un gros Décimateur & un
Curé, au fujet de la portion congruë
du Curé.*

FUrent prefens illuftriffime & reverendiffime Seigneur Meffire Julles Paul de L   Confeiller, Au-
mônier du Roy ordinaire, Abbé Commendataire des
Abbayes Royales de M   C   & S   & Prieur
auffi Commendataire du Prieuré de faint M   à Paris,
y demeurant dans le Pavillon des grandes Ecuries du
Roy au Louvre, Paroiffe faint Germain l'Auxerrois, d'u-
ne part. Et Meffire Guillaume B   Prêtre, Curé de
B   Diocefe de Paris, étant ce jour à Paris, d'autre
part. Lefquelles parties pour prévenir & empêcher les
conteftations qui les auroient jettez en procès, au fujet
de la demande faite par ledit fieur Curé de B   audit
Seigneur Abbé de L   comme Prieur dudit faint M
& de gros Décimateur de ladite Cure de B
pour moitié de fa portion congruë, tant pour lui que
pour fon Vicaire, à raifon de trois cens livres pour lui,
& de cent cinquante livres pour fondit Vicaire, aux termes & conditions portées par la Déclaration du Roy du
          attendu que le revenu de ladite Cure, dont ledit
fieur Curé a joui jufques à prefent, ne confifte qu'en
          feptiers de bleds &   feptiers d'orges, qui lui
font payez pour fon gros par ledit Seigneur Abbé de L
          & les autres Codécimateurs, & en la jouiffance
de   arpens de terre labourable, fcituez audit B
&   arpens ou environ de Vignes, fituez au terroir de
N   Lefquelles terres & vignes, font chargées de fon-
dations; ainfi que ledit fieur Curé a déclaré. Ledit Seigneur Abbé, pour éviter une plus longue conteftation,
& contribuer de fa part à la fubfiftance dud. fieur Curé,
& faire enforte que le Service divin foit bien & dûë-
ment fait; A par ces préfentes, donné & accordé audit

sieur Curé , outre & pardessus le gros & autres choses , dont il jouit , & a joui jusqu'à present , tant pour lui que pour son Vicaire ; en cas que ledit sieur Curé voulût en avoir un , même pour ses successeurs Curez , tant & si longuement que la derniere Déclaration du Roy , portant Reglement pour les portions congruës cy-dessus dattée , aura lieu , la somme de   livres par chacun an , payable de six mois en six mois , à commencer au premier   dernier , dont le premier payement se fera & échera au dernier   prochain , le second au dernier   suivant , & ainsi continuer de six mois en six mois ; & pour faciliter le payement de ladite somme de   livres par chacun an ; ledit Seigneur Abbé , a cedé audit sieur Curé , ce acceptant , pareille somme à prendre sur le prix du Bail de la Ferme & Dixme dudit B   appartenant audit Seigneur Abbé , de laquelle Ferme le nommé S   est maintenant Fermier, & auquel ledit Seigneur Abbé , tiendra compte de la susdite somme de   livres par chacun an , en rapportant les quittances dudit sieur Curé , sur le prix de son Bail ; Au moyen dequoi & de l'acceptation , que ledit sieur Curé fait de ladite somme de   livres , purement & simplement , il se désiste & déporte de toutes actions & prétentions qu'il a ou pourroit avoir pour raison de sad. portion congruë , tant pour lui que pour sondit Vicaire , en consequence de ladite Déclaration du Roy ; & promet de ne rien demander davantage à l'avenir audit Seigneur Abbé , se reservant seulement de se pourvoir , comme il avisera contre les autres Codécimateurs , sans que ledit Seigneur Abbé puisse être tenu d'aucune autre chose directement ni indirectement , sans quoi cesdites présentes n'auroient été faites ; & en consequence , ledit sieur Curé s'est pareillement désisté de l'opposition par lui formée ès mains dudit S   comme Fermier dudit Seigneur Abbé , à cause des vertes Dixmes que ledit sieur Curé prétendoit lui être dûës par ledit Seigneur Abbé , pour l'administration des Sacremens, par exploit de   Sergent à B   du   consent que ladite op-

pofition foit nulle comme non avenuë , faifant main-levée d'icelle audit Seigneur Abbé, confentant que ledit
S   vuide fes mains en celles dudit Seigneur Abbé ou
de fes Receveurs , de ce qu'il peut devoir de ladite Ferme ; quoi faifant déchargé , comme ledit fieur Curé
l'en décharge dès à prefent à fon égard , fe mettant lefdites Parties hors de cours & de procès , fans dépens ,
dommages & interêts, de part ni d'autres ; & pour l'E-
xecution des préfentes, ont élû leurs domiciles ; fçavoir,
ledit Seigneur Abbé , en la Maifon de M^e.   Avocat en
Parlement , fife dans la premiere cour dudit Prieuré,
& ledit fieur Curé en fa demeure audit B   aufquels
lieux , &c. nonobftant , &c. promettant , &c. obligeant,
&c. renonçant , &c.   Fait & paffé à Paris audit Pavillon des grandes Ecuries du Roy , l'an mil fept cent vingt
       le   a   midi : Et ont figné.

Tranfaction entre une Belle-mere & fon Gen-
dre , au fujet de la Succeffion de leur fille
& femme décedée fans enfans.

FUrent prefens Anne C   veuve en premieres nôces de Samfon G   Couvreur de Maifons ,
& en dernieres de Jean O   de même profeffion,
demeurante ruë   Paroiffe faint   feule heritiere de défunte Marie O   fa fille , & dudit défunt
O   fon fecond mari , au jour de fon decès , femme
de Pierre P   d'une part ; & ledit Pierre P   demeurant fufdite ruë & Paroiffe faint   d'autre. Lefquels voulant regler à l'amiable les prétentions de ladite
C   en la fucceffion de ladite Marie O   fa fille
décedée fans enfans, le   Avril dernier , font volontairement convenus, de ce qui fuit , après avoir pris fur
ce l'avis de leurs confeils & amis ; c'eft à fçavoir ,
que moyennant la fomme de   livres, que ledit P

a promis , & s'est obligé de payer à ladite C
en sa demeure à Paris , ou au porteur, en seize payemens
égaux de six mois en six mois , dont le premier se fera
dans six mois de ce jour , & ainsi continuer jusqu'au
parfait payement de ladite somme , icelle G   a remis & quitté tout ce qu'elle pouvoit prétendre & demander audit P   tant pour restitution de la dot
par elle fournie de ses propres deniers depuis le decès
dudit O   son mari à ladite Marie O   par son Contrat de mariage avec ledit P   passé pardevant A
& son confrere Notaires à Paris , le   jour de   mil
        droit de Communauté & autrement , en quelque
maniere que ce soit ou puisse être , sans distinction ni
reserve ; à la reserve néanmoins que fait par ces présentes
ladite C   de tous ses droits , actions , qui lui sont
acquis sans novation , jusques au parfait payement de
ladite somme de   livres ; & pour l'execution des
présentes , les Parties ont élû leurs domiciles en leurs
demeures , devant déclarées ausquels lieux , &c. nonobstant , &c. promettant , &c. obligeant , &c. chacun
en droit soi renonçant , &c. Fait & passé à Paris en
l'Etude , &c. l'an mil   le   jour de   a   midi , & ont déclaré , ne sçavoir écrire ni signer ; de ce Interpellez , suivant l'Ordonnance.

Vente de Fruits de vignes.

FUt présente Damoiselle Marguerite D   Veuve de
Messire Pierre Ch.   Conseiller du Roy en son
Parlement ; & sa Donataire universelle , demeurante à
Paris , ruë   Paroisse saint   Laquelle a vendu à
sieur Claude C   Bourgeois de Paris , y demeurant
ruë   Paroisse saint   à ce présent & acceptant , la
Recolte , vendange & dépoüille des fruits de la présen-
te année de   arpens de vignes , appartenant à ladite
Dame audit nom , en plusieurs pieces , sis au Terroir de

près Paris, dont ledit acceptant déclare avoir bonne connoiſſance, pour par lui faire leſdites Vendanges,
recolte & dépoüille, & en joüir ainſi qu'il jugera à propos ; même ladite Dame, conſent & s'oblige de lui laiſ-
ſer joüir & ſervir des eaux, baignoires, & autres vaiſ-
ſeaux ſervant à faire le Vin, & du Preſſoir, étant dans la
maiſon dudit ſieur C   plus de la jouiſſance de ſes Scel-
liers pour le reſſerrer juſques à ce qu'il en ait diſpoſé, &
fait l'enlevement : Ces Préſentes faites, moyennant la
ſomme de   que ledit ſieur C   s'oblige de payer à
ladite Dame veuve Ch   en ſa demeure à Paris, ou
au porteur, à ſa volonté & premiere requiſition, à peine,
&c. & pour l'execurion des préſentes, ledit ſieur C
a élû ſon domicile à Paris, en ſa demeure ſus-déclarée,
auquel lieu, &c. nonobſtant, &c. promettant, &c. obligeant chacun en droit ſoi, &c. renonçant, &c. Fait &
paſſé à Paris en l'Etude de P   Notaire, l'an mil
le jour d   a   midi : Et ont ſigné.

Vente de Droits ſur une Terre.

FUt preſent ſieur Jacques L   Medecin à Londres
en Angleterre, y demeurant ordinairement, étant
de preſent logé à Paris, ruë de   Paroiſſe   Lequel a volontairement vendu, cedé, quitté, tranſporté
& délaiſſé, ſans aucune garantie que de ſes faits & promeſſes ſeulement, qui ſont qu'il n'a diſpoſé en aucune
maniere de ce qui ſera cy-après déclaré à Jacques B
Marchand à   païs du Maine, étant ce jour à Paris,
logé ruë   Paroiſſe ſaint   à ce preſent, & acceptant, tous & tels droits quelconques qu'il peut avoir,
& prétendre ſur la Terre de   circonſtances & dépendances, en quoi puiſſent monter ſes droits ſans reſerve
pour ce qui lui peut appartenir dans le prix d'icelle,
dûs par celui qui l'a acquis ou d'autres ſes débiteurs,
pour quelque cauſe que ce ſoit ſans reſerve audit lieu
de ſa ſituation, faire déguerpir ſi bon lui ſemble l'Ac-

quereur de ladite Terre fituée audit pays d   Paroiffe
d   à lui appartenant de fon propre , pour par ledit
B   fe mettre en poffeffion de ladite Terre, pour la
part qui en appartient audit fieur L   faire reftituer
toutes fommes pour raifon des appartenances & dépendances de ladite Terre, en faire le Recouvrement, & du
tout joüir , faire & difpofer comme de chofe lui appartenant ; à commencer la joüiffance pour tout ce qui eft
dû du paffé , & qui échera à l'avenir , de ce jourd'hui :
Ces Préfentes faites à la charge par ledit B   d'acquitter ledit C   de toutes les charges & dettes quelconques , dont il pourroit être tenu pour fa part ; Et outre
moyennant la fomme de   qu'il confeffe avoir reçûë
dudit B   dont quittant, &c. tranfportant, &c. deffaififfant, &c. voulant, &c. Procureur, &c. le Porteur,&c.
donnant pouvoir, &c. & pour l'execution des préfentes
ledit fieur C   a élû fon domicile en cette Ville , en
l'Etude de M^e. Gilles V   Procureur au Châtelet, fife
ruë & Paroiffe   auquel lieu , &c. nonobftant , &ç.
promettant , &c. obligeant chacun en droit foi , &c. renoncant , &c. Fait & paffé à Paris ès Etudes,&c. le
jour de   mil   a   midi : Et ont figné.

Vente & Marché d'une Coupe de Bois taillis.

F Ut préfent Meffire Charles Etienne F   ·Abbé
Commendataire de l'Abbaye Royale de Notre-Dame de   demeurant à Paris , ruë   Paroiffe S.
Lequel a vendu, & vend par ces préfentes, à Jean J
Marchand de Bois , demeurant à   de préfent à Paris,
logé   à ce préfent & acceptant , la coupe & fuperficie des Bois taillis, dépendant de ladite Abbaye de
dont l'Exploitation eft à faire en la préfente année; pour
par ledit J   faire couper & abattre lefdits Bois taillis,
à la coignée & à fleur de terre , fuivant l'Ordonnance,

fans les écuifer , éclater, ni autrement endommager en quelque forte & maniere que ce foit, pour être ladite Coupe defdits Bois taillis , faite & parfaite au plûtard au jour d prochain mil & la vuidange faite aux termes de l'Ordonnance, & outre à la charge par ledit J de laiffer fur chacun arpent defdits Bois taillis Balliveaux, de l'âge du taillis , qui demeureront refervez avec tous les autres Balliveaux , anciens & modernes , qui font & demeureront auffi refervez & non compris en la préfente Vente, faite en outre , moyennant le prix & fomme de par chacun arpent, à raifon de 22. pieds perches , & 100. perches pour arpent, s'oblige ledit J de payer la fomme de au jour de prochain , & le furplus du prix du préfent marché , en payemens égaux en cette ville de Paris, en la Maifon dudit Sieur Abbé , dont le premier fe fera au jour de de l'année prochaine mil & le dernier au jour de faint de la même année. Eft convenu qu'après l'Exploitation & vuidange defdits Bois , il fera fait un arpentage aux frais dudit J ainfi que des Balliveaux qui fe trouveront dans lefdits Bois , fur lequel arpentage , il fera fait feulement diminution & deduction des grandes routes & grands chemins , fi aucuns fe trouvent ; à l'execution duquel marché , la Coupe defdits Bois demeurera fpecialement affectée & hypothequée , & outre ledit J affecte, oblige, & hypotheque tous fes biens meubles & immeubles prefens & avenir , une obligation , ne dérogeant à l'autre. Au cas que pour raifon de ladite Coupe , ledit J foit impofé à la taille , ledit Sieur Abbé de s'oblige d'acquitter & indemnifer ledit J de ce à quoi il fera impofé pour raifon de ladite Coupe feulement ; & ont lefdites Parties élû leurs domiciles irrevocables ès Maifons où elles font à Paris, demeurantes & logées , aufquels lieux, &c. nonobftant , &c. promettant , &c. obligeant, &c. renonçant , &c. Fait & paffé à Paris en l'an mil fept cent le jour de a midi : Et ont figné.

Vente de meubles, par une femme à son mari separez de biens, pour demeurer quitte envers lui du principal & arrerages d'une rente qu'elle lui devoit, & ce en forme de Transaction entr'eux.

FUrent presens Claude M   Ecuyer, Sieur de   & Dame Elisabeth d   son Epouse, de lui séparée quant aux biens, autorisée par Justice, & dudit sieur son époux autorisée à l'effet des présentes ; ladite Dame auparavant veuve de Messire Nicolas L   Chevalier, Seigneur de   demeurans ensemble même Maison, ruë   Paroisse saint   Lesquels voulans prévenir les difficultez & contestations, qui pourroient naître après leurs décès entre leurs heritiers ou ayans-cause, tant au sujet de la séparation de Biens ordonnée entr'eux par Sentence du Châtelet de Paris, du   mil   qu'à l'occasion de la rente de   livres, constituée par ladite Dame M   au profit dudit sieur son époux, avant leur mariage, au principal de   livres, par Contrat passé devant D   & son Confrere Notaires à Paris, le   mil   pour emploier ladite somme de   livres, aux réparations qui étoient lors à faire en ladite Maison qu'ils occupent actuellement, ainsi qu'il paroît par ledit Contrat, sont volontairement convenus par forme de Transaction, de ce qui ensuit :

Sçavoir, que ladite Dame M   a par ces présentes retrocedé, vendu, délaissé & promis garantir de toutes revendications generalement quelconques audit sieur M   son époux, ce acceptant, tous & uns chacuns, les meubles mentionnez au procès verbal de Vente d'iceux cy-après datté, lesquels meubles avoient été cy-devant saisis sur ledit sieur M   à la Requeste de ladite Dame son épouse, pour sûreté & conservation de la somme de   livres, qui étoit dûë à ladite Dame,

par ledit fieur fon époux, par Exploit d'Antoine M
Huiffier-Prifeur audit Châtelet, du   mil   Sur
laquelle faifie feroit intervenuë ladite Sentence du
mil   Portant que lefdits meubles, feroient vendus
à la diligence de ladite Dame M   & que les deniers
en provenans, lui feroient délivrez jufqu'à concurrence
defdites   livres ; Au moyen dequoi , ledit
fieur M   en demeureroit quitte, bien & valablement
déchargé ; en exécution de laquelle Sentence , lefdits
meubles auroient été publiez , vendus & adjugez à lad.
Dame M   comme plus offrante & derniere encherif-
feufe par ledit M   Huiffier , fuivant fon procès verbal de Vente du   & jours fuivans de ladite année
          pour la fomme de   livres   fols , fur la-
quelle ladite Dame , ayant prélevé les
livres, à elle dûs par ledit fieur fon époux, pour les caufes énoncées en ladite Sentence ; elle lui auroit rendu
la fomme de   livres   fols ; Sçavoir celle de
livres , pour le prix des Chevaux & Carroffes à elle adjugez par ledit procès verbal, lefquels elle auroit rendus & remis audit fieur fon époux au même prix , & le
furplus en deniers comptans ; & en confequence, ledit
fieur M   en vertu de ladite Sentence , feroit demeuré quitte envers ladite Dame fon époufe defdits
          livres , & ladite Dame de fa part, feroit
demeurée Proprietaire de tous lefdits meubles mentionnez audit procès verbal , à l'exception defdits Chevaux
& Carroffes, tous lefquels meubles elle a, comme dit eft,
vendus & retrocedez par ces prefentes audit fieur fon
époux , après avoir fait entr'eux le recollement d'iceux
fur ledit procès verbal de Vente ; & qu'ils fe font trouvez exifter ainfi qu'ils font défignez par icelui , fauf l'u-
fage qui en a été fait jufqu'à prefent: defquels meubles,
ledit fieur M   eft content , & reconnoît les avoir en
fa poffeffion :
Cette Vente faite , moyennant la fomme de
          livres , pour le payement de laquelle
fomme , enfemble pour les caufes cy-aprés énoncées ,

icelui fieur M   quitte & décharge ladite Dame fon
époufe, de ladite fomme de   livres, faifant le principal des   livres de rente à lui conftituez par ladite
Dame avant leur mariage, par ledit Contrat du
mil   confentant que ladite rente demeure éteinte & amortie, à compter de ce jourd'hui ; au
moyen de quoi, ledit fieur M   a dit, qu'il lui refte
dû par ladite Dame fon époufe, la fomme de
livres fur ledit Capital ; enfemble tous les arrerages de
ladite rente, depuis ledit jour   mil fept cens
qu'eft intervenuë ladite Sentence, portant féparation de
biens jufqu'à ce jour, n'en ayant été payez aucuns pendant tout ce tems par ladite Dame M   Lefquels arrerages pour   années   mois   jours, échus ce
jourd'hui, montent à la fomme de   livres
fols   deniers ; & jointes aufdites   livres
cy-deffus, font la fomme de   livres
fols   deniers ; Et par ladite Dame M   a été ré-
pondu, qu'elle ne doit que   années defdits arrerages ; & que ledit fieur fon époux, ne peut lui en demander davantage, lefquelles   années, ne montent qu'à
la fomme de   livres, laquelle jointe aux   livres,
par elle dûs pour le reftant du Capital de ladite rente,
feroit feulement la fomme de   livres, Surquoi
pour le bien de la paix & par confideration pour ladite
Dame fon époufe, ledit fieur M   a volontairement
reduit & moderé les   livres   fols
deniers, par lui cy deffus prétendus en principal & arrerages, à la fomme de   livres, pour le payement
de laquelle il a requis ladite Dame fon époufe, & Meffire Jean le M   (*de telle qualité*) demeurant ruë
Paroiffe faint   à ce prefent & intervenant au cas du
prédecès de ladite Dame M   de confentir qu'il joüît
pendant une année feulement de la totalité de ladite
Maifon, que lefdits Sieur & Dame M   occupent
actuellement, dans laquelle année ne feront compris
les trois mois courans, dans lefquels ladite Dame vien-
droit à décéder, dont ledit fieur M   joüiroit pareillement

lement fans payer aucuns loyers , ou au cas du prédecès dudit fieur M   que ladite Dame fon époufe tint compte aux heritiers , ou ayans caufe dudit Sieur fon époux , fur le préciput ftipulé en fa faveur par leur Contrat de mariage , de ladite femme de   livres ; ce que ladite Dame M   & ledit fieur le M   fon fils unique & feul heritier , & dudit feu Meffire Nicolas le M   ont volontairement accordé & confenti tant pour la jouiffance de ladite Maifon , au cas du prédecès de ladite Dame M   qu'à l'égard de fon préciput , au cas qu'elle furvive ledit Sieur fon époux ; enforte qu'au moyen des préfentes , tous lefdits meubles demeurent acquis en toute proprieté audit fieur M   ladite Rente éteinte & remboursée , & les Parties refpectivement quittes ; même ledit fieur M   du loyer de ladite Maifon pour le tems échû depuis ladite Sentence , portant féparation de biens jufqu'à ce jour , & ladite Dame M   de fa penfion & nourritures & de celles de fes domeftiques auffi , jufqu'à ce jour ; pour raifon defquels loyers & penfion , les quittances & décharges, quelefdits fieur & Dame M   pourroient s'être refpectivement données jufqu'à prefent , ne ferviront avec cet énoncé que d'une feule & même chofe ; confentant ledit fieur M   que fur la minute & groffe dudit Contrat de   livres de rente , il foit fait mention du rachat & amortiffement d'icelle , par tous Notaires requis en fon abfence ; car ainfi les Parties font convenuës & demeuré d'accord ; & pour l'exécution des préfentes , ont élû leurs domiciles en leurs Maifons, cy devant déclarées, aufquels lieux, &c. nonobftant, &c. promettant , &c. obligeant , &c. chacun en droit foi , renonçant, &c. Fait & paffé à Paris, en la demeure defdits Sieur & Dame M   cy-devant déclarée , l'an mil fept cent vingt   le   jour de   a   mdi Et ont figné.

*Vente de l'Etat & Office d'Avocat ès Conseils
du Roi.*

FUrent présens Me. Jean-Jacques C   Avocat au
Conseil Privé du Roi, tant en son propre & privé
nom, que comme Tuteur de Marie-Claude, & Pierre
C   ses freres & sœurs, enfans mineurs de défunts
Christophe C   vivant aussi Avocat au Conseil Privé
du Roi, & de Damoiselle Anne G   sa femme, leur
pere & mere: Messire Guillaume C   Prêtre, Docteur
en Théologie, Me. Christophe C   Avocat en la Cour
de Parlement, & Damoiselle Agnès C   fille majeure
usante & jouissante de ses biens & droits, tous héritiers
par benefice d'Inventaire dudit défunt sieur C   leur
pere, & purs & simples de ladite Damoiselle Anne G
leur mere, demeurans ensemble en cette ville de Paris,
rüe S   Paroisse saint   ausquels Marie-Claude, &
Pierre C   mineurs, lesdits sieur & Damoiselle
C   Comparans, promettent & s'obligent en
leurs propres & privez noms, solidairement faire ratifier, & avoir pour agreables le contenu en ces présentes, à l'entretien & accomplissement d'icelles les faire obliger aussi solidairement avec eux, sous les renonciations requises envers le sieur Acquereur cy-après nommé, & lui en fournir Acte en bonne forme, à mesure
que chacun desdits mineurs aura atteint l'âge de majorité, à peine de tous dépens, dommages & interêts:
Lesquels sieur & Damoiselle C   Comparans esdits
noms & en chacun d'iceux, & solidairement l'un pour
l'autre un chacun d'eux seul pour le tout, sans division,
discussion ni fidejussion à quoi ils renoncent: Ont reconnu & confessé avoir vendu, cedé, quitté, transporté & délaissé à Me. François D   Avocat en la Cour de
Parlement à Paris, y demeurant rüe   Paroisse saint
à ce présent Acquereur, l'Etat & Office d'Avocat ès

Conseils d'Etat Privé de Sa Majesté, duquel ledit défunt
sieur C   étoit pourvû & joüissant, & auquel est à présent nommé ledit sieur Christophe C   à l'effet de laquelle présente vente, ledit sieur Ch   a présentement baillé & délivré audit sieur D   Acquereur, sa
procuration *ad resignandum* dudit Office, remplie du
nom dudit sieur D   comme aussi lesdits sieur & Damoiselle Vendeurs esdits noms lui ont baillé & délivré
les anciennes Provisions dudit Office au nom dudit défunt sieur C   en datte du   jour d   mil
signées sur le replis Par le Roi H   & scellées sur double queuë du grand Sceau de cire jaune : L'Acte en parchemin, de prestation de serment fait par ledit défunt
sieur C   d'Avocat par Matricule au Conseil d'Etat
du Roi ès mains de Monseigneur D   Evêque & Comte de L   Garde des Sceaux de France, en datte du
jour d   mil   Signé P   Copie imprimée d'un
Edit du Roi, en datte du mois d   mil   portant
revocation d'Immatricule d'Avocats audit Conseil &
création de   Offices d'Avocats au Conseil d'Etat &
Privé du Roi. Autre Copie imprimée d'un Arrêt rendu
audit Conseil en datte du   jour d   mil   portant que ledit Edit seroit executé selon sa forme & teneur : Autre Copie de la quittance de Finance dudit
Office de la somme de   livres, en datte du   dudit mois d   mil   Signé L   au-dessous de laquelle est une quittance de la somme de   livres, pour
le droit de marc d'or dudit Office, en datte du
jour d   mil   signée en fin dudit L   &
quittances du droit annuel dudit Office, payé tant par
ledit défunt sieur C   pere, que par ledit sieur son
fils, la derniere desquelles est pour la présente année mil
    pour en vertu desdites pieces se faire par ledit sieur
Acquereur recevoir & instaler audit Office, le plûtôt
que faire se pourra à ses frais & dépens, & joüir par lui
des honneurs, autoritez, prérogatives, privileges,
exemptions & autres droits attribuez audit Office, tout
ainsi qu'en a joüi ou dû joüir ledit défunt sieur C

& en cas qu'en l'obtention des Provisions dudit Office
au nom dudit sieur Acquereur & en sa reception en icelui il arrive quelques oppositions ou empêchemens non
procedans de son fait , iceux sieurs & Damoiselle Vendeurs esdits noms , seront tenus solidairement comme
dessus , les faire lever & cesser & en fournir les mainle-
vées pures & simples audit sieur Acquereur , incontinent après qu'il les leur aura fait denoncer au domicile
par eux cy - après élû , aussi à peine de tous dépens
dommages & interêts : Ces présentes vente , cession ,
transport & délaissement ainsi faits, moyennant le prix &
somme de　　　livres , sur laquelle ledit sieur Acquereur
sera tenu , ainsi qu'il promet & s'oblige, bailler & payer
ausdits sieurs & Damoiselle Vendeurs esdits noms , en
leur maison à Paris ou au porteur , &c. la somme de
livres , & ce aussi-tôt qu'il aura été pourvû & reçû audit
Office sans aucunes oppositions , & pour le surplus
montant à　　　livres ledit sieur Acquereur leur a par Acte separé des présentes cedé & transporté　　　livres de
rente au denier　　　montant en principal à la somme de
　　　livres, créée & constituée audit sieur Acquereur par
Messire Jean-Baptiste M　　　Conseiller du Roi en ses
Conseils & en sa Cour de Parlement de Paris , Seigneur
de B　　　par Contrat passé pardevant L　　　& C
Notaires , le　　　jour d　　　mil　　　ensemble, la somme de　　　livres , pour les arrerages de ladite rente dûs
& échus depuis le jour & datte du Contrat de constitution de ladite rente jusqu'à ce jourd'hui , qui ne servira
avec la présente vente que d'une seule & même chose ,
dont lesdits sieurs & Damoiselle Vendeurs se contentent , l'ont quitté & dechargé : & pour l'execution des
présentes & dépendances , les Parties ont élû leurs
domiciles irrevocables en cettedite ville de Paris ; sçavoir , lesdits sieurs & Damoiselle Vendeurs esdits noms
en la maison où ils sont demeurans cy-devant declarée ,
& ledit sieur Acquereur en la maison de Me. Jean M
Procureur en ladite Cour de Parlement sise ruë　　　Paroisse susdite de saint　　　Ausquels lieux , &c. nonobs-

tant , &c. promettant , &c. obligeant chacun en droit
foi , &c. renonçant , &c. Fait & paffé à Paris en l'Etude
de P   l'un des Notaires fouffignez , le   jour d
mil   a   midi. Et ont figné.

Union à l'effet d'interjetter Appel d'une Sentence.

FUrent préfens (*tels & tels , &c.*) Tous Créanciers de Me. Claude Alexandre C   Legataire uni-
verfel pour un tiers de feu Meffire Pierre D   Grand
Audiancier de France , fon ayeul maternel : Lefquels fe
font joints pour interjetter Appel de la Sentence renduë
à la premiere Chambre des Requêtes du Palais le
mil   intervenuë fur le compte de Tutelle , préfenté
par Dame Claude M   veuve dudit feu fieur D
entr'elle, ledit fieur C   & feu Meffire Marc-Antoine
Comte D   Appellant de ladite Sentence , Intimer fur
ledit Appel , ladite Dame Claude M   Me. Denis B
      cy-devant Notaire au Châtelet de Paris , & de tout
ce qui s'en eft enfuivi , même intervenir dans l'infcrip-
tion de faux , pendante au rapport de Meffire R
Confeiller à la premiere Chambre des Requêtes du Palais, & adherer aux conclufions prifes , tant par ledit feu
fieur Comte D   que par la Dame fa veuve , tous lefquels Créanciers unis contribuëront pour chacun leur
part & portion aux frais , dépens & avances qu'il conviendra faire , à l'exception dudit fieur G   qui ne
fournira aucune chofe pour lefdits frais & avances , dont
lefdits Créanciers Comparans l'ont difpenfé , à la charge par lui de donner fes foins & peines pour la pourfuite defdits procès , & à la charge par lui de prendre pour
Procureur Me.   Procureur au Parlement, qui eft Procureur de ladite Dame veuve du fieur Comte D   &
en cas qu'aucuns defdits Créanciers ne voulût fe join-
dre & figner le préfent Contrat , ils demeureront dé-
chus de tous leurs droits & créances, même des fommes

& deniers qui pourront provenir desdits procès, & sans
que la présente Union puisse préjudicier au privilege, que pourroient avoir aucuns. desdits Créanciers :
Car ainsi, &c. promettant, &c. obligeant, &c. renonçant , &c. Fait & passé à Paris ès Etudes , &c. l'an
mil   le   jour d   a   midi. Et ont lesdits
sieurs Comparans signé.

F I N.

TABLE ALPHABETIQUE,

DES FORMULES DE CONTRATS & Actes contenus en ce Supplément.

A

*Stiles pour mettre en grosses & formes execu-
toires, les Contrats & Actes, dont les Formules sont dans le présent Supplément.*

T

Fin de la Table.

APPROBATION.

J'Ay examiné par ordre de Monseigneur le Garde des Sceaux, le *Supplément au nouveau & parfait Notaire de Jean Cassan*, & je n'ai rien trouvé qui en puisse empêcher l'Impression. Fait à Paris ce 29. Février 1728.

RASSICOD.

PRIVILEGE DU ROY.

LOUIS, par la grace de Dieu, Roy de France & de Navarre : A nos amez & feaux Conseillers, les gens tenans nos Cours de Parlement, Maitres des Requêtes ordinaires de nôtre Hôtel, grand Conseil, Prévôt de Paris, Baillifs, Sénéchaux, leurs Lieutenans civils & autres nos Justiciers qu'il appartiendra ; SALUT. Notre bien amé THEODORE LE GRAS, Libraire à Paris, Nous aiant fait remontrer qu'il souhaiteroit faire imprimer & donner au Public, *Les Nouveaux Secretaires de la Cour & du Cabinet par Milleran, & le Nouveau & parfait Notaire François Reformé, suivant les Ordonnances, par Cassan* ; s'il Nous plaisoit lui accorder nos Lettres de Privilege sur ce necessaires, offrant pour cet effet de le faire imprimer en bon papier & beaux caractcres, suivant la feuille y attachée pour modele sous le Contrescel des Présentes : A CES CAUSES, voulant traiter favorablement ledit Exposant, Nous lui avons permis & permettons par ces Présentes de faire imprimer ledit Livre cy-dessus specifié, en un ou plusieurs volumes, conjointement ou séparement, & autant de fois que bon lui semblera, sur papier & caracteres conformes à ladite feuille imprimée & attachée sous notredit Contrescel ; & de le vendre, faire vendre & débiter par tout notre Royaume pendant le tems de huit années consecutives, à compter du jour de la date desdites Presentes. Faisons défenses à toutes personnes, de quelque qualité & condition qu'elles soient, d'en introduire d'impression étrangere dans aucun lieu de notre obéïssance ; comme aussi à tous Libraires, Imprimeurs, & autres, d'imprimer, vendre, faire vendre, debiter, ni contrefaire ledit Livre en tout ni en partie,

ni d'en faire aucuns extraits , sous quelque prétexte que ce soit,
d'augmentation ou correction. changement de titre ou autrement , sans la permission expresse & par écrit dudit Exposant,
ou de ceux qui auront droit de lui , à peine de confiscation des
Exemplaires contrefaits , de quinze cens livres d'amende contre
chacun des Contrevenans, dont un tiers à Nous , un tiers à l'Hôtel-Dieu de Paris , l'autre tiers audit Exposant , & de tous dépens , dommages , & interêts : A la charge que ces Presentes
seront enregistrées tout au long sur le Regiftre de la Communauté des Libraires & Imprimeurs de Paris , dans trois mois de
la date d'icelles ; que l'impreffion de ce Livre sera faite dans notre Roïaume & non ailleurs ; & que l'Impetrant se conformera
en tout aux Reglemens de la Librairie , & notamment à celui
du dix Avril 1725. & qu'avant que de l'exposer en vente , le
manuscrit ou imprimé qui aura servi de copie à l'impreffion
dudit Livre , sera remis dans le même état où l'Approbation
y aura été donnée , ès mains de notre très cher & feal Chevalier
Garde des Sceaux de France le Sieur d'Armenonville ; & qu'il
en sera ensuite remis deux Exemplaires dans notre Bibliotheque publique , un dans celle de notre Château du Louvre , &
un dans celle de notredit très-cher & feal Chevalier Garde des
Sceaux de France le Sieur d'Armenonville , le tout à peine de
nullité des Presentes ; du contenu desquelles vous mandons &
enjoignons de faire jouir l'Exposant ou ses ayans cause , pleinement & paisiblement , sans souffrir qu'il leur soit fait aucun
trouble ou empêchement. Voulons qu'à la Copie desdites Presentes qui sera imprimée tout au long au commencement ou à
la fin desdits Livres , foi soit ajoutée comme à l'original. Commandons au premier notre Huiffier ou Sergent , de faire pour
l'execution d'icelles tous Actes requis & neceffaires , sans demander autre permiffion , & nonobstant clameur de Haro, Charte Normande & Lettres à ce contraires ; Car tel est notre plaisir.
DONNE' à Paris le vingtiéme jour du mois de Mars , l'an de
grace mil sept cent vingt-sept ; Et de notre Regne le douziéme.
Par le Roy en son Conseil ,

GARPOT.

Regiftré sur le Regiftre VI. *de la Chambre Royale des Libraires & Imprimeurs de Paris ,* No.603. *fol.* 484. *conformément aux anciens Reglemens confirmez par celui du* 28. *Février* 1723. *A Paris , le* 28. *Mars* 1727. *Signé ,* BRUNET, *Syndic.*

www.ingramcontent.com/pod-product-compliance
Lightning Source LLC
LaVergne TN
LVHW021534170726
843501LV00004B/1068